密宗 MIZONG ZANGCHUAN FOJIAO SHENMI WENHUA

藏传佛教神秘文化

尕藏加　著

中国藏学出版社

目　录

前　言

为了有助于广大读者从整体上或进一步认识藏传佛教密宗文化及其信仰的理念,谈谈藏传佛教与藏族文化的关系。

大家知道,世界上的每一种宗教,在某种程度上可以认为是一种社会文化现象,因为每一种宗教都具有很强的文化属性。其中藏传佛教所包含的文化更为丰富和发达,在一定范围内同藏族传统文化水乳交融,并在藏族传统文化中占有一定的核心地位。所以,谈论藏传佛教文化,就自然会涉及到藏族文化的一些核心问题,而从整体上认识藏族文化的构成及其特质,又不得不解读藏传佛教。从历史的纵向层面看,藏传佛教曾在藏族历史上承载着藏族文化的整个架构理论体系,即所谓的藏族十明学或十大学科。[①]十明学就是在藏传佛教寺院中培育或构筑起来的藏族精英文化大系。如果对此提出质疑:为何会形成这样的局面?这里面就有诸多主客观因素,如历史文化背景、自然地理环境、社会政治经济等。在此不妨举一个大家都比较熟悉的例子,即过去的西藏地方的政治制度实行的是政教合一制度。地方最高行政长官是僧人,而不是俗人。这样一来僧人以及他们工作生活的地方,即寺院,在藏族社会中占有举足轻重的地位或威望,就有点像现在的公务员和政府部门。所以,当时的藏族年轻人的惟一出路,就是涌向寺院,成为一名出家僧人,在社会上享有一定的社会地位。如果经过自身的勤奋努力,考取宗教学位,即拉然巴格西学位,等于现在的博士学位,就会在社会上具有崇高的地位,处处受到人们的尊敬和礼遇。如历史上的道威格西(喜饶嘉措),许多活佛既尊崇他,又畏惧他。因为道威格西一来佛学知识渊博,二来他喜欢用极其尖锐的

① 大五明学分别是工巧明、医方明、声明、因明和内明;声明中又分出小五明学,即修辞学、辞藻学、韵律学、戏剧学和星象学,总称大小十明学。

言辞或话语讽刺那些佛学水平很低但却装出一副傲慢的、凌驾于任何人之上的样子的僧人包括活佛。在这样一种社会文化的氛围中,藏传佛教寺院充当了整个藏族地区的教育机构,而且寺院教育在藏族地区一枝独秀并不断发展起来,在各大寺院建立起许多学院,包括藏医药学院、天文历算学院、语言文学学院。简而言之,传统意义上的藏族文化系统或文化学科就是在藏传佛教寺院中逐步建立起来的。

此外,值得一提的是,藏族传统文化与雪域高原的地理环境之间有着密不可分的亲缘关系。因此,自古以来藏族文化始终没有脱离宗教文化的浓浓氛围,宗教一直是藏族传统文化的核心,也是支撑藏族社会生活的精神脊梁。可以断言,雪域高原这一特异的自然地理环境在形成独树一帜的藏族文化圈或文明史的过程中产生过巨大影响。也就是说,藏族人的宗教文化就是在雪域高原如此的自然环境下逐步萌生、滋养和成长,并不断精进、兴旺和发达,从而开始登上中国文化乃至世界文化平台,赢得能够震撼人们心灵和填补人类思想缺陷的声誉,尤其宗教在生活艺术和伦理道德领域有独到之处。

从文化的类型上看,藏族传统文化是一个农业文化或农业文明。也就是说,藏族传统文化的基础或基点是农业文化,而不是有些学者提出的那样,是牧业文化或游牧文化。我提出这样的观点或结论,可以说,是有充分的依据或作了认真的分析,更何况也有不少持这种观点的学者。仅以青海果洛地区为例,颇能说明藏族文化源于农业文化,其后或逐渐向牧业文化演化和发展。根据果洛族谱,最初十一户农民,从西藏阿里地区迁徙到今日的果洛州班玛县境内,随着人口的不断增长,发展农业空间有限,遂转向牧业经济生活。因而果洛地区作为一个典型个案,可描述藏族部分地区从农业文明转向分支牧业文化演变的历史进程。可以假设,藏族人是从海拔二千米左右,向高海拔挺进而不断挑战或适应高海拔的生存环境。目前，藏族牧民甚至在海拔五千多米也能够正常生活，从而在雪域高原不断缩小生命禁区或所谓的无人区。

为此，在以农业文化为基础的前提下，藏族地区的牧业文化也很发达。在广大的藏族牧区，很早就已形成一种不成文的科学放牧习俗，这就是合理利用和培育草场，为生态环境的保护做出了巨大贡献。藏区牧民一般按一年四季的不同气候和地理环境，将草场分为春季草场、夏季草场、秋季草场和冬季草场，并养成一种逐水草而放牧的习俗。特别在夏季，广大牧民十分关心秋季和冬季草场的护理，同时又抓紧利用冬季不能放牧的高寒地带的草场。而且从宗教文化的角度看，藏传佛教在历史上还曾尝试建立过适合于牧业文化的帐篷寺院。对此，我在《藏传佛教与雪域高原》一书中专门介绍过。

在提出藏族传统文化源于农业文化之时，需要强调一点：首先藏族农业又有自己与众不同的特点，这主要同所处自然环境有一定的紧密关系。在此我想引用《雪域的宗教》绪论中的一些段落作进一步阐述："雪域高原的自然地理环境具有六大特性：即山高谷深、江河纵横、湖泊众多、森林绵延、雪山盖地、草原辽阔。特别是高原居民的生存条件尤其与大江大河息息相关。就拿雪域高原的主体民族——藏族人来说，其大多数人不是生活在高原草地从事纯牧业，而是居住在各个大江大河的两岸，从事农业，或以农业为主同时兼有林牧业等，现在称其为半农半牧。例如，西藏的雅鲁藏布江及其支流所流经的区域，即藏南河谷地区，历来就是西藏的城镇和人口最密集的区域。"而广阔无垠的藏北草原和阿里高原，地域辽阔，却人口稀少，如广袤的阿里地区人口仅有七八万。

从文化的内涵结构上看，藏族传统文化又是一种不断吸纳外来文化的、由多元文化构成的高原文化或雪域文化。如藏族天文历算学中既有天竺历算成分，又有汉地历算成分，当然包括藏族古老历算；建筑学也一样，西藏的大昭寺、小昭寺和桑耶寺等古老宗教建筑物都能形象地印证多元文化的融合。藏医药学，更不用说了，在藏族古老医学的基础上，吸收了中医、天竺医学的成分，从而形成了藏医《四部医典》的理论体系。又如藏传佛教就是一个外来宗教同本地传统文化结合的产物。具体而言，藏传佛教是外来佛教受到苯教的一定影响而形成的具有藏族文化特质的佛教派系；而追寻苯教的文化源头，又是多元文化影响下形成的藏族古老传统宗教，如古波斯文化的影响，以及同汉地道教文化的渊源关系等等。此外，从纳西东巴教中也可探寻苯教文化的古老形态。当然，今日的苯教文化是已经得到很大发展或演化之后的一种文化形态，也就是说，它远离苯教的最初文化形态而近似藏传佛教的文化形态。

至于藏传佛教的宗教文化内涵，藏传佛教首先将佛教大小乘和金刚乘三乘融会贯通，相辅相成，从而建构了既有戒律传承、系统教义、宗派见地，又有密宗传承、修持次第、成就境界的显密宗理论体系和实践方法。所以，藏传佛教在当今世界佛教领域具有系统性、连贯性、传承性和权威性等特征；其次，藏传佛教在佛学修习方面，不仅建立了集体经院教育和个体实践体验相结合的教学体系，而且采取了闻、思、修并重的独特学习方式，首先广闻博记，其次深思熟虑，之后实践修炼，直至正确领悟佛法真谛。也就是说，藏传佛教是理论与实践相联系，高尚品德与渊博知识并重，宗教戒律与个人智慧相结合，利他行为与利己心怀相辅相成的一种修身、修学、修心的宗教；同时，藏传佛教提倡教法义理和个人智慧作为正确认识或判断一切客观事物的理论方法，特别是大乘佛教哲学派系中不左不右的中观见，更是被奉为识破世间包罗万象（假象）的不变真理。此外，藏传佛教将佛教显宗与密宗有机地结合在一个互动的关系之中，这不仅有助于揭开大乘佛教甚深义理的奥妙，而且整合了佛教的理论体系，保持了理论与实践的逻辑联系。因此，藏传佛教学僧严格遵循无显宗理论不入佛教正道，无密宗实践不得佛教正果的宗旨，先学显宗理论，后修密宗实践。

同时，藏传佛教将大乘佛教中发扬的慈悲与智慧作为相互促进的双重条件，从而获取个体与集体的共同圆满，最终实现佛与众生完全一统的宗教理想；为了大大提升大乘佛教的利他精神，藏传佛教极力阐扬大乘佛教的菩提心和菩萨行。因此，藏族传统文化中贯穿着一种利乐一切众生的生存理念，藏族信徒的信仰目的首先是利他，而不是自利，更不局限于单一的民族而着眼于全人类；藏族僧尼的追求不是个人的短暂的解脱或福祉，而是整个人类的永恒的安乐。尤其是藏传佛教以大慈悲心为方便法门，以性空见为智慧法门，两者相辅相成、互为依托，从而开创了藏传佛教密宗的实践成就和远大理想。

2006年7月19日

中国社会科学院世界宗教研究所

绪 论

由于宗教文化与世俗文化同为人类物质活动和精神活动的产物,同是人类现实生活和理想生活的反映,近年来,有关藏族宗教文化的研究讨论和历史评估,成为国内外学术界的一个热门课题。藏族宗教文化历史悠久,内涵丰富,范围广大,特别是自从公元7世纪佛教传入藏族地区之后,以佛教为主要特色的藏族宗教文化得到蓬勃发展。而宗教文化又是一个十分庞杂的文化体系,其中既包含精神性文化、行为性文化、实体性文化,又具有艺术、科学的因素。因此,从整体上研究或掌握藏族宗教文化具有理论意义和现实意义。

藏族是我国多民族大家庭中具有悠久历史和灿烂文化的民族之一。她既有古老的文化积淀,也有吸收、融汇外来优秀文化的传统。正因为如此,藏族文化在当今世界文化园林中有着夺目的光彩。宗教作为一种文化现象,则是藏族文化的重要组成部分。因此,探讨藏族宗教文化,不仅是一门学术性很强的研究课题,也是一件趣味性很浓的身心体验。以藏传佛教为例,它拥有久享盛名的佛教大百科——《大藏经》(包括《甘珠尔》和《丹珠尔》),此外尚有丰富的原始资料(包括当今世界上最珍贵的贝叶经),以及各类专著。总之,藏文书籍卷帙浩繁,分门别类,就数量之多和内容之富而言，在我国56个民族中仅次于汉族。佛教作为一种外来文化在雪域高原扎根、开花、结果，至少已有一千三百多年的漫长历史。

佛教文化不仅是一个庞大的思想体系，它反映了人类对生活的体验、理解和愿望，而且是一个漫长的历史过程，它在各个不同历史时期吸收并消化了人类思想文化的精华。正因为如此，时至今日，佛教文化仍不失为人类文明的重要一环。佛教自公元7世纪中叶正式传入雪域高原，特别在藏传佛教形成并得到蓬勃发展之后，对藏族地区的政治、经济、哲学、文学、艺术、天文、历算、法律、科学、医学、建筑等领域产生了巨大影响。可以说，藏传佛教不仅构成了藏族人民生活和文化的精华，而且给青藏高原带来了高度的精神文明。比如佛教未传入青藏高原之前，藏族地区普遍盛行古老而传统的苯教，而苯教信奉万物有灵，主要以牺牲各类动物来举行宗教仪式，现在看来，确实带有浓重的野蛮性质。在这种宗教理念之下，藏族人具有一种尚武精神，因而给当时的周边民族地区造成一种战争的恐怖气氛。随着佛教的传入及藏传佛教的形成，藏族人将以前那种带有野蛮、残忍性质的生活方式改变为相对文明、理性的生活方式，开始注重融洽、安详、和平的社会生活，以慈悲、施舍、忍让等合乎藏传佛教伦理道德的品行作为精神上的最高追求目的。

可以肯定的是，藏传佛教丰富并推动了藏族文化的全面发展，首先藏文文献就是随着公元7世纪中叶吞米·桑布札制定藏语文字、翻译佛经而开始出现的，特别在元明清时期，藏族地区相继出现了许多著名印经院，如四川的德格印经院，西藏的纳塘印经院、拉萨印经院，甘肃的拉卜楞寺印经院、卓尼印经院，青海的塔尔寺印经院等等。这些印经院的产生为藏族文献的发展创造了良好的外部条件。经过一千三百多年的不断发展，藏文文献可称得上卷帙浩繁、汗牛充栋，总数已不可计数，其内容遍及宗教、哲学、伦理、道德、政治、经济、文学、艺术、历史、地理、考古、天文、历算、医学、建筑、舞蹈、音乐、饮食等所有人文社会科学和部分自然科学，为研究藏族文化以及周边地区的历史、文化等提供了丰富而珍贵的资料依据。

藏传佛教极大地发展和提高了藏民族的哲学思想水准，因为藏传佛教中的哲学思想最为丰富、精深，包括人生哲学、宇宙哲学、认识论哲学，都具有独到的见解。在藏族文学方面，藏传佛教的贡献及其影响也是巨大的，因为几乎所有的藏族高僧都是学识渊博的学者，他们从小就在良好的学习环境中，一面修习佛法，一面学习藏族文化。所以，每位藏族高僧首先是一位佛学家，同时又是文学家、史学家、医学家，甚至是艺术家。例如萨迦班智达就是藏族高僧中的典型人物，他著有《萨迦格言》、《入声明论》、《声明概要》、《声律花束》、《语词藏》、《乐论》、《智慧焕发论》、《入智慧论》、《智者入门》、《修辞学·智者口饰》、《戏剧·善行》、《佛像身量合》、《工巧论》、《相地》、《教历》、《医术概要》、《"口剑论"要义》、《文字组合》、《"幼童入辨析论"概论》和《正理宝藏》等名著。这些作品几乎涉及藏族所有学科，而且其内容既是文化论述又表现佛教义理。

通过佛经翻译，藏族高僧整理了大量的医学理论，早在公元8世纪就产生了著名的《居悉》即《四部医典》。据史料记载，《四部医典》是藏族高僧宇妥·云丹贡布于公元8世纪集合藏、中、印三方面的医疗技术和理论撰写而成，从而确立了自成体系的藏医药学。《四部医典》至今仍是藏族医学的基础理论。规模比较大的藏传佛教寺院内都建有医学院，设有一整套从理论到实践的医学课程，为继承和发展藏医药学发挥了巨大作用。

藏传佛教为推动藏族建筑、绘画、雕塑等艺术事业的发展所作出的贡献更为突出，对此，藏族人民也耗费了大量的人力和物力。藏族地区的上万座寺院，以独具特色的建筑风格，以及不拘一格的绘画雕塑形式，显得金碧辉煌、光彩夺目，寺内供奉的各种神像和艺术雕刻品，令人目不暇接。其中雄伟壮丽的布达拉宫，俨如天宫一般，屹立在青藏高原，以它独有的艺术魅力，像一块磁铁般地吸引着国内外的观光旅游者。所以，藏族建筑绘画以及工艺美术享有很高的地位，并闻名于世。值得说明的是，在藏族地区几乎没有一样建筑、绘画、雕塑以及雕刻是非宗教意义的，而且藏族家家户户都不能没有宗教艺术作品。可见，藏传佛教将藏族人民熏陶成为一个具有高度艺术审美观的民族。

目前，以藏传佛教寺院为主的宗教圣地，已成为藏族地区繁荣文化、发展旅游、搞活经济的重要支柱以及第三产业的主要内容之一。此外，藏传佛教还促进了藏族天文、历算等自然科学的发展，丰富了藏族人民的文化娱乐活动，诸如舞蹈、音乐、节日等无不与藏传佛教紧密相连。

同时，藏传佛教也给藏族社会带来不少消极因素。因为长期以来，藏族社会以宗教为中心，特别是佛教在藏族社会中立足之后，其宗教气氛更加浓厚。近代以来，以佛教为主导的宗教文化渗透到了藏族社会的方方面面，以宗教为中心的文化领域，被认为是神圣而不可侵犯的禁区。藏传佛教不但囊括了藏族的整个思想领域，而且有很大的政治势力，如护教主义盛行、保守思想统治了文化市场。这不仅造成了藏族社会对外界先进科技文化的普遍无知，而且导致藏族人对自己宗教和文化传统的盲目偏爱。很少有人从科学的角度去研究或评估自己的传统文化，信徒们只有信仰、继承的选择，而没有探讨、革新的机会。

世界上每个民族都有自己的文化，揭示传统历史文化有助于了解和掌握本民族文化的现实。藏族传统历史文化的主要组成部分是宗教文化，因此，我们应以科学的态度去深入细致地研究，并将藏族高度发达的宗教文化，特别是其中最具魅力的部分介绍给全世界，以服务于人类社会。

一、苯教的漫长岁月

根据考古发掘，藏族的先民早在旧石器时代就生息、劳作在今日被称为“世界屋脊”的青藏高原。同世界上的古老民族一样，随着对自然、社会和自身认识的扩展、深入，藏民族也有了自己信仰的宗教，即古老而传统的苯教。苯教的起源及其发展，有一个漫长的历史过程，与藏族社会的各个方面以及地理环境有着十分密切的关系。因此，为了对这个古老的宗教——苯教有个历史的全面的认识，我们首先有必要对藏族的远古社会作一粗略的了解。

藏族古籍《柱间史》记载：“东、党、赛、莫，即四大宗族是雪域藏地最早出现的人类”。这四大宗族，也可称为四大氏族，但更准确的解释，应为“四大姓氏”，因为迄今藏族诸多姓氏中仍有延续下来的以上“四大姓氏”。可以断言，这四大姓氏或宗族为藏族族源。

经过漫长的岁月，藏族历史逐渐有了比较清晰的轮廓，“以后依次由玛桑九兄弟、二十五小邦、十二小邦或四十小邦统治”。[①] 从这些不断更迭的统治者以及不断分化又合并的社会结构，可以看出藏族古代社会发展的历史进程。以现代社会学的角度去分析，当时的社会形态很可能属于原始社会。

当藏族社会发展到一定文明阶段，藏族地区有了神灵观念，并出现了众多神祇，诸如山神、水神、地神、天神等。依据有关藏文史料，藏族地区对神灵的崇拜，可以追溯到原始社会末期，但其具体情形已邈远难考。可以肯定的是藏族人的神灵观念基本上是随着藏族古代社会的进步而逐渐成熟的。“万物有灵”观念曾迫使藏族初民虔诚地跪拜在具有巨大威力的各种神灵的脚下，他们献上自己力所能及的

---

① 蔡巴·贡噶多杰著，东嘎·洛桑赤列校注，陈庆英、周润年译：《红史》，29页，西藏人民出版社，1988。

祭品，礼拜神，向神祈祷，表示感谢或赎罪，并希望神能继续保佑自己。如《柱间史》记载：“赛·苯波、玛·苯波、东·苯波、奥·苯波等十二名有识之士正在祭献神灵。”此乃约公元前4世纪藏族地区祭献神灵的情形，这12名有识之士，实际上是12位苯波。当时的苯波相当于萨满教中的巫师或祭司，因为苯教与萨满教同属中国古代流行的原始宗教。当然，在其流传范围上有较大的差距，如苯教基本上限于青藏高原，只有藏族人和极个别少数民族信奉；而萨满教的流传地域极为广大，东起白令海峡，西至斯堪的纳维亚半岛，横跨欧亚两洲，为从事渔业、游牧业的乌拉尔或阿尔泰语系各民族信奉。在崇拜方式、祭祀仪轨等方面，苯教与萨满教之间则有许多共同点。从信仰对象来看，两者都具有崇拜自然的内容；宗教礼仪方面，两者都以祭祀、占卜、禳解等作为最基本的宗教仪式。以上引言中苯波之前的字均为姓氏。值得一提的是，引言里出现的苯波二字成为后来苯教这个名称的最初来历。依据大量有关的藏文史料，以上12名苯波既为当时藏族12小邦之酋长，又作总管一切精神文化的巫师，是集酋长与巫师于一身的特殊人物。正如许多国家在各种时代都曾存在过集祭司与帝王于一身的人物那样，他们具有半人半神或半神半人的性质。巫者为王、王者行巫，应当说是在一定历史发展阶段中，具有普遍意义的社会文化现象。

藏族古代社会孕育出巫师兼酋长这一看似特殊的现象，并非偶然，它有着广阔的自然文化背景和深厚的宗教思想基础，是人类历史进程中产生的一种必然现象。随着藏族社会的进一步发展，约公元前4世纪，藏族历史上的第一个王国及其赞普（国王）诞生了。他的出现标志着藏族古代社会发生了翻天覆地的变化：旧的分散的原始社会解体，新的统一的奴隶社会开始形成。以前身兼酋长的巫师随着社会形态发生的质变而失去了酋长地位。这是历史的发展给他们带来的冲击，也是神权和政权的分离。从此，这些失去酋长地位的巫师便专司巫术，使巫术活动更具有宗教性，于是藏族的民族传统宗教——苯教开始萌生。尽管初期的苯教显得十分幼稚，但它经过巫师们神话般的渲染和极其神秘的宗教仪式，还是赢得了当时庶民百姓的高度信赖和虔诚信仰。

藏族古来自称“吐蕃”，唐代汉文文献也对公元7世纪初藏族所建立的王朝称为“吐蕃”“吐蕃国”或“吐蕃王朝”，遂以此闻名世界，载入多种文字的史册。现在英语中称西藏为Tibet，称藏族为Tibetan，也是“吐蕃”两字的音译。吐蕃王朝自公元前4世纪左右开始形成，至公元9世纪中叶濒于全面崩溃，公元12、13世纪时已经不复存在。吐蕃王朝的鼎盛时期正巧与唐朝大帝国是同一时代，这两个王朝是藏汉兄弟民族在祖国版图上建立起来的两个有世界影响的朝代，它们在当时的亚洲大陆发挥过巨大作用。其中吐蕃王朝在开发和巩固祖国西南边疆、抵抗外来侵略，以及建设祖国西北地区，做出了不可磨灭的贡献。

苯教作为在藏民族中土生土长的民族宗教，自始至终伴随着吐蕃王朝的整个历史进程，并在其中发挥过重要作用，尤其对早期藏族社会的文明进步起到了推动作用。同样，在后来藏传佛教的形成过程中，由于苯教具有广泛的群众基础，也充当了不可替代的主要角色。比如，在藏传佛教中，特别在宗教礼仪和护法神中吸收了不少原本属于苯教的内容。总之，生根于藏族古代社会里的苯教，也经历了古代藏民族所经历的一切沧桑时空和演变过程。苯教最终从最初的崇拜天、地、日、月、星辰、雷电、山川等自然现象的自然宗教，发展成了拥有众多富于哲理的经文以及系统化的教规仪礼的人为宗教。至于苯教的历史演变或形成发展过程，大致可分为三个阶段，即多苯时期、恰苯时期、居苯时期。

多苯时期　大约从聂赤赞普（约公元前4世纪）至第七代赞普赛赤赞普期间。关于多苯时期的情形，藏文典籍中记载：“不过当时的苯教，只有下方作征服鬼怪、上方作祭祀天神、中间作兴旺人家的法术而已，并没有出现苯教见地方面的说法”。[1] 由此可见，这

---

① 土观·罗桑却吉尼玛著，刘立千译：《土观宗派源流》，194页，西藏人民出版社，1985。

段时期的苯教还明显地带有较原始的巫术性质，尚未形成自己的理论体系，也没有出现较高层次的实践修炼法门。

恰苯时期　大约从止贡赞普（约公元前3或2世纪）至松赞干布赞普前后。这一阶段是苯教的漫长历史发展时期，同时又是苯教发生大变革的重要阶段。这主要归功于止贡赞普的开明性措施，如“乃分从克什米尔、勃律、象雄等三地请来三位苯波徒，举行超荐凶煞等宗教活动。其中一人依凭除灾巫术、修火神法、骑于鼓上游行虚空、发掘秘藏，还以鸟羽截铁等显示诸种法力；一人以色线、神言、活血等作占卜，以决祸福休咎；一人则善为死者除煞，镇压妖厉，精通各种超荐亡灵之术”。[①] 这就是止贡赞普迎进外界先进法术来充实或改造自己日益不适应社会发展的宗教的实例。从此苯教结束原始稚嫩的宗教形式，进入拥有高超实践法术的新时期。

居苯时期　大约包括松赞干布（公元7世纪中叶）开始的藏传佛教的“前弘期”和“后弘期”的整个过程。这一时期又可分为三个阶段，即早期居苯、中期居苯、后期居苯。

早期居苯，从松赞干布至赤松德赞赞普时期。这一时期出现了一位穿着绿裙的班智达（大学者）。他将一部新法埋藏在地下，然后过一段时间又自行掘出，并杂入原有苯教的法术而创立了一新的派别。这虽然不可视为苯教已趋于完善，但此一新派的创立标志着苯教正式拥有了第一部自己的理论经典。

中期居苯，大约从赤松德赞（公元8世纪）至朗达玛赞普灭佛前（公元9世纪中叶）。这一阶段是苯教和外来佛教之间的斗争处于最激烈的时期。苯教为了对付佛教的强大理论攻势，便从佛教中吸收许多内容来充实或加强自己的理论体系。在这样的趋势下，才出现了苯教徒直接采纳佛经的现象，正如“将一些佛典，改译

① 《土观宗派源流》。

成为苯教的书籍”。[1] 但由于当时赞普对苯教徒的这种越轨行为采取了严厉惩处，苯教徒们才没能大量翻译佛经。

后期居苯，是从朗达玛灭佛以后至藏传佛教“后弘期”的整个过程。这一时期由于吐蕃王朝的彻底崩溃，苯教徒们获得大解放，因而又可以自由地继承或发展自己所信仰的传统宗教了。但是苯教徒发展苯教的主要途径还是改译佛教经典，正如“……将大量佛经改为苯教的经典。诸如《广品般若》改为《康钦》、《二万五千颂》改为《康琼》、《瑜伽师地抉择分》改为《苯经》、《五部大陀罗尼》改为《黑白等龙经》”。[2] 但不论怎么说，苯教因此拥有了自己编纂的《大藏经》，即苯教的《甘珠尔》和《丹珠尔》。对此，佛教徒认为，苯教包括《大藏经》在内的绝大多数经典是从佛经中篡改过来的伪经。我们以现代科学的研究角度去分析或看待这一问题，苯教的确有过窃译佛经的历史，但不是盲目机械的直译，在佛经的翻译过程中，苯教按照自己的需要进行了细微改造，其中还编入了苯教原有的宗教仪礼和理论性的内容。苯教对佛教的有意吸收，也是迫于无奈的。随着佛教源源不断地传入藏族地区，苯教在藏族人心目中的崇高威望受到强大冲击，并日趋下降，最后佛教干脆取代了苯教在藏区的正统宗教地位。从此，苯教一蹶不振，不得不退避到边远偏僻的地区，以保存自己微薄的势力。故而，目前在整个藏族区域，除个别偏僻地外，几乎看不到纯粹的苯教的存在了。

二、藏传佛教的形成与发展

佛教传入藏族地区的时间，晚于汉地、西域包括克什米尔、尼泊尔等相邻地区和国家。因此，藏传佛教在其形成和发展过程中，

---

① 《土观宗派源流》（藏文），383 页。

② 《土观宗派源流》。

同时受到包括印度在内的以上诸国家和地区佛教的巨大影响。似乎正因为藏传佛教汲取了四邻诸国和地区佛教之精华,因而独领风骚,时至今日依然在世界宗教园林中大放异彩。

根据藏文史料,吐蕃王朝第二十七代赞普拉托托日年赞时(约当公元4世纪),由印度人班智达洛生措(慧心护)及译师里弟生将《旃檀嘛呢陀罗尼》、《诸佛菩萨名称经》等经函,以及小型佛塔等佛教用品带到了吐蕃。[①] 后来许多藏文史书以此为佛教正法在吐蕃诞生之始。但鉴于当时尚未出现书写、翻译、念诵、讲经等佛事活动,故不可视为佛教正式传入吐蕃的开始。以松赞干布在位时(公元7世纪中叶)作为佛教正式传入吐蕃本土的开端比较妥当。至于松赞干布是否一位虔诚的佛教信仰者,目前还不能肯定,但他确实支持过佛教在吐蕃的传播。许多藏文史书记载,松赞干布在位时,曾迎请印度、尼泊尔、克什米尔、汉地的佛教大师学僧,在吐蕃翻译了《集密宝顶陀罗尼》、《月灯》、《宝云》、《十万般若波罗蜜多经》等不少佛经。当时吐蕃还号称新建了一百零八座佛教寺庙,其实具体记载的只有十八座。鉴于当时的建筑只用来供奉佛教用品,而且其规模较小,故称佛殿较妥。那时吐蕃还没有本族的出家僧尼。

实际上,松赞干布时期是古代藏族社会的大开放时期,又是大变革时期。松赞干布的主要精力放在政治、经济、军事、文化、科技等领域的改革或发展上,而无暇提倡佛教。佛教只是作为外来先进文化的一部分在吐蕃传播,并没有当作惟一的宗教信仰加以特别崇拜。所以,从松赞干布至赤德祖赞(703—754年在位)期间,佛教在吐蕃虽然时断时续地传播下来,但这段时期的佛教在吐蕃没能真正立足,当时吐蕃的宗教依旧由苯教一统天下,佛教只是乘隙而入。值得一提的是,吐蕃王朝从松赞干布开始,对于政治、经济,特别对文化领域采取了自由开放的政策,这就导致了藏族传统文

① 郭勋努白:《青史》(藏文)上册,64页,西藏人民出版社,1985。

化(主要指苯教)与外来文化(主要指佛教)之间的长期斗争和融合,最终形成藏传佛教这一打上苯教烙印的佛教支派。

根据《巴协》等藏文史料,赤松德赞(755—797 年在位)时期,吐蕃赞普才开始亲自参与并开展弘扬佛教的大活动。赞普首先派遣韦·意希旺波(又名巴·色朗)从萨霍尔国迎请堪布菩提萨埵(寂护),又按菩提萨埵的建议,派遣德哇莽布智和桑果拉隆二人去尼泊尔拘勒雪的岩洞中迎请邬仗那国的白玛迥乃(莲花生)大师。两位大师依靠赞普的强大后盾,在吐蕃举办了一系列规模空前的传教活动。比如,堪布菩提萨埵向人们宣讲十善法、十八界、十二缘起;白玛迥乃大师显示神通,调伏苯教的诸多凶神,还特别向一些父母俱在的青年男女首次传授了一种称为"圆光法"的使鬼神附体的法术,此乃佛教密宗的特异功法在藏族地区的第一次公开传授。

在堪布菩提萨埵和白玛迥乃大师的主持下,桑耶寺于公元 774 年动工兴建,经五年于 778 年竣工,并举行隆重的开光安座仪式。同时从印度请来说一切有部和中观分别说比丘 12 人,由菩提萨埵任堪布(剃度仪式的主持人),为七位藏族人首次剃度授比丘戒。这就是藏传佛教史上最早出家的僧侣,史称"七试人"或"七觉士"。继"七觉士"之后,吐蕃本族的僧侣很快发展到三百多人。第一座规模宏大的正规寺院——桑耶寺的建成,以及吐蕃本族僧侣的产生,标志着佛教初胜苯教,进而立足于吐蕃。

当时的桑耶寺不仅成为吐蕃王朝的宗教活动中心、文化教育中心,而且又是译经场所。印度等地的许多大师和吐蕃学僧在桑耶寺里翻译了《律藏》、《经藏》、《密续部》等大量重要佛经。这是自从佛教传入吐蕃以来第一次规模较大的译经活动。此外,吐蕃王朝对中亚的征服又导致吐蕃与具有相当文化水平的民族之间形成了一个持续的生活共同体,其结果是拉开了更大范围传播、发展、交流佛教的历史序幕。简言之,赤松德赞时期,佛教由于得到了赞普的大力扶持,在吐蕃有了突飞猛进的大发展。

赤祖德赞(815—841 年在位)时期,是吐蕃佛教发展的鼎盛阶段。赞普敕令核定旧译佛经和编纂佛经目录,为藏文大藏经的形成奠定了基础;在拉萨河中游南岸创建了历史上最著名的九层金顶的乌香多宫殿(兼作寺院),它的"底部三层用石料,中部三层用砖料,顶部三层用木料筑成"。[①] 其建筑形式十分壮观,"形如大鹏冲天飞翔"。赞普还拟定了僧侣在乌香多宫等寺院里时常诵念佛经的制度,并法定每七户人家供养一位僧侣,如有人反对佛教或轻视僧侣,便实施刑法来惩治。所以,吐蕃佛教在赤祖德赞时期出现空前盛况。至此,所谓的"藏传佛教"已经形成。

然而,不幸的是,佛教在朗达玛赞普(836—842 年在位)时,遇到了有史以来第一次最大的法难。朗达玛赞普亲自发动的声势浩大的抑佛运动,对吐蕃佛教尤其对教团组织是一次毁灭性的打击,僧众不仅失去了昔日朝廷的保护,而且还被剥夺了所有财产和享有的一切政治特权,使佛教在吐蕃的整个组织都被彻底粉碎,僧众都不得不从寺院逃向民间,重新加入世俗生活。后来史家以此为界,将藏传佛教史分为"前弘期"和"后弘期"。"前弘期"即指公元 7 世纪中叶(松赞干布时算起)至 9 世纪中叶(朗达玛灭法为止),这段历史长达两百年之久。

此外,吐蕃王朝在政治上的大一统也随着朗达玛的灭法为导火线而开始全面崩溃,一个衰败、瓦解的时代随之而来。很快吐蕃王朝分裂成一系列小邦,即现在许多著述中所说的地方割据势力。然而,佛教并没有因朗达玛的禁废而寿终正寝,相反,政治上的大动荡给佛教的复兴或发展创造了良好的外部条件。也就是说朗达玛发起的灭法运动,不但没有彻底摧毁佛教在吐蕃的基础,还为继承和发展开辟了崭新、自由而广阔的前景。这从一个侧面又说明了佛教在"前弘期"内已经赢得吐蕃人民的普遍信仰,并在广大低层群众中产生了积极影响。

---

① 五世达赖:《西藏王臣记》(藏文),73 页,民族出版社,1981。

至于藏传佛教"后弘期"开始的具体时间,众说纷纭,史籍里也没有一致的定论,但可以肯定的是,受比丘戒僧侣的大量出现和大兴土木重建佛教寺院,是"后弘期"开始的重要标志。朗达玛的灭法运动,其后果主要是中断了传授戒律的连贯性。佛教一旦没有条件或资格举行常规的受度仪式,就谈不上发展僧侣组织;如果佛教没有庞大的僧侣集团作为骨干或核心力量来发扬光大,也等于纸上谈兵。根据藏文史料,公元 10 世纪末在藏族地区又开始出现大批出家僧侣和重建寺院的热潮。由此可以将公元 10 世纪末视为"后弘期"的开端。

藏传佛教"后弘期"以诸派纷起、密教盛行,以及活佛转世的出现为主要特色,而且"后弘期"在传教范围之广大、群众兴佛之热情等方面,皆远远超过"前弘期",其规模可谓空前。因此,"后弘期"成为藏传佛教的发展时期。

从时间上看,藏传佛教的绝大多数宗派是从公元 11 世纪中叶至 12 世纪初之间产生或形成的。

"藏历第一饶迥火鸡年(1057 年),阿底峡的弟子仲敦巴·嘉威琼乃修建热振寺作为据点,由此产生噶当派。

"藏历第一饶迥水牛年(1073 年),昆·贡却杰布修建萨迦寺作为据点,由此产生萨迦派。

"藏历第二饶迥铁牛年(1121 年),克朱穹波南觉修建香雄寺作为据点,由此产生香巴噶举派。同年,米拉日巴的弟子达波拉杰修建达拉岗布寺作为据点,由此产生达波噶举派。"①

公元 15 世纪初,最后一个宗派,即格鲁派产生。至此,藏传佛教的诸多互不隶属、见修各异的宗派,诸如宁玛派、噶当派、萨迦派、噶举派(包括四大支八小支)、希解派、觉囊派、格鲁派等均已形成。

在藏传佛教"后弘期"的整个过程中,宗教团体与世俗社会之

① 东嘎·洛桑赤列:《论西藏政教合一制度》(藏文),56 页,民族出版社,1981。

间的密切而互惠的联盟关系，比任何时候都更为强大，双方都认识到互助的重要性。寺院僧侣集团依靠世俗权力，扩大各自的根据地或获取经济上的保障，而世俗政权又从僧侣集团那里得到有关思想舆论方面的支持。其结果，诸教派随着各自经济实力的增强，不仅参与世俗政权事务，而且还能左右地方政权。如元朝中央扶植萨迦派统一多年分裂的青藏高原，就是一个具体的实证。从此藏传佛教界出现了较大的变化，诸教派不像以前那样在地方上寻求庇护，而是纷纷内向，开始靠拢中央王朝，寻找更强大的政治后盾，以便显赫一世。这个举措又恰恰符合中央王朝的意愿，因而藏传佛教诸多教派都曾不同程度地得到过元、明、清中央王朝及至民国政府的赐封和关怀。单纯从政治的角度看，藏传佛教的各个派别皆被政治利益所驱使，其政治势力的大小均为中央王朝所左右。比如，每次中央王朝的更替都会给藏传佛教的各个派别带来巨大影响，甚至出现大动荡。

值得一提的是，格鲁派在藏传佛教诸多教派中脱颖而出，特别是 1642 年格鲁派取得西藏地方世俗统治地位后，其他教派受其左右，许多宗派寺院无奈地改宗格鲁派。从此格鲁派逐渐成为藏族社会上势力最强大、影响最深远的一支教派。如西藏的甘丹寺、色拉寺、哲蚌寺和扎什伦布寺，青海的塔尔寺，甘肃的拉卜楞寺，这六大格鲁派寺院以及四大活佛系统即达赖、班禅、章嘉、哲布尊丹巴。这一切都象征着格鲁派的权威和势力，并在我国藏、蒙古等少数民族地区的政治、经济，特别在文化生活中有着极其深远的影响。

藏传佛教从公元 13 世纪后期开始向其他民族地区传播，走出了单纯的藏族文化圈，给藏传佛教史增添了一页辉煌的新篇章。今日国内，藏传佛教遍布于西藏、青海、四川、甘肃、云南、内蒙古、新疆等地，为藏、蒙古、普米、裕固、土族、纳西等许多民族的大多数群众所信仰；在国外，诸如不丹、尼泊尔、印度、克什米尔、蒙古、俄罗斯等国家和地区，以及欧美的不少国家都有数量不等的信徒和传教中心或寺院。由此可见，藏传佛教已成为具有世界性影响的佛教主要支派之一。

三、活佛转世

活佛转世，是藏传佛教蓬勃发展的一大产物，也是藏传佛教文化的重要特色之一。对此曾有多人作过探讨，但其解释皆浮于表面化而未能涉及活佛的实质性问题。比如有这样的论述：活佛转世是以佛教的灵魂不死投胎复生的唯心观念与寺庙集团的经济利益相结合而形成的一种宗教制度。喇嘛教认为，修行好的喇嘛的灵魂是不会随着肉体的死亡而死亡的，而且能够通过另一肉体获得新生。① 实际上活佛转世有其甚深的理论基础，佛教大乘经文中有“三身”或“三佛”之说。其“三身”或“三佛”皆指三种佛，即法身、报身、应身（化身）。如《大乘义章》卷十九曰：“法者所谓无始法。”又曰：“后息妄想，彼法显了，便为佛体；显法成身，名为法身。”此处之“法”或“法性”，即是人们先天具有的如来藏、真心、本觉，以此为成就佛身之因，故又名法身佛或法佛。“报身”亦称报身佛或报佛，如“此真心体，为缘薰发，诸功德主，方名报佛”。此指以法身为因，经过修习而获得佛果之身，分为证知与享受所谓佛境的报身，以及为适应十地菩萨需要而呈现出来之报身。“应身”亦称“应身佛”，如“众生机感，义如呼唤；如来示化，事同响应，故名为应”。此指佛为度脱世间众生，随三界六道之不同状况和需要而现之身，如释迦牟尼之生身等。

藏传佛教以“三种佛身”学说作为自己的理论依据，并在具体的修行实践中不断探索或印证，最后形成自己的观点：法身不显，报身时隐时现，应身（化身）则随机显现。所以，一个有成就的正觉者，在他活着的时候，可以有若干个“化身”，在各地“利济众生”；当

① 《西藏研究》，1985（3）。

他圆寂后,“转生”或“转世”就成为理所当然的事了。换句话说,在这样的理论指导下,藏传佛教对于十地菩萨为普度众生而变现之色身,最终在人间找到了依附之物体,即“活佛”。简而言之,活佛转世是藏族高僧大德将佛教“三种佛身”学说结合藏传密宗的实际修炼而创立起来的一种独特的神秘文化现象。

基于佛教中的“三种佛身”学说,1193 年藏传佛教噶玛噶举派的创始人都松钦巴临终前口嘱他要转世,因而开创了藏传佛教史上活佛转世之先河。之后,活佛转世这一新生事物相继被各教派所普遍采纳,并在长期发展过程中,逐步形成了对于活佛转世灵童的卜卦、寻找、认定、教育、供养,以及信奉等一整套制度。目前,凡是称为活佛或喇嘛的高僧,究其根源或来历皆为诸佛菩萨的化身。显而易见,活佛的职责也要同菩萨一样,利乐世间众生。于是每一位活佛的最高理想是解脱自己,然后为了众生的利益,抛弃这种解脱而又重返人世。故活佛转世制度也不可中断。总之,活佛转世是藏传佛教在佛教界乃至世界宗教领域中的一大创举,也是世人所瞩目的一种特异的宗教文化现象。

四、密宗文化

密宗文化,是藏传佛教中最辉煌、最精彩的核心文化部分,也是当今社会最具魅力的一种宗教奥妙文化。它不仅具有源远流长的历史文化背景,而且有着与众不同的深旨奥义和引人入胜的实践修持法。为了便于从整体上认识藏传佛教密宗文化这一不同于其他文化的独特文化形态,首先对其作一历史的介绍。

传入藏族地区的佛教之所以称为藏传佛教,除了传播的时间、路线、宗派,以及地理环境、文化背景、语言文字等外在因素外,还有其更主要的内在因素,即密宗文化在藏传佛教中处于核心地位。当公元7 世纪佛教正式传入藏土之际,印度佛教已经发展到开始盛行密宗的阶段。因此,佛教传入藏土一开始就带有印度后期佛教(密宗)的特色。在此值得一提的是,在藏传佛教的形成与发展的整个过程中,有两位外籍大师对树立密宗在藏传佛教中的重要地位,起到过至关重要的作用。一位是出现在“前弘期”的莲花生大师,另一位是“后弘期”的阿底峡尊者。莲花生大师来藏前曾是印度佛教密宗大学那烂陀寺的一名学僧,他的佛教思想是印度佛教思想两大主流之一的龙树“中论”系统,同时又精通密宗咒语,通晓深奥的仪轨。公元8世纪中叶莲花生大师应藏王赤松德赞的邀请来到藏土,以密宗法术同藏族原有的苯教巫师们展开了激烈的斗法竞争,最后取得胜利。可以说,莲花生大师以佛教密宗法术作为有力武器,敲开了藏族传统文化(苯教)的大门,为佛教立足于藏土立下了汗马功劳,尤其将印度后期佛教的密宗思想很顺利地移植到藏土,并对以后的藏传佛教密宗产生了极其深远的影响。阿底峡尊者未来藏土前曾是印度佛教密宗大学那烂陀寺、超戒寺等的住持,是一位德高望重、名扬四海的佛教密宗大师,于1042年由西藏阿里地区的古格王降曲奥邀请到西藏西部,开始了他对当时藏传佛教时弊的行之有效的整顿,诸如规定修行次第、端正密宗仪轨等。由于阿底峡尊者在佛教显、密宗两方面都有很高的造诣,赢得当时西藏佛教界的信任和拥戴,从而重振了密宗的正统地位,为“后弘期”藏传佛教密宗的振兴发展作出了突出贡献,故后人视阿底峡为藏传佛教密宗第一中兴人物。经过莲花生和阿底峡两位大师的不懈努力,密宗在藏传佛教的整个历史进程中始终占据着突出的地位。

藏传佛教密宗文化之所以发达精深,除了有其源远流长的历史文化背景外,藏族高僧大德们对此付出的长期而具有创造性的艰苦劳动,也是其中的一个原因。由此可以断言,藏传佛教密宗文化是藏族人将印度佛教大乘密宗长期在雪域藏土精心培育出的宗教文化硕果。进一步讲,藏传佛教密宗文化是藏族高僧大德利用寂静的雪山岩窟和充足的高原阳光等得天独厚的外部自然条件,依靠自己精湛的理论功底和忘我执著的精神，经过长期的身体力行或理论锤炼所获得的文化成就或宗教功夫。例如，瑜伽师米拉日巴、卓弥以及隆钦·热降巴等藏族高僧大德就是藏传佛教密宗文化发扬光大的代表人物。实际上，藏传佛教密宗文化是一种奇特的修持奥义，它提供了实现人类进入自我精神的一种宗教智慧。一般认为，藏传佛教密宗文化的成就是一种宗教智慧的实现。虽然这种宗教智慧的实现是一种“神秘”过程，甚至到了“只能意会而不可言传”的地步，但一旦揭示其真实面目，人们又会发现藏传佛教密宗文化原来是一种人学。它不仅对人的心理活动了如指掌，而且对人的生理结构也有很深的研究；它更是一种从现实实践中体验出来的人类生存艺术。同时，我们还要认识到藏传佛教密宗文化不仅仅是一种重于实践的宗教神秘文化，而且它拥有精深博大的理论体系。以理论来指导实践，一切实践都要严格地遵循理论的规则，否则一事无成，这就是藏传佛教密宗的宗旨。总而言之，藏传佛教密宗文化是一种脱俗、自然、独立的人类生存智慧。

综上所述，藏族宗教文化经历了漫长的演变过程或多次飞跃发展之后，才逐渐具备了独立存在的结构和功能。比如，藏族宗教文化最终以藏传佛教为主流，在藏族地区特别对人们的思想观念、人生态度等精神文化领域产生了极其深厚的影响。目前，以藏传佛教为主的藏族宗教文化，已成为既有高原地域特色又十分兴旺发达的一种自成体系的宗教文化。

本书依据大量的第一手藏文资料，并利用已掌握的古今研究成果，仅就藏族宗教文化中最引人注目的藏传佛教密宗（以下简称藏密）文化的历史渊源、理论结构、实践步骤及其主要特色等作比较系统的论述。特别对藏密文化中最奥妙、最核心的部分，比如藏密四级独立门户之金刚大法、藏密三位一体之秘密修持法、藏密人佛合一法等进行重点剖析。

藏密素以派系众多、修法特异所著称，为此，本书对藏密中最重要、最有影响、最具代表性的各个法门，诸如宁玛派的“大圆满”

法、噶举派的“大手印”法、萨迦派的“道果法”、噶当派的“三士道”法、希解派的“坟墓瑜伽”法、觉囊派的“六支瑜伽”法、格鲁派的“显密贯通”法等秘密修持法，从高深的理论到具体的实践皆作详细、明了的介绍。

本书旁及藏密丰富多彩、蕴含深长的教规礼仪，以及超常的宗教艺术或文化智慧等方面。最后对藏民族的一些特异信仰，尤其对藏密文化与藏族人之间的密不可分的信仰关系进行分析说明。

总之，本书将尽可能全面而又概要地揭示藏密文化的来龙去脉；剖析藏密文化所蕴含的深奥理论和实践智慧；详细介绍藏密诸派精湛的秘密修持法。作者将尽全力将本书写成一部融学术性、知识性为一体的藏传佛教密宗文化专著。

第一章　佛教密宗的由来及其特点

一、密宗的由来

有人说印度是世界哲学的最早发源地之一。的确如此，释迦牟尼作为一名世界公认的古代哲学家，早在公元前6世纪就诞生于印度，并出色地创立了富于深奥哲理性的印度佛教，为后人留下了一份丰富的文化遗产。现在人们又将佛教划归为世界三大宗教之一，这可以说是后人迄今仍然崇尚释迦牟尼思想的一个重要标志。

从历史发展的角度看，印度佛教大致经过了四个不同的历史时期，即原始佛教时期、部派佛教时期、大乘佛教时期和密宗佛教时期。

原始佛教，也就是早期佛教，这一时期大约从释迦牟尼创立佛教至佛祖释迦牟尼圆寂后一百年左右，是佛教的最初传播阶段。

部派佛教时期，大约从公元前370年至公元150年。这一时期是佛教派别形成和发展的阶段。

大乘佛教时期，大约从公元1世纪中叶至7世纪。大乘佛教在其发展过程中又可分为三个不同阶段，即初期大乘（约1世纪中叶至5世纪）、中期大乘（约5世纪至6世纪）、后期大乘（约6世纪至7世纪）。

图 1　尊胜度母（摄于桑顶寺）

密宗则是印度后期佛教的一大特色。密宗，又称密教，现在又有许多一般的通称，诸如“怛特罗佛教”“秘密佛教”“真言乘”“金刚乘”“持明乘”“密乘”“果乘”等。佛教密宗的兴起和发展与当时印度的政治、经济和文化上的变化有着密切的联系。公元 7 世纪中叶之后，印度教融合当时印度的各种学说（包括佛教）而复兴起来，这对佛教来说是一个有力的竞争者。而当时的大乘佛教不仅局限于“经院哲学”的范围之内，而且正以思辨烦琐的学风，脱离广大群众。大乘佛教为了适应新的形势和挽回自己的颓势，而积极接近印度教或婆罗门教，从他们那里开始接受曾经竭力批判的东西，如禳灾、祈福和密咒等观念，并对此进行合理化或佛教化，最后形成相对独立的密教体系。可以说“密教是佛教与印度教结合的产物”。

从密教的整个发展历史来看，密教可分为两个发展阶段，即初期杂密阶段和后期密教阶段。

图 2　米拉日巴（摄于桑耶寺）

A. 初期杂密

大乘佛教终究成为密教，可以说是突如其来，也可以认为有其源远流长的历史背景。所谓突如其来，是因为在释迦牟尼时代，佛教极力反对神权，贬斥神秘，否定方术，一切咒语均为抛弃之言语。可见，佛祖不提倡方术、密咒等植根于民间的观念或信仰。其历史渊源,如在《长阿含经》卷十四·二十"梵动经"有载:"如馀沙门婆罗门,食他信施,行遮道法,邪命自活。召唤鬼神,或复驱遣,种种祈祷,无数方道,恐热于人,能聚能散,能苦能乐……或为人咒病,或诵恶咒,或诵善咒……或咒水火,或为鬼咒,或诵刹利咒,或诵象咒,或支节咒,或安宅符咒,或火烧、鼠吃、能为解咒,或诵知生死书,或诵梦书,或相手面,或诵天文书,或诵一切音书,沙门瞿昙无如此事。"在《中阿含经》卷四十七"多界经"中记载:"或有沙门梵志,或持一句咒、二句、三句、四句、多句、百千句咒,令脱我苦;是求苦、习苦、趣苦;苦尽者,终无是处。"在部派佛教的四分律卷二十七、十诵律卷四十六等中,即有佛陀听许持善咒治疗宿食不消、毒蛇、齿痛、腹痛等记载。佛陀在《长阿含经》卷十二"大会经"中,为了降伏诸天,结了数咒。佛陀在《杂阿含经》卷九·二五二经,也向舍利佛说了毒蛇护身咒。① 可见,密咒及其使用早在原始佛教的经典中就已出现。不过,密咒最早还是发源于婆罗门教,释迦牟尼在世时尽量禁止密咒在佛教学说中出现,后来加入佛教的外道人数渐多,他们习用咒语治病。至部派佛教时,如法藏部,推崇目犍连,盛说鬼神,咒法渐行。

就一般而言,佛教密宗的思想萌芽见于《阿含经》。认为唱诵巴利文《律藏》和《长阿含经·大会经》等中某些简单经文,依此功德就可除灾招福,此为明咒信仰。这种形式的密教叫"杂密"。还有以特定的文字、语句为特征,冥想与此有关的深刻含义,以期达到精神统一的陀罗尼。这些明咒、陀罗尼被称作"真言"。② 这些即是最初的"杂密"。

根据密教自己的说法,密教是由大日如来(摩诃毗卢遮那)传授给金刚萨埵(又名金刚手、持金刚)。金刚萨埵是大日如来的内眷属,是诸执金刚的上首,处于金刚法界宫,亲蒙大日如来的教敕

① 圣严法师编述:《印度佛教史》,223页。

② 《印度·中国·日本三国佛教史略》,49—50页,中国佛教协会经书印赠处,1994。

而结诵传持密乘,成为接受密法的第二祖。释迦牟尼圆寂后八百余年,龙树菩萨出世,开南天铁塔而亲自向金刚萨埵面授密乘,为第三祖。[①] 又如"日本传统说金刚乘的教义照佛陀的嘱咐被金刚萨埵贮在南印度的一座窣堵波下面,直到人们能够理解的时候,方才问世。后来龙树开了这座宝塔,接受了金刚萨埵的灌顶,然后传播这种教义。"[②]这些传说性的记载很可能是后来密教学者附会的。但值得注意的是,密教的萌芽早在原始佛教时期就已存在,只是没有得到发展而已。至部派佛教时期,密教已经积累了许多素材;到大乘佛教时期,密教已经有了部分理论性的东西。正如多罗那他在他的《印度佛教史》中所说:在僧护时代,事部和行部二类,显然已流行约有二百年了,但是,瑜伽与无上瑜伽二类,此时尚未出现,直到后来波罗王朝时,始见弘传。至此,密教的传承系统还很模糊,也比较杂乱,既没有出现权威的密教著作,也没有形成完整的传承制度。因此,公元 7 世纪中叶以前出现的零散密教都可归入"初期杂密"的范畴。

B. 后期密教

中世纪,随着印度社会的不断发展及其复杂变迁,佛教徒们加大顺应社会变化的力度。这主要表现在他们所崇奉的佛教的变化上,佛教徒竭尽全力将后期大乘佛教逐渐向密教化方向发展。在这场大变革运动中,印度的几座著名佛教寺院,发挥了巨大作用。比如,位于印度王舍城北面仅有几公里处的那烂陀寺,则是云集当时各派学僧的宗教文化研究中心。正如"早期中观派大师,尤其是龙树被推断曾在那里工作,陈那在那里传授他的新理论,此后那烂陀寺一直是知识论研究的主要中心地。几位笈多朝皇帝提供经费,而在 8—12 世纪统治摩羯陀和东北印度的波罗朝皇帝们的赞

① 圣严法师编述:《印度佛教史》,227 页。
② [英]渥德尔著,王世安译:《印度佛教史》,453 页,北京,商务印书馆,1987。

助之下，它达到最大规模。中国朝拜者遗留给我们关于它的逐日生活的一些详细描写，他们的叙述，例如好几千比丘和学生居住该寺，每日举行将近百来人次的演讲，还有学生入学注册的详细制度，呈现出从现存宏伟遗址得到的高度组织的印象。印度和西藏的传统记载有它的图书馆占满三座多层大厦。”①一旦密教得到那烂陀寺的接受或支持，其影响就可想而知，是极其深远广大。

图3 密宗坛城（摄于桑耶寺）

公元7世纪初，那烂陀寺就开始重视密教中的陀罗尼，并编纂了密教根本典籍《持明咒藏》，还形成了设置坛城的礼仪，坛城中已出现供奉的神。说明后期大乘佛教，由于烦琐的理论，不为群众所接受，为了争取广大群众信徒，断然采用了专长神秘仪式的印度教的宗教礼仪。从此那烂陀寺便成为发展密教的重要基地之一。正如“密教的传承系统很难判断清楚，传承中心是7世纪后半叶的那烂陀寺”②。

图4 时轮金刚（摄于纳塘寺）

至于那烂陀寺的创建年代，现在有争议，但住持那烂陀寺的名德，史料中有零星记载，除了龙树菩萨在该寺出家为僧外，是由德慧或护法开始的。之后，那烂陀寺的住持相继由护月、坚慧、光友、胜友、智月、戒贤、智光、月称、寂护等诸大论师担任。这些著名学僧为密教的兴起和发展，作出过不同程度的贡献。正如“中观派成立之后，即与密教发生了关系，例如宏化于南印的佛护、清辨，转入密

① ［英］渥德尔：《印度佛教史》，433页。
② 圣严法师编述：《印度佛教史》，174页。

乘,中印的月称、智藏、寂护、静命、莲华戒,无不学密。密教抬头,空有二系的大乘学者,终被融化于时代思潮之中。”[①]特别是寂护、莲华戒、解脱军、师子贤和觉吉祥等在清辨的中观自续派中加入了瑜伽行学说,从而创立和发展了瑜伽中观自续派学说,这一学说赋予佛教及外道在哲学方面的种种思想,其方法形式也很自由活泼。这就是后期大乘佛教逐渐密教化的一个重要标志。

波罗王朝第四代达摩波罗王(766—829 年),对佛教倍加推崇,嫌当时的那烂陀寺规模不够宏大,又在恒河南岸的小山上,创建了一座新寺院。这就是以王的一尊号命名的毗俱罗摩尸罗寺(一般称超行寺或超戒寺或超岩寺),其规模超过那烂陀寺。超戒寺的中心是一个大菩提佛殿,四周围绕着 108 座小寺院,其中一半属于密教的内道部分(密教也分层次,有内有外,高等的属于核心部分的叫内道),另一半属于密教的外道部分和显教。寺的墙壁,绘着主持该寺的著名学者的画像。住寺学者,经常有 108 人,执事有 114 人。在该寺学习毕业,成绩优秀者,国王授予“班智达”(大学者)的学位,有重大成就者又称为“守门师”。[②] 因此,超戒寺成为以密教为中心的著名寺院,许多杰出密教学僧都出于该寺。比如,9 世纪以后,超戒寺的主要密教论师相继有薰必黑鲁伽、佛陀密、不二金刚、阿底峡、宝寂、般若伽罗摩提、黑天察迦林等等。其中阿底峡于公元 11 世纪进藏,致力于佛经的藏译工作,同时宣讲原有密教之外的《时轮经》,为密教的传播付出了许多精力。可以肯定,超戒寺在密教的整个发展过程中,起到了强有力的后盾作用。因此,后来超戒寺的崩溃,也标志着整个印度佛教的灭亡。正如超戒寺“到 13 世纪初(1203 年),才为回教在印度的统治者所焚毁,跟着印度的佛教也就消灭了”。[③] 另外,还有许多为密教的传播、发展,作出成绩的佛教寺院,在此不一一介绍。

---

① 圣严法师编述:《印度佛教史》,174 页。

② 吕澄:《印度佛学源流略讲》,221—222 页,上海人民出版社,1979。

③ 吕澄:《印度佛学源流略讲》。

总之,以那烂陀寺、超戒寺为中心的诸多印度佛教寺院,为密教的顺利发展起到了保障作用。

密教的理论体系,也是逐渐形成的。公元7世纪后半叶左右,才产生了对前面密教学说进行系统结集的理论著作,即《大日经》,紧接着又出现了另一部密教理论著作,即《金刚顶经》。

《大日经》,又称《大毗卢遮那经》。其"大日"两字,意为"大光明",是佛陀相状之一,有时理解为伟大的太阳。传说《大日经》是由大日如来,即大毗卢遮那佛所讲。佛经中有这样的说法:密教与显教相对,是大乘佛教的判别。显教是如来应化身(释迦牟尼)的逗机方便说法,密教是如来报身(大日如来)自受用报身所说内证自觉圣智之法,及大普贤金刚萨埵他受用报身之智,现生遇到曼荼罗阿阇黎,乃至灌顶受金刚之名号,由此而得甚深不思议法,超越二乘圣者及十地菩萨,即身成佛。说明《大日经》是由大日如来所说有其甚深理论依据,而且《大日经》作为密教理论经典,是最高大法,同时又是顿悟法,也是易行道。值得一提的是,密教兼有求生西方净土及印度教之与梵天合一的双重优点,在历程上是速成法,在目的上是究竟法。这一思想的形成,就是《大日经》的结集。因此,从某种程度上可以讲,由《大日经》而完成了密教理论的形成,从而唱起"即身成佛"的引人入胜的美妙之歌。

《大日经》的中心思想是"即事而真",实际上这一思想源于《华严经》的"事事无碍",并参照了"梵我一致"的印度教的核心思想,从而提出"即身成佛"的教理。由于《大日经》源于《华严经》思想,还特别重视菩提心,认为通过如实地了知己心,并在自心中求得一切智便可达到菩提。它宣讲大日如来为摄化众生,借助真言和曼陀罗,显现出许多佛身。这种在观念上与大乘佛教相对抗的思想,便成为密教理论的基础。

就具体而言,在《大日经》中,佛祖释迦牟尼已成摩诃(大)毗卢遮那佛,他的陪侍有普贤菩萨、持金刚和金刚波尼,以及其他金刚手们。整个宇宙好像被太阳照亮了。一切有情众生要在自己的思想(心)中找到正觉,究极而言自己的心是清净的。其修习者应当通过他的禅定成为毗卢遮那佛。他用曼陀罗(仪式坛场,或神秘的图案或画像)认清他心,曼陀罗也就是佛陀的心;应当在他自己的心,在他的菩提心(正觉心)中找到佛陀(正觉)。这种感通的方法包括念诵真言、参加仪式,如,观看曼陀罗(包括仪式举行场地的整个布置,像吠陀仪式和此类在露天举行的仪式,甚至还有一次护摩献祭——焚烧贡品的火祭,火祭象征在智慧之火中烧掉爱欲和妄念);手结密印(印相、契印——手指所指象征符号);瑜伽(通过仪式和禅定达到心灵感通的和谐与统一)。第一步应举行的是弟子的灌顶仪式,首先必须仔细选择具有纯洁、克己、诚恳、忠于老师等品性并乐意为学习佛法而牺牲生命的弟子,然后可以举行主要仪式,以及献花等。然而,这种有形的仪式据称是初步的基本训练,使曼陀罗对于众生成为可见的(如是吸引他们到曼陀罗)。真实的最高的曼陀罗只发生在弟子心中,他在初步训练之后要想象自己身体里面的曼陀罗,最后只在自己心里。① 禅定功夫和诵持密咒,是密教法门的重要构成部分。尤其禅定在密教中成为一种方法或途径,只有在禅定中亲眼见到如来,通过如来的力量才能达到究竟涅槃地。总之,《大日经》是密教密法的大集部中较早出现的重要经典。

《金刚顶经》,全称《金刚顶一切如来真实摄大乘现证大教王经》,也称《摄大乘现证经》或《大教王经》或《金刚顶瑜伽真实大教王经》,是继《大日经》后出现的又一密教重要经典,我国唐代由不空金刚译师(705—774 年)译成汉文,共三卷。据此,可以断定,《金刚顶经》产生的年代最迟也不会晚于 8 世纪中叶。有人提出"即使承认《一切如来金刚三业最上秘密大教王经》、《大毗卢遮那经》、《一切如来真实摄持经》和《金刚顶经》早于八世纪,我们也还可以说,另外三部主要密宗经典《如意轮总持经》、《金刚怖畏经》和

---

① [英]渥德尔:《印度佛教史》,452 页。

《文殊师利根本仪轨经》，也可推断大约在8世纪。”①将《金刚顶经》产生的年代，推到8世纪以前也完全可以，但其上限只能在7世纪后半叶左右。其确切年代有待进一步探讨。

从其历史渊源讲，《金刚顶经》属于瑜伽行派系统，是以“心识说”为中心思想而发展起来的，但其中含有浓厚的大乐思想。如以上已介绍过的《大日经》内容，作为“行为”法门，它包含一个灌顶仪式和参禅姿势，以及密印和曼陀罗的祭仪，这一切就是为了引导学习者体认与大日如来的同一性。而《金刚顶经》则是一部瑜伽密典，其祭仪与行为从属于禅定，换句话说，其学习者被引导到超越祭仪的外表形式的层次，虽然这时还细述曼陀罗的制作过程，但学习者已经达到某种内在的体证（瑜伽）。

瑜伽（Yoga），在梵文中是由马和车轭结合之义的语根Yoj而来，意译为“相应”。此语最早出现于梨俱吠陀中，后来沿用到奥义书时代，它的含义是，依于调息等的观行法，观梵我一如之理，以合于梵而与梵相结，到了佛教中，采用此法，依于“止”及“观”之观行，与正理合一相应的情态，便称为瑜伽。但是，密教中的瑜伽法，则受了瑜伽外道波昙耆梨所著《瑜伽经》的影响，以为瑜伽即可达成出世间的一切目的，也就是说，通过瑜伽法的内证经验，即可达到佛的境界而称即身成佛。密教对瑜伽赋予很高的特性。因此，从密教的修炼次第来讲，《金刚顶经》在内容上比《大日经》更高深、更全面一些。正如：《大日经》的系统被称作“右道密教”或“真言乘”，其曼陀罗被称为“胎藏界曼陀罗”。与此相对应，把《金刚顶经》系统称为“左道密教”或“金刚乘”，其曼荼罗被称为“金刚界曼荼罗”。这两经系统的密教叫“纯密”，它通过曼荼罗的组织，把印度的俗信统一于佛教的中心部位。二者中，真言乘是理论性的，因为缺少实践的一面，所以没有振兴起来。到8世纪，印度密教大师因陀罗菩提以后，仅剩金刚乘流行。由于密教的盛行，大乘佛教附

① ［英］渥德尔：《印度佛教史》，454页。

属于密教。这样,密教则把大乘佛教看作初步阶段,被称为“经言乘”或“波罗蜜多乘”,而密教自身则是高级阶段,名为“真言乘”或“金刚乘”。

除了上述《大日经》和《金刚顶经》外,还有许多相继问世的密教重要经典。诸如《爱欲夜摩利经》(费卢波所持,约公元750年)、《大悲空智金刚王经》(即一切如来真实摄持经,8世纪后半期,它的“摘要”连同两部小经《拘卢拘利仪轨经》和《阿罗利经》为党比黑鲁伽所持,它的全书为堪巴拉和沙路卢诃所持)、《佛钵经》(公元800年左右为师子贤弟子沙罗诃所持,可是似乎有两个沙罗诃;我们回忆师子贤另一个著名弟子佛智,被认为写过关于金刚乘的著作,所以波罗蜜多派和金刚乘的混合倾向是在此时期开始的)、《摩诃摩耶经》(义译《大幻经》,约公元800年,为堪巴拉和沙路卢诃同时人库库利所持)、《讫瑟刹夜摩利经》(为乌底衍那的游戏金刚所持,他似乎也属于这一批法师们的同时期人)、《合十经》(或《四修女合十经》)、《顶严经》(或《大密印顶严经》,9世纪初,这两部经为讫瑟吒沙利耶或讫瑟吒般提多所获得,两个或更多这个名字的作家的第一个)、《瑜伽女修行无碍经》(卢夷波陀所持,11世纪)、《金刚陨灭经》(深妙金刚所持,11世纪初)、《时轮经》(庇多所获,公元1040年左右)。① 其中值得特别指出的是《时轮经》,这部经典是继《大日经》和《金刚顶经》之后产生的密教重要经典。从藏传佛教的角度讲,《时轮经》比前两部经典更加重要。从时间上看,《时轮经》正如上述迟至1040年才获得或问世,所以在印度流行的时间比较短,对此经的注疏也相对较少,据史料记载,只有四家对《时轮经》作过注疏,即妙吉称、陀利伽和护无畏,以及无名氏的《无垢光注》。后来阿底峡尊者入藏,他在西藏宣讲《时轮经》,使《时轮经》最终在西藏得以流传,并发扬光大,做出了一定的贡献。

从内容结构看,《时轮经》属于阿提瑜伽体系,是一部包括无上

---

① [英]渥德尔:《印度佛教史》,454—455页。

瑜伽在内的密教最高大法。据考证,《时轮经》很可能是阿提瑜伽现存惟一的重要著作,经中提出的部分禅定制度类似于瑜伽女体系,因为其修习者在他的身体里面看到全宇宙,有一个增添的特点,时间相等地以呼吸过程的形式潜藏在身体里面,对如此理解的时间的禅定思维产生了这个新法门的名称——时轮乘。《时轮经》比其他密教经典更加强调神经系统作为瑜伽基础的理论,虽然这也在《大悲空智金刚王经》、《宝箧经》中和它处出现过大体轮廓。没有身体,成就最高幸福是不可能的,这一陈述是以身体的成就为基础,与《大悲空智金刚王经》是相类似的。现在的目的是与无所不包的佛陀的时轮相结合。这里也强调无差别性,但这完全不是新的。不过有些新的着重点,尤其与禅定对比的瑜伽(此指身体锻炼),将时间和空间的宇宙带进统一的体系。① 这里主要说明了《时轮经》与其他密教经典之间的相似处和不同点,从而强调了《时轮经》的突出特点。

对于《时轮经》,已故著名佛学家吕澄先生也曾作过研究:他指出:"密教发展到最后,还有所谓'时轮乘'。他们特别崇拜的是本初佛,认为释迦牟尼之上还有最初的佛,是那个最初佛发生一切的。同时,他们还对人的生理做了很多研究,提倡用瑜伽的方法来控制身体内部的所谓'有生命的风'(相对外部自然界的风说的),就可以使人的生命不受时间流转的影响,而得长寿,以致脱胎换骨,变人身为佛身。"②实际上,《时轮经》是一部详述密教独特的修行仪轨的既神秘又复杂的甚深秘奥经典,有待专门深入地研究。

根据藏传佛教的传承,密教可分为四部:事部、行部、瑜伽部、无上瑜伽部。现列表如下:

---

① [英]渥德尔:《印度佛教史》,466—470 页。

② 吕澄:《印度佛学源流》,252—253 页。

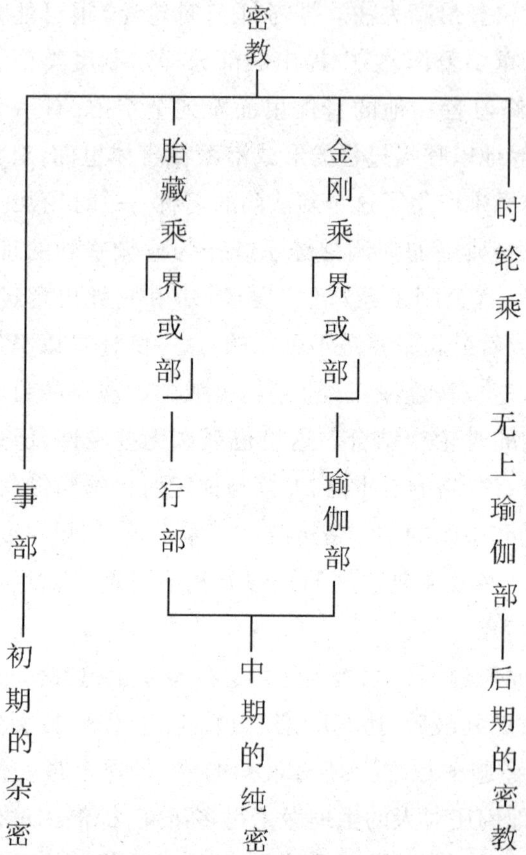

以上列表不一定十分准确，只是为了弄清楚各种分类法的相互关系，以便有利于掌握密教这个神秘文化的真实概貌。

另外，密教最重视法统的师承，传受密法，必须有金刚上师（秘密阿阇梨）的灌顶。修持密法的仪轨，还须请金刚上师的加持。因为金刚上师是师师相承的大日如来的代表，也必须是修法有了成就的瑜伽行者。密教是心法，不同显教可借语文而领受，密教必须师弟秘密授受。这一观念在婆罗门教的梵书至奥义书时代，已很风行。在密教仪轨中，将许多印度教的神，吸收到曼陀罗中，并依据自己的信仰特色，对包括佛、菩萨在内的诸神形象作了严格规定。这样，诸神形象包括其姿态面相等等，虽呈现各种各样、千姿百态的外貌，但实质不变。总之，“密教很重视修行实践，仪轨复杂、繁琐，对设坛、供养、诵咒、灌顶（入教法仪式）等皆有严格规定，由阿阇梨（导师）秘密传授。他们认为：众生如果依法修‘三密加持’，即手结印契（特定的手势）、口诵真言（咒语）、心观佛尊，就能使身、口、意‘三业’清净，与佛的身、口、意相应，即身成佛”①。所以，对广大信教群众来说，密教具有很强的吸引力。

然而，到了十一二世纪，印度波罗王朝末期及斯那王朝时代，伊斯兰教军队更加深入，佛教的最后据点之东印一隅，也被占领。于是，密教的大师们四处逃脱，其中许多经克什米尔进入西藏避难，部分则逃至尼泊尔一带。当时，那烂陀寺也仅剩七十余人，不久，王室又改信伊斯兰教，未能逃出的佛教徒，只好改信伊斯兰教或并入印度教。公元13世纪初，伊斯兰教军队把印度仅存的超戒寺烧毁，以此为标志，印度密教乃至整个佛教在印度本土便宣告绝迹。

二、密宗的特色

除了大乘和小乘两大派别外，佛教在其内部又有显、密之分。至于显、密两宗（教）的主要区别，按照古代学者的一般说法，显教是释迦牟尼所说的种种经典；密教是毗卢遮那（大日）佛（即法身佛）直接所传的秘奥大法。显教主张公开宣道弘法，教人修身近佛；密教重视传承、真言、密咒，以求即身成佛。显教要人悟道，密教要人修持。显教典籍，主要是经、律、戒、论；密教除此以外，在修持方面主张三密（详后），更有颂、赞、法、咒、仪轨、瑜伽、契印等等。显教有行、住、坐、卧四种威仪；密教除此以外，尚需“观想”。对此，有学问的高僧又有自己的看法。他们认为，显教是一种弃世之道，

---

① 罗照辉、江亦丽：《东方佛教文化》，50页，山西人民出版社，1986。

可以求得智慧，知晓现象世界的不善和无常，以努力提升自己。密教，不管是否起源于原始状况，在理论上则较显教为进步。因为密教将凡是已有的东西都视为固然，并积极加以利用，以求得理论认识和灵性发展。所以说提升的过程，不再是物质身体的放弃，而是利用物质身体。

由于理论观点上出现分歧，密教信徒嘲笑显教的唯心论者，说放弃物质身体等于追求影子，放弃造成影子的东西，不承认那个东西，一旦物体与心灵的矛盾被承认，便永远纠缠不清。不管是物质还是心灵，有一方特别重要，就会纠缠不清，假如以任何一方作为出发点，都视为"固然"，视为"本性"，则可对于任何事物没有偏见，没有误解，一视同仁。当一个人没有偏见、没有误解的时候，他就是"自由"本身，这就是解脱或得救或永存的意义。密教经典里有这样一段话："好信徒，基本上任何是就是是。本性，包括你自己，本来不是纠缠的，为什么要避免纠缠呢？本来不被诱惑的，为什么要避开它寻求真理呢?"对此又作了更进一步的说明："行为而没有了解，是盲目的，了解而没有实践，是浅薄的。当二者为一，便有自我控制。"这个自我控制，自然不是抑制，而是自由，是正确努力或思想与行为现实的结果，任何懒人都不能享受它。

用正确的理解和实践，求得对于事物的适应，以获得控制，一般叫作科学态度。不过，我们认识到，社会并不能被诅咒它的人改变。发展真理的人，要提高真理的人，必须认识真理本身的价值，参加现实活动，而不与它隔离，更不该徒然指手画脚。在这一方面，密教则处于正视现实，而有意识地求得升华，而一般的显教则与传统的道德一样，以控制而告终。

以上所述，仅仅作为显、密两教的区别及其意义的一般性简单介绍，因为显、密两教关系到佛教的整个理论体系以及仪轨、实践、修炼等一连串复杂问题。

印度古代哲学顺世论曾提出过"四大说"，即把地、水、火、风四大物质元素作为万物的本原，密教吸收了这一学说，在地、水、火、

图5　萨迦派密宗传承大师（摄于萨迦寺）

风四大上，又加进去“空”和“识”，形成“六大元素”。密教实际上是把物质元素和精神元素作为世界本原，成为心物平行的二元论。认为宇宙的本体和森罗万象的现象界是合二为一的，二者相互联系，缺一不可。宇宙的本体和现象都是由“六大元素”（地、水、火、风、空、识）所构成。佛和众生也是由“六大元素”构成。前“五大”为色法，属于“胎藏界”（理、因），后“一大”“识”为“心法”，属于“金刚界”（智、果），色心不二，胎金为一。二者统摄宇宙万有，又存在于众生心中，佛与众生体性相同。密教又把“六大元素”分为“随缘六大”（随缘而起的六大）和“法尔六大”（固有的六大）。“法尔六大”是一种本体的绝对实在，有相应的属性和作用。地性坚，有保护万物的作用；水性湿，有摄受万物的作用；火性暖，有促使万物成熟的作用；风性动，有长养万物的作用；空性无碍，有不起障碍的作用；识性了别，有决断或判断的作用。这些就是宇宙万有的本性和根本作用。

“随缘六大”是假托于“法尔六大”而存在的一种相对的现象

界，是随因果条件而显现出来的。“法尔六大”与“随缘六大”是能生和所生的关系，就像月亮和月光的关系，离开了“法尔六大”就没有“随缘六大”，若离开了“随缘六大”，也同样没有“法尔六大”了。

密教又认为，“六大法体”也是“六大法身”（即佛的真身）。“六大法身”可以变现宇宙万物，宇宙万物无一不是“六大法身”的各别显现。地、水、火、风、空、识“六大”构成的万物都是诸佛菩萨的化身，有着诸佛菩萨的灵性。这样，密教又从心物平行的二元论走向万物有灵论。

密教的别名中有“真言乘”这一称谓，这是因为密教崇尚真言而得其名。“真言”是指现在所谓的“咒语”，也可称为“明咒”，属于“三密”中的“口密”或“语密”。它在密教中占有极其重要的地位，因而也成为密教的最大特点之一。“真言”或“咒语”，最初出现于印度的《梵书》和《夜柔吠陀》，后来被佛教密宗加以利用，并发挥巨大作用。按照佛教密宗的说法，密教中的咒语有五种来源，即如来说、菩萨说、二乘说、诸天说和鬼神说。实际上，许多咒语是毫无意义的文句，然而一向尊重音声的印度人，好像认识到了声音在物质世界中具有的不可思议的力量，反而把咒语进行神圣化，并赋予特异功能，人们念诵咒语，不但能根除人间的一切灾难，而且更能齐送幸福，并发挥极大的威力。密教还认为咒语是圣音，其意思是咒语系父音与母音之结合而形成的神圣之声音，在密教仪轨中可象征阴阳两性。这是因为真言乘继承古印度思想，把小宇宙（指人体）视同大宇宙（指自然界），而相信大宇宙必能显现于小宇宙。尤其是宇宙以及天地间的万事万物的产生、创造等等，都离不开阴阳两性，而阴阳两性可在人的特别在瑜伽行者之肉体上反映。在现实世界，般若智慧是阴性，大悲方便则为阳性；同时，此二性必在瑜伽行

图6　萨迦派密宗祖师（摄于萨迦寺）

图7 宁玛派密宗祖师莲花生大师(摄于多杰扎寺)

女和瑜伽行男的对立中实现。所以,人类的最终解脱不能离开现实社会,必须在现实社会的欲望中实践、觉悟,方能成就到达彼岸世界,实现人类的远大理想。

上述真言乘的学说,也称怛特罗思想,它大约始自7世纪内,其著名代表人物为因陀罗菩提,传说他著有《密集》一书。由于怛特罗思想形成于印度的边疆地带,即位于东西交通要道的迦湿弥罗,所以其思想的形成受到多元文化的巨大影响。

除了上述特色之外,密教还具有许多与众不同的理论学说及其修持仪轨,下面就择其中经常出现的几种概念性的特色作简要介绍。

图8 宁玛派护法神(摄于多杰扎寺)

A. 象征阳刚之气的金刚

"金刚"系密教术语,梵音为跋折罗(Vajra),意译金刚,即金中最精最坚之金刚石。《三藏法数》五说:"金刚者,金中最刚。故云金刚。"以金刚所造之杵,名为金刚,或曰金刚杵,早先是古代印度的一种兵器,后来演变成为密教的一种法器。《大日经》一说:"一切持金刚者,皆悉集会。"即金刚杵之略名也。《大日经疏》一说:"梵云伐折罗陀罗。伐折罗陀罗即是金刚杵,陀罗是执持义。故曰译云执金刚。又为天神名,持金刚杵之力士,谓之金刚，执金刚之略名。”《行宗记》二上说：“金刚者，即侍从力士，手持金刚杵，因以为名。”金刚又表示法力坚不可摧。金刚杵在密宗中又为男根的象征。①

金刚在密教金刚乘里指表不坏义，认为这是超越大乘的教法，是究极上根者始能接受的教法。从大乘学来的空，在金刚乘里则成为金刚，众生心乃至如来藏无不是金刚。

金刚的不坏义，在经典中也多延用，例如：金刚般若的经名、菩萨名等比比皆是。不管如何，金刚在密教中是最主要的中心概念。因此，以丑恶忿怒像著称的金刚手，被尊为护法神而到处受到崇拜。比如金刚萨埵两手各持着金刚杵与金刚铃（金刚铃象征阴性或女性），有时还抱着“谢苦帝”（明妃），以胜初佛（第一位佛）的地位出现，成为一切佛菩萨的根源。不但如此，由胜初佛产生的一切存在无不是金刚。

由胜初佛转化的五佛、五菩萨，更被附加了许多配属的菩萨和诸神，也都是金刚不坏，并赐给最高的地位。奉行密教的修行者，是金刚，甚至于密教修行中为观想对象的明妃（女性配偶），也叫做金刚女。佛性与佛身不用说当然更是金刚了。如《涅槃经·金刚身品》说：“如来身者，是常住身，不可坏身，金刚之身。”《大宝积经》卷五十二说：“如来身即是法身，金刚之身，不可坏身，坚固之身，超三界最胜之身。”而胜初佛转化的原动力究竟是什么呢？在这个问题上，金刚乘采取性力主义的思想做了回答。这种思想，自然地造成极端的大乐思想，形成旁道金刚乘的又一新派。

B. 阴阳的特性：方便与智慧

发菩提心与利他的大悲乃为修习佛道的主要纲目，这是大乘经典一致承认的。所以，要获取最高佛位，般若与方便就像一车双轮缺一不可。般若就是空性的智慧，大悲就是利他的方便。这在

---

① 参见李冀诚等：《佛教密宗百问》，中国建设出版社，1980。

怛特罗乘即金刚乘中，不管是佛教的故乡印度也好，其他佛教之盛行的地区也好，都出现了阴阳或男女两性的思想，认为这就是形成世界的原理，而把它结合于大乐思想。自然，般若与方便的对立，也就是阴性与阳性的对立。换句话说，般若的空性就是阴性或金刚女。这就是所谓般若母、佛母得名的由来。这对于阳性也是如此，大悲的方便犹如男性的种子。因而由般若和方便所修成的菩提涅槃，被认为不外就是由阴阳两性的结合所象征的大乐了。这里的“大乐”是指在密教修炼中能够获得的一种超越世俗的圆满美妙的感觉，是以智慧与方便结合修炼而达到的一种高境界。详见有关章节。

常乐我净四德是胜鬘经大乘经典所说的涅槃。《宝性论》则继承这种思想，以如来藏为常乐我净四波罗蜜多。常乐我净四颠倒本为凡夫迷情的四颠倒，但在这里不但被否定得一干二净，而且以无常、苦等为修习二乘的证果，倘若不转向，即无法现前常乐我净。大乐的“乐”是经历如此的想法后才成立的，所以有人以《唯识三十颂》最后一偈“安乐解脱身”为大乐思想的先驱。大乐的涅槃，一方面虽然意味着般若空的阴性，但另一方面也意味着般若与方便融合的阴阳两性。可见在他们的心目中，阴性就是大乐的根源。总之，他们认为佛的法身以及持金刚是大乐，就连菩提心，众生的本性也无不是大乐。因此，净土、涅槃等名词也可称为“乐有”。

金刚乘，即怛特罗乘的这种起源说，是可以在小宇宙的肉体上具体化的。这意味着肉体不外就是反映出森罗万象的曼陀罗。所以，怛特罗乘又从医学的角度讲道，人的身体的左侧有阴性神经，右侧有阳性神经。此二者的交会处，就是性央，若不过此一通路，即无法得到大乐，因此，一个真正的修行者，必须透过这一关，达到菩提心的脑髓后始能完成菩提。不过，在此特别注意的是，这里所说的交会与凡夫纵欲的欲情不同，万不能在通路上下降菩提心，即射精，这是怛特罗乘修行人特别严戒的第一着。否则就与凡夫的欲情无异了。这与道家的房中术有点相似，怛特罗乘认为，一个真正修炼到家的行者，为了菩提的实现，可以聘请一位16岁左右的少女作为修炼对象的般若女，而这位少女在修炼时叫做“印”或“大印”。实际上，这位般若女是象征性的，在一般情况下没有真人其事。

以上是金刚乘或怛特罗乘将方便与智慧认定为人类阴阳两性的特性的全部理论或理由。

C. 通向圣洁之路

所谓的通向圣洁的路，就是指密教之路。根据《西藏佛教密宗》，[①]金刚乘的基本目的和佛教的其他派别无异，它不在于个人死后的继续存在，而在于结束自我的幻相和实现一种超越“我”和“他”的统一状态。密教的方法具有某种独一无二的特征，它为了把任何好坏事物都用于这一目的，而具有丰富的修持方法。如同在柔道中一样，信徒学习为自己个人的利益而利用对方的体重，障碍可以转变成提供必要而又神奇的手段。在大部分其他宗教道路中，必须使自我从黑暗转向光明。但金刚乘的瑜伽行者则把天使和魔鬼都接受为盟友，他们超越了善和恶的界定。

密教认为操纵善恶势力会产生巨大的力量。智慧和慈悲均为方便。莲花生心中的金刚宝为象征物。我们自身的解脱和一切众生的解脱就是目的，与纯洁和无分别的心的彻底统一则为其结果。

当然，这样的目的是不会轻而易举就能达到的，甚至有一定的艰难性或冒险性。为了如此艰难而危险的追求，在没有一位已经在这条道路上前进了许久并取得一定成就的大师的引导，那将是失去理智的行为；因此，密教信徒们将信仰作为一切宗教活动或行为中的关键。而这种信仰既不是盲目的信仰，也不是对教理的信仰，而是信仰目的的存在。如果没有这种信仰，任何人都不会经受得住修炼过程中的各种严峻考验。

---

① ［英］约翰·布洛菲尔德著，耿升译：《西藏佛教密宗》，西藏人民出版社，1990。

当其他教派的佛教徒们特别关心积累功德时，金刚乘的信徒们则感到，除非是高度注意，否则专心于积累善行则会以产生自负心情而趋向自我膨胀。祈祷发愿和仪轨，在金刚乘中起着重要作用，但它们又具有与其他宗教赋予这一切的一种完全不同的意义。他们并不被认为是“讨好神祇”，而是被当作将思想引向最高智慧次第的手段。将它们仅仅看作是一种起到极其重要作用的辅助手段，而不是含糊地包含着“禅定”或“三昧”这样的行为术语。所以，一名金刚乘信徒的行为无疑是相当不正统的。他决定把一切都作为实施手段而运用于生活之中，不排除诸如吃、喝、睡、排泄和性欲（如果不是僧侣的话）等这类动物行为。贪与欲的力量不是要被抛弃，而是要被遏制。身、语、意的任何行为、任何表现、任何感觉、任何梦遇都应被用于这一目的。

在继续追求这一目的的同时，我们应该依靠自己个人的努力。如果认为在世界上有些不可见的神灵，但它们也是生死轮回的造化物，它们不可能帮助我们，它们可能给予我们的，仅仅是有关精神的庇护，但在减轻我们命运之苦厄的同时却无疑会削弱我们一劳永逸地摆脱生死轮回的决心。譬如一名佛教徒知道其船会根据他掌舵的技巧和不放松舵柄的决心或扬帆远航或翻覆沉没，他必须做到既要扼制贪欲、慈悲又要密切关注自我和智慧。扼制贪欲不会引起必须接受自我苦修之类的折磨，而只要求避免过度放纵，节制欲和爱。慈悲会导致避免伤害其他人的消极道德，代之以乐于对其他人效劳、慷慨和迅速表现出同情的积极道德。认真的自我意识包括仔细地研究我们的行为和动机、适当的后退以注意我们的贪、对活动的贪欲、看到思想秘密地进入我们的心中、仔细研究作为肌肉运动（行、立、坐、卧）等身体功能以及血液的搏动和呼吸的过程等。

图9 宁玛派高僧作法事相（摄于白居寺）

保持非常专心地注意我们的自身会帮助我们最终实现自我的幻觉特征。智慧意味着当心完全平静时出现的直观智慧(般若)。它是通过身体和心的运动而获得的,心身运动则从一些诸如控制呼吸和将思想完全集中到惟一一种物品中的简单成果而开始,最后修行者被导入较困难的禅定三昧地当中。所有这些修持都有助于否认自我的本质性存在和有利于促使出自心本身的智慧的自由发展。

智慧和慈悲彼此之间互相影响。慈悲可以使我们对其他人更为友善,而且它对我们自己也非常有用。思想、时间、精力、财产或财富的布施都是以不利于自我为代价而作出的,自我也由此而减少。随着自我的减少,智慧便会上升,随着智慧的觉悟,慈悲也就会增加。因为"我"与"他"之间的分别的不真实性变得清楚了,当然也就会具有慈悲心。从一种平静思想的极静状态中逐渐表现出来的发光的智慧,事实上是难以形容的智慧的第一束光芒,圆满的智慧是佛陀的觉悟。

众所周知,佛陀或佛祖释迦牟尼不但是人类的一员,而且他在世时从不自称曾受到任何神灵的感应或启发。释迦牟尼将他的觉悟、成就以及佛教的创立,都归功于人自身具有的才智和不懈努力。根据佛教历史,释迦牟尼出家后,曾按当时在印度盛行的外道教法如禁食、拜火、从高楼顶上跳到矛尖上等以苦行脱离轮回的办法修行。这就是释迦牟尼出家后最初采取的所谓"六年苦修",结果身体瘦如皮包骨,而且未获得任何成就或功德。于是释迦牟尼得出依靠苦修并不能脱离轮回的结论,开始走向保养身体进行修禅的光明之路,在菩提树下禅定七七四十九天,最后豁然开朗,得到觉悟,佛教称之为"成道"或"成佛"。释迦牟尼的觉悟,说明了由智慧得正见,而不是由盲信来获取成就。佛教认为,人类是最为高级的生灵或力量,每一个人的身内潜藏着无限的智慧或佛性,只要他肯发愿努力,才能解脱生死轮回之苦,成就佛果,进入涅槃寂静的世界。藏传佛教指出,既然一切事物,没有不变的存在和绝对独立的实有，那么我们应该破除对任何事物的渴求与执著，假如能够果断地消除这种渴望与执著，就可以超脱一切而得解脱，这就是“涅槃寂静”，其意思是对贪、瞋、痴等的息灭。实际上，“涅槃”是一种超越时空、超越苦乐的神秘经验。藏传佛教又指出，“涅槃”有四种特性，即常、乐、我、净。“常”是永远能正视无常；“乐”是永远离开轮回苦；“我”是真实、自在；“净”是没有惑业，也就是永远断除烦恼。

简而言之，“涅槃寂静”是密教和显教都共同追求的终极目的，这是毫无疑问的。然而，为了达到这个目的而采取的方法或手段上，密教和显教之间有较大差别，如显教提倡菩萨道，这是一种严格按照次第步步升级的慢行法；而密教采取“即身成佛”的途径，这是一种很难掌握的速成法。由此可见，密教之所以比显教深奥的原因主要在于实践修炼上。详见其他有关章节。

第二章　藏传密宗的兴起、发展及其现状

藏传密宗的起源、形成和发展，都与印度佛教密宗的历史进程及其文化演变有着千丝万缕的联系。甚至可以说，藏传密宗是印度佛教密宗直接移植到青藏高原的文化“复制品”，如“印度密教的几个主要教派（金刚乘、易行乘、时轮乘等）几乎都在西藏得到了广泛的传布，它们的经典大部分被译成藏文”①。当然，藏传密宗在其兴起或发展的过程中，也曾受到藏族传统宗教——苯教的巨大影响。因此，藏传密宗又具有明显的有别于其他佛教密宗的文化特色。

一、藏传密宗的起源

藏传密宗的起源与著名的密宗大师莲花生紧密地连在一起，因为正是这位大师于公元 8 世纪入藏，在藏族地区正式开辟了传播佛教密宗的道路，从此，佛教密宗在藏族地区扎根并得到空前发展。而佛教在西藏的传播可以追溯到公元 4 世纪。正如《青史》记载：赞普拉托托日年赞时，有《旃檀嘛呢陀罗尼》、《诸佛菩萨名称经》

① 黄心川：《密教的中国化》，载《世界宗教研究》，1990（2）。

图 10　密宗金刚像

图 11　密宗金刚像

图 12　密宗金刚像

图 13　密宗金刚像

等从天而降，虔诚供奉，国政和王寿获得增长。但当时并没有出现翻译、念诵、讲经等佛事活动。直至公元7世纪中叶才在藏族地区有了翻译佛经、建筑佛殿等一系列正式传播佛教的活动。公元7世纪佛教虽然在藏族地区得到正式传播，但由于苯教的抵制等因素，未能在藏族地区立足。所以，那一时期更谈不上佛教密宗在藏族地区的传播。在此值得说明的是，佛教密宗的经典早在公元4世纪就在藏族地区开始出现，比如佛经《旃檀嘛呢陀罗尼》就是一部佛教密宗经典，同时出现的一尊舍利宝塔也属于密教供品。公元7世纪，松赞干布迎请印度、尼泊尔、汉地、克什米尔等国家和地区的佛教大师，在吐蕃翻译了《集密宝顶陀罗尼》、《月灯》、《宝云》、《十万般若波罗蜜多经》，以及大悲观音菩萨之显密经典21部等不少佛经，其中多数为佛教密宗的经典。

公元705年，赤德祖赞即位执政后，派遣大臣章伽·木列郭恰和涅·扎拉古玛拉二人到印度去求取佛教经典。他们到达冈底斯雪山时与在那里修行的印度班智达桑杰桑瓦（佛密）和桑杰希瓦（佛寂）相遇，在心中记下了两位班智达背诵的《显宗阿笈摩经》、《金光明经》、密宗的《瑜伽部》和《事部》等经典，返回藏地写出后献给赞普，赞普为安放这些经典修建了拉萨喀扎、扎玛郑桑、扎玛格如、青浦那惹、玛萨贡等五座佛殿。公元754年，赤德祖赞又派遣桑希为首的四人到玄宗时期的唐朝求取经典，唐玄宗赐给蓝纸金字的佛经一千卷。他们又向住在山西五台山附近的和尚尼玛问法。和尚交给他们《十善法经》、《能断金刚般若波罗蜜经》、《佛说稻秸经》，并嘱将这些经典依次呈献给赞普可使赞普信奉佛教。[①] 可以看出，无论是从印度还是唐朝迎请的佛经，其中大多数是密宗经典。这从一个侧面反映了当时的印度和汉地都在盛行密教。至7世纪，包括那烂陀在内的许多著名寺院开始重视佛教密宗，在印

① 东嘎·洛桑赤列：《论西藏政教合一制度》（藏文），19—20页，民族出版社，1983。

度形成一股崇尚密教的思潮，将印度佛教密宗推向全面发展的新阶段。

公元8世纪初汉地密教开始进入兴盛时期。开元三大士（善无畏、金刚智、不空）来华直接翻译、弘传以《大日经》和《金刚顶经》为中心的印度佛教金刚乘体系的密教。善无畏（637—735年）为印度人，曾在密教中心那烂陀寺亲近达摩掬多大师，接受灌顶，修习密教，后遵师命来华传教。于716年到达唐朝都城长安，相继翻译了《大毗卢遮那成佛神变加持经》（即《大日经》）、《苏婆呼童子请求经》、《苏悉地羯罗经》等密宗重要经典。金刚智（669—741年）南印度摩赖耶国人，十岁时在那烂陀寺出家，31岁前往南印度亲近龙智大师达七年之久，主要修习《金刚顶瑜伽经》等密教经典。719年金刚智带领著名门徒不空抵达今日的广州，次年又到了洛阳，后来到达长安。金刚智大师沿途弘传密教，所到之处都必须建立曼陀罗坛场，先后翻译出《七俱胝佛母准提大明陀罗尼经》、《金刚顶瑜伽中略出念诵经》、《金刚峰楼阁一切瑜伽瑜祇经》等密教经典。不空（705—774年）北印度人，15岁出家亲近金刚智大师，第一次随尊师金刚智来华传播密教。741年重返印度广求密教，于746年携带一千二百多卷梵文本的密教经典第二次来到长安，受到唐朝王室的欢迎，并奉诏入宫，建立曼陀罗，为皇帝灌顶。不空先后翻译的密教经典有《金刚顶一切如来真实摄大乘现证大教王经》（即《金刚顶经》）、《金刚顶瑜伽中发阿耨多罗三藐三菩提心论》、《金刚顶五秘密修行念诵仪轨》等多部。

佛教密宗虽在唐代盛极一时，但随着“会昌灭佛”（843年）逐渐衰退。可以看出，当印度和唐朝盛行密教之际，正是吐蕃积极引进佛教的时候。所以，吐蕃获得的佛经大都属于密教系统。

从时间上看，密教经典从公元4世纪开始就在吐蕃出现，之后一直以时断时续的步骤不断增加。然而，密宗乃至整个佛教在藏族地区始终未能得到广泛的传播。这是因为藏族人早就有自己的信仰对象——苯教，而且苯教已成为藏族人主要的思想观念，而密教或佛教对藏族人来说,则是一种新思想、新文化,要完全接受它,需要一个过程。比如赤松德赞为发展佛教,迎请在尼泊尔的堪布菩提萨埵(寂护)到桑耶地方的垅粗宫,宣讲十善法与十二缘起。仅过两月,由于洪水爆发冲毁桑耶地方的旁塘宫,拉萨玛波日山上的宫殿遭到雷击,传染病流行,牲畜发生瘟疫,又有霜雹干旱危害庄稼,吐蕃臣民都认为这些灾异是信奉佛教的结果,要求赞普让印度的游方僧返回尼泊尔去。[①] 这实际上就是藏族传统文化与外来文化的冲突,也是藏族人拒绝外来文化的一次行动。

因此,赤松德赞(755—797 年在位)按照菩提萨埵的建议,决心邀请擅长密教咒术的莲花生大师来藏,传播密教。据说莲花生大师是邬仗那国的王子,他的父亲相传是印度密教金刚乘的创始人,莲花生从小耳濡目染,对佛教教义,尤其对密教的学习打下了深厚的基础,曾游学怛特罗密教兴盛的地区——孟加拉国,还在那烂陀寺专门修习密教。总之,莲花生大师不仅精通密教理论,而且对密教实践仪轨更有独到的体验和造诣,因而他的传记里充满着神奇美妙的故事。比如莲花生大师得到赤松德赞的正式邀请,在进藏的沿途他使用法术降伏了藏族地区的众多妖魔鬼怪,显示出了高超的密教法力。在途中莲花生大师第一次遇到一条毒焰火龙欺身,他毫不畏惧,口诵密宗大明六字真言(唵、嘛、呢、叭、咪、吽),火龙马上缩小为五寸小蜥蜴,皈依莲花生大师。到香波这个地方时,又碰到恶煞化身为大白牛,鼻孔呼气,立刻天地色变、降雨刮风,莲花生大师不慌不忙,口诵密咒"札吽旁烘",恶煞全身即被绳索缚住,不能动弹,只好皈依听命。另一恶煞化身为老人,头戴猴皮冠,以邪术搬弄刀枪弓矢,箭如雨下。莲花生大师摇身一变,显现忿怒金刚相,化箭雨为万朵天花,飘落地面。恶煞吓得不知所措,旋即率领群鬼皈依莲花生大师。

莲花生大师来到距离拉萨约一日行程的地方,便约吐蕃国王

---

① 东嘎·洛桑赤列:《论西藏政教合一制度》,25 页。

赤松德赞与他会晤，赞普并未亲身前往恭候，莲花生大师心中不悦，迁移到堆垅河和雅鲁藏布江汇流的一个山谷中。赞普派遣大臣那布桑隆，率领五百名士兵随后赶到，以大礼迎接，并且就地举行盛宴。可举行宴会的地点离江边还有一段距离，正在为取水不方便而发愁时，莲花生大师用手对着附近山壁一指，顿时石壁迸裂，涌出泉水，士兵们就用这泉水来烹调佳肴。

赞普赤松德赞在雅鲁藏布江边迎接莲花生大师，两人见面，各自摆谱，争着要面子。莲花生大师先说：我俩虽然都是文殊菩萨的转世化身，但我是莲花生，你是胎生，我的境界比你高，你应该先敬我，这样密教大法才能在藏土弘扬。而赤松德赞认为：我是九五之尊的天子，你不先敬我，我又能如何当得起天下臣民的表率？气氛骤然紧张起来，莲花生大师又讲道：我是三世如来化身，如果不应邀来藏土，我也能继承王位，与你抗衡；我是以普度众生为重任，加之我有传播佛教的种种功德，实在没有理由先礼敬你；反过来你只是个蛮酋，迷恋酒色财气，贪得无厌，我是为度化你而来，并非为贪图荣华富贵而来，你不先敬我，又要敬谁？赤松德赞眼看这样僵持下去结果不好收拾，就先向莲花生大师随便打恭问候，莲花生大师也跟着拱手还礼，哪知莲花生大师手中竟然喷出火焰，烧坏了赞普的袍服，周围随从惊慌失色，纷纷随着赞普赤松德赞对莲花生大师行五体投地大礼。

类似的传奇故事不胜枚举，但这些传奇故事不可全信。不过值得注意的是，莲花生大师确实利用自己擅长的密教咒术，制服了苯教的以祈福禳灾为主要特色的法术，从而赢得了不少藏族人的支持或信奉，当然国王赤松德赞带头皈依佛教也在其中起到了关键性作用。莲花生大师亲自向吐蕃国王赤松德赞传授《金刚橛》和《吉祥马头金刚》两种密教法门，特别是藏王修习《吉祥马头金刚》法门获得成就，曾三次听到马鸣声。莲花生大师发挥自己的特长，显示密教神通，调伏苯教的诸多凶神，成为佛教密宗的护法神。莲花生大师“首先和西藏的十二女神较量，运用威力慑服诸女神，令受灌顶而许誓守护正法”[1]。这里的十二女神就是苯教十二丹玛(守护神),她们在苯教的神灵家族中很有威慑力量,莲花生大师调伏这群神祇,并将之改宗为佛教密宗的护法神,标志着佛教密宗战胜了苯教。同时,莲花生大师特别向父母俱在的部分藏族青年男女首次传授了一种称为圆光法的使鬼神附体的法术,这是佛教密宗的特异法门第一次在藏族地区公开传授。经过莲花生大师的一系列密教法门及其咒术的显示或表演,使信奉苯教的广大藏族群众对佛教密宗开始有了一定的认识,从而对佛教的抵触情绪渐渐地减弱下来。在这种大好形势下,莲花生大师协同印度高僧菩提萨埵(寂护)一起按照佛教宇宙观学说以及密教坛城模型,创建了藏传佛教史上的第一座正规寺院——桑耶寺,在桑耶寺里建立专门修习密教的学院,为在吐蕃弘扬密教奠定了坚实的基础。可以说,莲花生大师以佛教密宗法术作为有力的武器,敲开了藏族传统文化(苯教)的大门,为佛教立足于吐蕃立下了汗马功劳。

因此,莲花生大师便理所当然地成为藏传佛教密宗的开山祖师。他不仅将印度后期佛教密宗很顺利地移植到藏土,而且对后期藏传密宗也产生了极其深远的影响。比如藏传佛教宁玛派就自称是莲花生大师所开创的宗派,并在具体实践修炼中将莲花生大师推崇为至上本尊神,认为莲花生大师作为本尊神会产生大威德,他所显现的金刚身或金刚性,有无量无边的功德。由此可见,莲花生大师早已超越历史人物的范畴,成为密宗诸神中的一尊具有威慑力的本尊神。

赤松德赞时期,还迎请印度密教大德法称论师,传授瑜伽部金刚界大曼陀罗或瑜伽部灌顶;由迦湿弥罗国的胜友、施戒等大德,传授戒法;同时由无垢友、施戒、遍照护、吉祥炽等翻译了集密意经、幻变密藏以及赫茹伽格布等无上瑜伽部密法经典。总之,赤松德赞时期,由于以莲花生为主的诸位密教大师的不懈努力,以及吐

① 《法尊法师佛学论文集》,44 页,中国佛教文化研究所印行,1990。

蕃赞普的鼎力相助，使密教的各类密法基本上都在吐蕃有了不同程度的传播或弘扬。赤松德赞之后，佛教密宗依然得到吐蕃赞普们的相继扶持，比如赤祖德赞（又名热巴巾，815—836 年在位）时期，佛教显、密二宗在吐蕃出现空前兴隆，可以说，这一时期是佛教在藏族地区第一次进入鼎盛的黄金时期。但好景不长，赞普朗达玛（836—842 年在位）继承王位后，对刚刚步入发展时期的佛教，采取了一场毁灭性的打击，使佛教的组织机构在藏族地区遭到彻底清除。这是藏传佛教史上出现的最严重的一次“灭佛”事件，史称“佛教法难”或“达玛灭佛”。从此佛教特别是佛教的法事戒律等正规仪轨在藏族地区中断近一个世纪，藏传佛教则称其为佛教在藏地的“百年黑暗时期”。

由于佛教在青藏高原出现“百年黑暗”时期，藏传佛教以此为界定将藏传佛教的整个历史进程分为两段，即“前弘期”和“后弘期”。自佛教传入吐蕃至朗达玛“灭佛”为止，被认为是“前弘期”，从“百年黑暗”之后佛教又重新复兴开始直至格鲁派形成，则定为“后弘期”。

至于密教在藏传佛教“前弘期”内传播的内容，主要有佛密论师所传的事部和行部，法称论师所传的瑜伽部密法。在修习这些密法时必须遵循中观正见，在发菩提心的基础上，传授灌顶，严守各部的三昧耶戒；同时进修有相瑜伽的增上定学和无相瑜伽的增上慧学，由此而得世出世间的各种悉地。如无垢友论师所传的无上瑜伽部密法，以及现在流行的宁玛派教法，将佛法判为九乘：1. 声闻乘，2. 独觉乘，3. 菩萨乘，4. 事部，5. 行部，6. 瑜伽部，7. 大瑜伽部，8. 阿耨瑜伽部，9. 阿底瑜伽部。前 1、2、3 乘教法属于显教，是化身佛所说；中 4、5、6 乘被命名为密教外三乘，是报身佛所说；后 7、8、9 乘被命名为密教无上内三乘，是法身佛所说。宁玛派自称该派所传的就是后三乘，其中尤其偏重于第九乘阿底瑜伽，即现在所谓的“大圆满”教授。“大圆满”密法主张一切众生现前离垢的明空觉了，也就是说生死涅槃一切法，皆本具于此明空觉了之中，由了知此心性本来无生无灭,具足一切功用,安住在这种见解上,远离一切善恶分别,渐次消灭一切无明错觉,最后证得永离一切戏论的究竟法界。这就是修习“大圆满”密法可证得的成就。[1]

二、藏传密宗的新旧之说

藏传密宗的新旧之说,在藏传佛教中是一个比较复杂的问题,同时又是一项必须弄清楚的关键课题。如果对藏传密宗的新、旧之说有个大致的了解,那将有助于加深我们对藏传佛教的历史乃至各个教派的认识。在印度佛教史上没有这种新、旧之说,而新、旧之说只是出现在藏传佛教中,更确切地讲,产生在藏传密宗中,在显宗(教)方面,藏传佛教也没有新、旧之说。正如土观·却吉尼玛指出:“在显教方面,无新、旧之分,新、旧二派之说,乃是纯粹以密教弘传情形来划分的”。[2]

藏传密宗的这一新、旧之说,从密教经典的内容上去分析,很难辨别清楚。但在藏传佛教史上曾有人从不同角度做过分析,比如“《作明除暗》中说,对新旧密法的区分,有的人以在金刚座译出的为新密法,在邬杖那译出的为旧密法,空行母译出的为新密法,持明译出的为旧密法。另一些人说,应按四无量或七无量来区分,翻译从因位金刚持到果位金刚持之间的内容是新密法,果位金刚持大多数是圆满修行的修行法,所以是旧密法。金刚持所说的密法是新密法,普贤所说的是旧密法”。[3] 这类分析或结论,最终只会造成混乱,而不能给予清晰的辨别。因为所谓的旧密法中有许多金刚持所说的内容,同样所谓的新密法中也有不少普贤所说的内

① 《法尊法师佛学论文集》,44 页,中国佛教文化研究所印行,1990。

② 《土观宗派源流》,31 页。

③ 达仓宗巴·班觉桑布著,陈庆英译:《汉藏史集》,265 页,西藏人民出版社,1986。

容。因此，藏传密宗的新、旧之区别，只能从时间上去划定界线。大致上可以如此划分：在藏传佛教“前弘期”内翻译的所有密宗经典为旧密法；而在“后弘期”内翻译的密宗经典则作为新密法。具体而言，是以印度班智达弥底进藏为界，在此以前翻译的所有密教经典属于旧密法范畴；从藏族大译师仁青桑布开始翻译的密教经典都归入新密法之中。这种划分或辨别在藏传密宗的新、旧之说中则具有权威性，并得到大家的认同。正如“最普遍的说法，是指以班智达弥底来藏以前所译续部，则称为旧派密咒；仁青桑布译师以后所译续部，则名为新派密咒”①。所谓的印度班智达弥底是在藏传佛教“后弘期”开始之际，即公元 10 世纪末，由古格王拉喇嘛益西沃的侄子拉德邀请到西藏西部的阿里地区进行传播佛教的一位印度佛学家。由于受到外部条件的限制，弥底大师在当时的阿里地区没能翻译任何佛经。据藏文史书记载，拉喇嘛益西沃的弟弟松艾的儿子拉德请来了班智达弥底和查拉仁莫二人，准备翻译经典，而译师尼泊尔人波洛克死去，无法翻译，虽有一些以前懂得的修持方法，但没有译师也无法传授，于是两位班智达到吐蕃各地去云游。实际上班智达弥底在后藏的达那地方一户富人家放羊，以此解决吃住问题。后来在弥底身边学习过语言学的一位名叫索南坚赞的徒弟兼译师的藏族人，用黄金将弥底从这户富人家赎出，并邀请到多康丹玛地区，给弥底大师创造了发挥佛学特长的外部环境，仲敦巴等几位藏族高僧曾向弥底学习印度的声明学。影响颇大、流传至今的《语言的工具》一书，据说是弥底大师在当时撰写的。

尤其值得一提的是仁青桑布大师(958—1055 年)，他是藏传佛教“后弘期”开始之际的一位藏族高僧，也是一位大翻译家。他出生在今西藏阿里地区，从小勤奋学习，后来作为阿里(古格)王拉喇嘛益西沃挑选的 27 名青年中的一位前往克什米尔学习佛学。仁

---

① 《土观宗派源流》，31 页。

青桑布最为出色，他拜许多精通五明的学者为师，学习佛教显宗、密宗以及声明学、因明学、医方学等学科。学成后返回故乡阿里，得到古格王拉喇嘛益西沃的赏识，并为他提供必要条件，让他潜心翻译佛教经典，重振藏传佛教。为此，仁青桑布迎请能信铠、作莲密、佛陀宝利辛度、觉护、莲花密等很多印度学僧到阿里，共同合作翻译。据说翻译了密教中的一百零八部怛特罗，其中包括《集密》、《龙树和佛智二释》、《摄真实论》、《庆喜藏释》等密教重要经典。仁青桑布还根据新的梵文本改订了一些吐蕃时代的旧译本。

由于仁青桑布的不懈努力，不仅使藏传密宗的理论趋于更加完善，而且将流传于藏族地区的整个密教推向了一个新的高度，由此有了明显的密教新、旧之界线或划分，从仁青桑布开始翻译的密教经典，被称为“新密法”；仁青桑布以前翻译的密教经典，被称为“旧密法”。这样一来，宁玛派便成为藏传佛教中惟一继承“旧密法”的宗派；而其他宗派都是在仁青桑布之后相继产生的，所以，全部属于“新密法”范畴。

三、密教的隆盛与宗派林立

在整个藏传密宗的历史进程中，出现过两位著名的外籍密宗大师。这两位大师都曾为密宗在藏传佛教中占据重要地位，发挥过至关重要的作用。一位是出现在“前弘期”的莲花生大师；另一位是出现在“后弘期”的阿底峡尊者。莲花生大师已在第一节中作过介绍，在此对阿底峡尊者作简要评述。

阿底峡尊者（982—1054 年），是一位德高望重、名扬四海的佛教密宗大师，未来西藏前曾任印度佛教密宗大学那烂陀寺、超戒寺等的住持。他在“后弘期”初期为藏传密宗的振兴或发展作出的贡献，也不亚于莲花生大师在“前弘期”内开创或传播藏传密宗所作出的功绩。故后人视阿底峡尊者为藏传密宗的第一中兴人物。

在“后弘期”的初期阶段，藏传佛教在修行次第、密宗仪规等方面出现比较混乱的局面，为改变这一局面，正如《青史》记载：“如果迎请阿底峡尊者来藏，将能破除此诸邪行，而使佛教获得饶益。”于是阿底峡尊者被阿里地区的古格王降曲奥于1042年邀请到西藏西部，便开始了他对当时藏传佛教时弊的行之有效的整顿，诸如规定修行次第、端正密宗仪轨等。阿底峡尊者先后将西藏西部和中部地区的藏族高僧大德，以及佛教人士都引入正确的佛教修行轨道，并在藏土巡锡约达十三年之久，最后还是没能返回故里，于1054年在距离拉萨西南方数里远的聂塘寺内示寂，终年73岁。

由于阿底峡尊者在佛教显、密宗两方面具有很高的造诣，赢得当时西藏佛教界的信任和拥戴，从而重振了密宗在西藏的正统地位。阿底峡尊者在西藏期间还校勘、翻译以及著述了有关佛教显、密两宗的许多论著，为后世追随者留下了丰厚的理论依据。其中《菩提道炬论》对后来藏传佛教的影响更为突出，它主要阐述了显密教义不相违背之理和修行应遵循次第的重要性，可称得上是一部融会贯通显密之大乘学说的不朽力作，为后来宗喀巴大师撰写《菩提道次第广论》和《密宗道次第广论》两部巨著提供了理论基础。

简而言之，经过“前弘期”的莲花生大师和“后弘期”的阿底峡尊者两位外籍密宗大师的精心栽培，密宗在藏传佛教的整个历史进程中始终占据着突出的地位。另外，密宗能够在藏传佛教中具有如此的显著地位，也有其深刻的理论依据。比如藏传佛教遵循的基本经典是龙树、提婆、马鸣、慈氏、无著、世亲等诸位大师的论著，这些大师都是大乘佛教的开创、继承或发扬光大者。因此，诸如般若、中观、经释、瑜伽等成为藏文大藏经中的重点要目。藏传佛教认为，在佛教显宗中要达到佛陀境界则必须经历无数劫世界的三世，这就是所谓的显宗之道，实属一段漫长而艰苦的过程。如果选择密宗之道，其修行者甚至在一世(生)中即可获得佛陀境界。这一理论的提出，无形中将密宗抬举到至高位置，成为每位修行成佛者追求的理想法门。同时,藏传佛教又具体指出,修习密宗,首先要绝对经过研习《般若波罗蜜多经》的准备阶段,其目的是为理解密宗奥义而打好理论基础。这又将显宗核心经典般若经置于密宗初期阶段,从而在理论上树立了密宗在藏传佛教中的显赫地位。

藏传密宗的理论经典中除了《大日经》和《金刚顶经》外,还有一部很重要的经典,即《时轮经》。关于《时轮经》的具体情况,已在第一章中作过介绍,在此不必赘语。由于《时轮经》在印度产生的时间较晚(约在1040年),在藏族地区出现的年代也很晚,据说《时轮经》在藏族地区最先由阿底峡尊者宣讲,逐渐在西藏传播开来,最终成为藏传佛教各宗派推崇的最高密法理论。因为《时轮经》是一部包括无上瑜伽在内的密教大法,由于时间、地缘等关系,在其他佛教支派中没有传播《时轮经》,这部经典目前唯独在藏传密宗中完整地保存着。这也是藏传密宗有别于其他佛教密宗的因素之一。

总而言之,藏传密宗在整个藏传佛教中处于极其重要的位置,而且藏族信徒将其视为实现终极目的或到达彼岸世界的最高大法。因此,在藏族地区特别在藏传佛教"后弘期"掀起了一次次修习密教的高潮。藏传佛教的诸多宗派就是在这种追求或修习密教的激发下相继产生或形成的。比如噶当派是在遵循"三士道"的修持而形成的;萨迦派因主要修习"道果法"而别具特色;噶举派是以推崇"大手印"法而享有盛名;希解派采取苦修"坟墓瑜伽"法而别具特色;觉囊派提倡"他空见"及其六支瑜伽法而独树一帜;格鲁派推行"显密贯通"法而取得正统地位;宁玛派弘扬"大圆满"法而引人入胜。由此可见,密教的隆盛与藏传佛教诸多宗派的产生有着密切的联系。比如藏传佛教的每一宗派之所以独立门户,自成一家,在很大程度上是它们各自奉行密教中的一种法门,并将此法门在该宗派中发扬光大,使其不同于其他密宗法门。至于藏传佛教各宗派的主要密法及其特色将在后面专门叙述。

四、历代藏族密宗大师

佛教密宗于公元8世纪在青藏高原正式传播以来，虽然在一段时期内受过巨大挫折（朗达玛灭法），但经过藏传佛教“后弘期”的全面复兴，还是得到了蓬勃发展。可以说佛教密宗在青藏高原不仅找到了自己的真正落脚点，而且已发展演变成为具有地域特色的藏传密宗，目前它以一种特有的魅力正吸引着越来越多的世人来体验或认识这一人类特异文化现象。

藏传密宗之所以如此发达、精深、引人注目，除了源远流长的历史文化背景，以及不少外籍密宗大师的直接参与培育之外，许多藏族密宗大师也对此付出了毕生精力。因此，我们通过藏族密宗大师们那充满传奇色彩的传记以及他们对宗教的执著追求或奉献精神，也可对藏传密宗有一个更加深刻而全面的认识，从而对藏传密宗树立一种科学的态度。下面就对历代藏族密宗大师作一一介绍。

A. 毗卢遮那

毗卢遮那（བཻ་རོ་ཙ་ན），公元8世纪人，生卒年不详，出生于吐蕃时期尼木地方根加巴果家族之中，故名号为巴果。他是藏传佛教“前弘期”初期的一位著名藏族密宗大师，也是藏传佛教史上最早正式出家的“七觉士”或“七试人”之一。由于双重身份，毗卢遮那在藏传佛教特别在宁玛派中享有盛名。

公元8世纪，吐蕃王朝建成第一座正规佛教寺院——桑耶寺之后，及时在藏族青年中选定七名聪慧而意志坚定的男孩，并剃度受戒，成为第一批藏族出家僧侣，其中就有毗卢遮那。藏王赤松德赞派遣毗卢遮那等有培养前途的二名藏族青年去印度留学。毗卢遮那到印度时，佛教显宗日趋衰落，而佛教密宗正日益兴隆，遂在印度大菩提寺，亲近一位密宗金刚乘大师，学习金刚乘等许多密法，不久他便精通了密宗知识。印度人认为，毗卢遮那是一位聪明敏慧并且具有语言天才、对佛教有虔诚信仰的人。因此，印度人给他起名为毗卢遮那，意为“遍照护”、“大光明”。

毗卢遮那在印度学成返回吐蕃后，在桑耶寺从事翻译和传授密法。但毗卢遮那在桑耶寺的工作遇到来自两方面的阻力：一方面的阻力是印度佛教显宗学僧，他们认为毗卢遮那传授的金刚乘密法，不是佛教，而是邪说；另一方面的阻力则是藏族传统的苯教徒及其代表势力，他们认为毗卢遮那所传播的密教知识，将要对吐蕃王朝及藏族人民带来灾难，必须对毗卢遮那定罪并处于死刑。迫于这种形势的压力，藏王赤松德赞将毗卢遮那的公开佛事活动转入地下秘密进行，即让毗卢遮那关起门来翻译密宗经典。此时毗卢遮那翻译了《六十如理论简说》和《无边光明佛号赞》等密宗经典。后来毗卢遮那秘密翻译密法的情况又被王室成员发现，并将此事在王朝中的权势派中间传开，于是要求藏王赤松德赞必须将毗卢遮那杀死，藏王无奈采取李代桃僵的手段，暗地里抓来一名乞丐作为毗卢遮那的替身，在众人面前处死。但这种假象又被王后蔡邦萨揭穿，最后藏王赤松德赞不得不把毗卢遮那流放到康区（今四川藏族地区）。

毗卢遮那在传教过程中经历的种种遭遇，在《五部遗教》（《王后遗教》）中也有一段有趣的记载：毗卢遮那大师从印度学习佛教密法获得成就返回吐蕃后，又想到汉地修习深造。对此藏王赤松德赞不太乐意，并讲道：“可让其他人到汉地去，我吐蕃地方翻译密宗经典的人才奇缺，你还是翻译佛经为好。”为此，毗卢遮那便在桑耶寺和其他译师共同译经。有一天，王后蔡邦萨设法避开藏王赤松德赞以及仆人们，将毗卢遮那大师单独迎请到密宫之中，并想用美色使他破戒，败坏其多年修行所积的功德。然而，毗卢遮那对世俗爱欲冷若冰霜，毫不动心，蔡邦萨纠缠不休，并不顾廉耻地将他抱住不放，弄得毗卢遮那大师不寒而栗。毗卢遮那突然灵机一动，对蔡邦萨说:“外面宫门未闭,恐下人看见不雅,我去闭了宫门,再回来和你相会如何?”王后信以为真,遂放他去,毗卢遮那乘机潜逃。这下惹恼了蔡后,一计不成,又生一计,造谣说佛教密宗大师毗卢遮那在王宫调戏王后,闹得满城风雨。不明真相的人在诅咒他,王宫卫士在追捕他。

毗卢遮那逃离王宫后,知道此处不是久留之地,便收拾经卷衣钵遁往他方。对毗卢遮那调戏王后一说,赤松德赞将信将疑,他知道王后和一些大臣串通一气,扶苯反佛,就秘密派人去查访毗卢遮那的下落。不久,蔡邦萨王后患了麻风病,日趋严重,虽多方延医诊治,但见效甚微。经过打卦问卜,请教莲花生大师,都说此病只要蔡邦萨王后心生忏悔,改邪归正,将毗卢遮那召回来,当面承认她的放荡行为,得到毗卢遮那的宽恕,方可根除,恢复健康。藏王赤松德赞将占卜者和莲花生大师所说的话向蔡邦萨和盘托出,要她招认。蔡后一来心虚,二来为病魔所苦,遂忍羞将事情的经过如实地讲了出来。赤松德赞一听,又愧又气,悔之莫及,就按莲花生大师所指点的方向,请回毗卢遮那,治好了蔡邦萨王后的病。蔡邦萨王后含羞认错,决心皈依佛门。从此虽有苯教势力的反对,但在藏王赤松德赞的大力支持下,毗卢遮那专心致力于密宗经典的翻译。

以上这段故事的内容情节,现在很难辨别真假,但有一点可以肯定,这就是通过这段故事颇能说明当时苯教与佛教之间发生的你死我活的激烈斗争。从另一侧面还可以看到佛教密宗在藏族地区最初传播之时,也并非一帆风顺,而是遇到了种种挫折,这在故事中的毗卢遮那这位密宗大师身上表现得淋漓尽致。

实际上,毗卢遮那这位藏族历史人物,在当时的苯教与佛教之间进行斗争的过程中,扮演了一种特殊的角色,因为当时苯教徒反对他是佛教徒,而佛教徒又排挤他说他是苯教徒。在这种两面夹击的形势下,毗卢遮那不是设法在桑耶寺安心翻译或传播佛教密宗,而是长期在偏远地区隐居修炼,因此而得到密宗大师这一桂冠。

毗卢遮那大师当时主要在今四川阿坝藏区的嘉绒一带隐居修炼。相传毗卢遮那刚到嘉绒时，当地的嘉绒王和苯教徒对他极不友好，甚至对他进行过精神和肉体上的各种折磨和摧残，曾将毗卢遮那投入装满青蛙的地牢里，企图以传说青蛙聚会能放出一种毒素将人毒死的方法治他，但见他安然无恙，又放进许多虱子和蚊虫去咬他。但由于他修法已深，洞中仍念经不止，说教不息，所以用什么办法也奈何不了他。毗卢遮那过人的胆识毅力和对佛教的虔诚之心终于感化了嘉绒王，放他出牢，并积极支持他在嘉绒一带建寺收徒，翻译或传播佛法。后人以此为佛教在该地区的最初传播时期，在当地民间传说中毗卢遮那是“点燃东方（相对西藏而言，指康区）佛教明灯的圣人”。今四川阿坝藏区至今仍传颂着有关毗卢遮那的事迹，比如：

在伏藏四地的东方嘉摩绒（即嘉绒），
汪秀神山的西方，
那特具空行母神力，
名为毕毕宁的城市里，
那高大巍峨的佛塔，
是毗卢（遮那）大师所建造。
这邦青泽日大神山，
是神佛加持的圣地。
邦青泽日神山的顶端，
那形如大鹏展翅的峭壁上，
有莲花生大师三师徒，
显示神通留下的脚迹；
有毗卢大师变成大鹏鸟，
降伏的妖龙留下的爪印，
以及妖龙痛苦挣扎的迹象。

神山南面的三块巨石上，
坐落着毗卢大师修行的禅堂。
作为永恒不变的钤记，
有毗卢大师的双脚印，
其下有玉札大师的双脚印，
形似帐篷围帘的关口上，
有吐杰根哲佛的天成像。
神山西面有毗卢遮那大神仙，
曾为龙王修炼灵丹妙药时，
形成的一片茫茫大海的遗迹，
以及留于永固岩上的身像。
宛如黄牛形状的陡崖下，
坐落着毗卢大师神秘的修行洞。
北面形如孔雀的悬崖下，
坐落着仲莫哈热上师的修行洞，
还有毗卢大师讲法的石窟，
遗留下手印足迹等永恒的标记。
……
啊，神奇的邦青泽日大神山，
啊，毗卢大师建造的巍峨的佛塔。①

可见，嘉绒地区的这些神山由于留存毗卢遮那大师的遗迹而更加神圣，从而也颇能说明毗卢遮那大师在嘉绒藏族人民的心目中所具有的崇高地位。毗卢遮那被描绘为仅次于莲花生大师的又一功德无量、神通广大的神秘大师：

① 《墨尔多神山志》，42—44 页，四川民族出版社，1992。

……

霞村铺岩洞的顶端，

是毗卢大师静坐修行处，

清楚地留下了毗卢大师的身体、头部的痕迹，

在此祈祷可获至高无上的成就。

霞村铺岩洞的顶部，

那宛如帙卷的岩层上，

有一个毗卢遮那大师的足迹，

在此祝福定能遂心愿！

那毗卢遮那大译师，

心情恬静正襟危坐处，

是空行佛母的云集地。

因为洞内处处闪烁着彩虹，

故得霞村彩虹洞美名，

在永恒铃记的脚印前祷祝，

消除五毒的宏愿即可得实现；

玉札尼波大师的参禅地，

叫做科玛当的岩洞内，

在永恒铃记玉札脚印前祈祷，

能证得任何如意的妙果。

古松桑特岩洞的左侧，

有毗卢遮那大译师，

护法的勇士和空行母部众，

以念诵咒语的法力，

击退八部鬼众的遗迹，

在此祝福便可脱离苦难的深渊。

汪秀神山的南面，

南沟木拉卫嘎地——

江河溪流汇集处的上方，

有毗卢遮那大译师，
修行七月之久的圣地，
有将残暴傲慢的众男女，
全部降服的降服洞。
古松达村修行洞，
是东方不动佛刹土，
是取得殊胜、共通成就的源泉。
就在霞村岩洞的脚下，
毗卢遮那大译师，
及其挚友玉扎尼波二圣人，
相互谦恭敬礼的头像，
神奇地印在了岩石上，
在此祈祷即可消灾免危难。[1]

从以上宗教圣迹中可以看出，毗卢遮那大师在嘉绒地区的确留下了许多足迹，特别是那些修行洞最引人注目，它既表明了毗卢遮那大师曾严格遵循密教实践仪轨，以苦行僧的精神在嘉绒地区的深山大川中孤零零地修炼佛教密法，并获得成就的伟大业绩；另外它又成为后人前来进行朝拜的一处处宗教圣地，在广大藏族信徒中产生了巨大的影响。至于毗卢遮那大师曾在嘉绒地区的高山深谷中究竟修炼了多长时间，迄今尚未找到明确的记载，但我们通过如“修行七月之久的圣地”，以及“右边名为定禅洞，毗卢大师曾经在此修习过三年”[2]等毗卢遮那大师在康区嘉绒一带修行的片段记载，可以推断毗卢遮那大师在嘉绒地区的深山老林中隐居修炼至少也有四五年的时间。但这对一位追求佛教并通过密法这门捷径，一生成就佛果，即“即身成佛”的密宗大师来说，并不很长。因

① 《墨尔多神山志》，46—48 页。
② 《墨尔多神仙志》，27 页

为一个名副其实的密宗大师,在他的短暂一生中应将绝大部分时间放在宗教实践上,只有宗教实践才能实现最终目的,而这种实践或修炼必须在远离人间烟火的深山僻壤中,以与世隔绝的方式进行。这就是密宗大师之所以能够练就出与众不同的特异功能的主要因素。藏族著名瑜伽师米拉日巴的经历及其成就印证了这一密教的特殊规律。这种现象从科学的角度去看待,正如:"宗教无疑地是人类在其文明史上所有的一伟大作品,犹之乎人类生活中恒有国家和政治之出现那样。它们(宗教、国家)既出于人的聪明,亦来自人的愚蠢;既各有其有利于人、造福于人的一面,亦各有其有害于人、为祸于人的一面(随时随地不同)。不论其为利为害、为祸为福,总之皆人之所自为,不从外来。一味致其赞颂,或一味加以诟骂,皆不免类似梦中人说些梦话,不为明达。"[①]无论如何,毗卢遮那大师都给后人特别是那些虔诚的藏传佛教徒留下的影响是极为深刻的。如上述毗卢遮那大师在四川阿坝嘉绒一带隐居修行,留下许多不可磨灭的遗迹,给该地区增添了不少光彩。后人为了纪念这位密宗大师,用他的尊号命名了该地区的不少地名、山名和寺名。比如在阿坝地区的马尔康卓克基乡的峰壁峡谷中有一座曲径通幽、雅致秀丽的山洞,名叫"毗卢杂普",意为"毗卢岩洞"。据说洞内留有毗卢遮那大师修炼时的面壁身影、掌迹等,以及讲经说法时留下的脚印及卧睡的痕迹。其洞口早就建有古亭庙宇楼阁,至今前来朝拜的香客络绎不绝。

毗卢遮那作为一名密宗大师,他毕生的主要精力放在了宗教实践上,即修炼密法;同时他也给后人留下了不少译著,如毗卢遮那与玛·仁钦乔(宝胜)、聂·雄努协饶(童智)、努·桑杰益西(佛智)等秘密译出《普成王经》、《集密意经》、《幻变修部八教》等教典和要门[②]。毗卢遮那是莲花生大师所弘扬的金刚乘密法的继承人

① 梁漱溟:《人心与人生》,181页,学林出版社,1994。
② 《土观宗派源流》(藏文版),60页,甘肃民族出版社,1986。

之一，宁玛派将该派的始祖一直追溯到印度密教大师莲花生、无垢友，以及毗卢遮那大师。所以，毗卢遮那大师翻译的密宗典籍，大部分保存在后来形成的宁玛派的总集中。

总之，毗卢遮那大师的一生，是坚韧不拔、追求佛法的一生。他以坚定的信念，长期在穷山僻壤，克服恶劣的自然环境，采取隐居的方式，修炼密法并获得成就。从而赢得广大藏族信徒的传颂，在藏传佛教史上谱写了一曲可歌可泣的藏族密宗大师的人生悲壮之歌。

B. 卓弥·释迦益西

卓弥·释迦益西(འབྲོག་མི་ཤཱཀྱ་ཡེ་ཤེས་)，是西藏后藏芒喀地方人，生于藏历水蛇年(即公元993年)。他是藏传佛教“后弘期”初期的一位著名高僧，也是一位密宗大师、大翻译家。

当藏王朗达玛的后裔贝柯赞之子扎西孜巴统治茹拉(今后藏与阿里连接的南部一带)时，所谓的藏传佛教“后弘期”下路弘传的十位僧人，从喇钦·贡巴饶赛(他当时在今青海尖扎县境内)前受戒返回西藏。这十位僧人中有前藏的五个人，即鲁梅·慈成喜饶、热西·慈成琼乃、郑·益西云丹、巴·慈成洛追、松巴·益西洛追；有后藏的五位，即洛顿·多杰旺秀、聪尊·喜饶僧格、博冬·乌波德迦、阿里二弟兄。扎西孜巴王的三个儿子就请洛顿·多杰旺秀派遣亲教师和轨范师各一人前来该地区弘扬佛法，洛顿·多杰旺秀遂派堪布释迦雄努和轨范师益西尊追二人前去弘法，他们首先建立僧伽组织。卓弥·释迦益西就在此时出家为僧，堪布释迦雄努和轨范师益西尊追商量后提出，欲想光大佛法，就得培养大批人才，遂集合僧徒三百多人，其中选出卓弥·释迦益西、达洛·雄努尊追等人，前去印度学习佛法。临行前两位大师对他们讲道：“戒律乃圣教根本，般若乃圣教心藏，密法乃圣教精髓，应善学之！”这样卓弥·释迦益西开始走向佛门，他和达洛·雄努尊追等人携带许多黄金前往印度求法。他们先到尼泊尔，并在那里住了一年，拜辛底巴大师的弟子尼泊尔的班智达辛哈为师，主要学习梵文，同时兼听了一些密法。

当时印度的超戒寺（或作超岩寺）中有六位善巧师，即博通佛法的高僧。所以，卓弥等留学僧前去超戒寺投入辛底巴大师门下听法，首先听讲《戒律》，其次听受《般若波罗蜜多》，后听受密法。卓弥·释迦益西在辛底巴大师前共学习了八年，成为一名大学者。之后，卓弥和达洛二人前往东印度，拜弥图达瓦上师的弟子一比丘僧为师，他为卓弥进行灌顶，讲授密法，传授诸教授要诀，把无上本续的“道果法”也传授给了卓弥。由于这位大师传授的密法，比辛底巴讲授的密法，更使卓弥生起悟性，卓弥在那里住了四年。卓弥·释迦益西在印度及尼泊尔共待了十三年之久，当他返回西藏时，以前的堪布释迦雄努和轨范师益西尊追以及僧众远道赶来迎接这位学成而归的学僧。

回来后卓弥首先在后藏建立了木古垄寺，该寺作为他在后藏弘扬佛法的基地，一边收徒传教，一边翻译佛经。当卓弥在木古垄寺和拉哲山岩潜心修习佛法时，印度高僧嘎雅达热班智达来到后藏贡塘地方，卓弥及时前去将班智达迎请到木古垄寺，并献黄金五百两，从该师处获得《喜金刚》、《金刚帐》、《桑浦扎》、《惹里》、《四阿惹里》等续（密教）及《密诀宝露》（即“道果法”）诸法要论的传授。这时卓弥已经52岁，又经数年修行体验，至63岁，他才将密法“道果法”传授给前来学习的徒弟。相传卓弥的弟子中长于要门者三人，长于本续者五人，得成就者七人。像玛尔巴大师从15岁开始在卓弥·释迦益西处学习梵文及佛教知识，正如玛尔巴大师曾说：“在吉祥木古垄寺的卓弥译师前学习声明和诵语，恩惠非小当尽知。”还有萨迦派的创始人贡却嘉布、宁玛派的著名高僧释迦琼乃也曾向卓弥大师学习“道果法”，特别是贡却嘉布在卓弥前学得新密法“道果法”后，创立了以修习“道果法”为主要特色的萨迦派。可见，卓弥·释迦益西大师是“道果法”这一佛教密法在藏族地区得以传播的第一位藏族高僧。

卓弥·释迦益西不仅是一位开创“道果法”的密宗大师，同时又是一位大翻译家。他的译著很多，现收入《甘珠尔》中的有《喜金刚释难懦莫迦》、《现观次第论》、《六十四佐格释说》、《喜金刚注释续》，《金刚空行脉基注释》、《吉祥金刚酥油灯顶教法》、《独勇密修法》、《宝光密修法》、《无主瑜伽母密修法》、《甘露密修法》、《胜乐轮现观释难》等等，收入《丹珠尔》中的有《注释续十疏》、《吉祥密金刚续第四章》、《吉祥轮戒律无量续王》，《智慧密续王》、《吉祥月鬘续王》、《吉祥贪之续王》、《续王无析事续部》、《大自在陀罗尼论》等等。特别是卓弥大师翻译了《欢喜金刚第二品》等三种密续及其他重要密法；依靠大译师仁钦桑布的帮助翻译了《般若二万五千颂光明论》、《般若八千颂广释》等许多经论，并进行讲授阐释，从而使甚为深奥的《般若波罗蜜多经》得以弘传。卓弥·释迦益西还建立了如何讲授父续（在金刚乘中主要以论述幻身或现分方便生起次第的经典）和母续（是以阐述智慧空分为主的佛教密宗经典）等密法的教规。

卓弥·释迦益西大师于藏历第一饶迥之木虎兔年（1075 年）去世，享年 82 岁。

总之，卓弥·释迦益西大师无论在讲授还是在翻译方面，都突出了对佛教密宗的阐述宏扬，因而他为推动藏传佛教“后弘期”密法（即所谓的新密法）的发展作出了极为突出的贡献。

C. 玛尔巴·却吉洛哲

玛尔巴·却吉洛哲（མར་པ་ཆོས་ཀྱི་བློ་གྲོས་）是藏传佛教“后弘期”初期的著名密宗大师，又是藏传佛教噶举派的创始人，在藏传佛教史上享有盛名。

玛尔巴于 1012 年生在西藏山南地区洛扎秋切的卓窝隆拍萨村，父亲名叫玛尔巴·旺秋维赛，母亲叫佳姆朵黛，他们兼营农牧二业，资财颇为丰足。玛尔巴·旺秋维赛夫妇生有三个子女，玛尔巴为最小者，他自幼心思敏捷而又秉性顽烈。因此，玛尔巴·旺秋维赛考虑到，如果从小引导玛尔巴走正路，无论出家在家，将来他一定会成为一名出类拔萃的人物。于是当小玛尔巴长到12岁时，父亲给他介绍了一位当地老师，学书识字，并引导小玛尔巴入了佛门，小玛尔巴原名叫塔玛旺秋，此时给他取法名为却吉洛哲。由于小玛尔巴天资聪颖，学习进步很快，但他又性情执拗，极好争辩，与老师的关系不太融洽，家人责怪小玛尔巴："这个冤家真造孽，总有一日会遭报应，重则送掉他自己或我们的性命，轻则失去咱家田财房屋。"最后小玛尔巴的父亲劝他去远方亲近一位善贤上师求学为好，并给他筹措费用，送了印制《大般若经十六函》所需纸张两驮、黄金一两、银瓢一把、良马一匹，并备紫檀木质鞍子、织锦缎一匹等。当时卓弥·释迦益西大师从印度回来不久，名声远扬四方，小玛尔巴就带上父母送给的费用或物品，直奔卓弥住处芒喀木古垄寺，将两驮纸张并驮牛供奉于卓弥大师，并向卓弥大师恭敬顶礼，倾诉求法缘由，乞请给予灌顶、传授教法。但卓弥大师没有马上给玛尔巴灌顶和传授教法，而只是教他学习梵文的直读和印度普通话的翻译。玛尔巴在卓弥大师前学习三年，终使梵语文达到了相当熟练的程度。之后，玛尔巴醒悟到自己与卓弥大师没有长期相处的法缘；而欲想到印度去拜访班智达那若巴上师，于是辞别卓弥大师返回家乡筹措资金，最后得到家里分给他的那份家产，并兑换成一十八两赤金。玛尔巴带上这些黄金便踏上了去往印度的征途，他先到达尼泊尔，在那里遇到那若巴大师的两位尼泊尔籍弟子，即基特巴与本达巴。经过这二位大师的指点和介绍，玛尔巴很快在印度拜见了那若巴大师，并虔诚顶礼，奉献不少金花。于是那若巴大师接收了这位来自远方的藏族徒子的请求，给他先灌喜金刚顶，后传授《二品续》、《金刚帐续》等密法。一年后的某一天，玛尔巴到附近的城里消遣游玩，恰好与他同来印度求法的老乡聂译师相逢，聂译师问玛尔巴："你这段时间学了些什么法?"玛尔巴回答："我在那若巴上师处学到了喜金刚法。"聂译师便说："今日我俩相逢，正好辩论一番。"于是他俩针锋相对，激烈辩论，由于玛尔巴对喜金刚法十分精通，聂译师辩论不过，但心里又不服，就嘲讽玛尔巴说："喜金刚法已在故乡西藏很盛行，学它何用？学就应该学属于父续部的集密金刚，这才是在印度最为殊胜的密法，它的风脉效验最灵，通过此法，可以立即成佛。"对于集密金刚的法门，玛尔巴从未学过，因此，玛尔巴返回住处后，祈请师父慈悲为怀，传给徒弟集密金刚法，那若巴上师对他说："集密金刚是父续类的法门，此法的教主名叫益喜宁保（智藏），现住印度西方拉盖夏扎寺圆月精舍内，你可去那里，向他求此法。"玛尔巴遵师指引，便来到益喜宁保住处，亲近这位大师，先获得集密金刚的教授，后又得到事续、行续和瑜伽三部的仪轨，以及全部实践修炼法。从此玛尔巴在密教的要义方面生起了正觉。玛尔巴为了酬谢益喜宁保上师教他学完密宗本续之恩，便用身、语、意三业供养，深得上师欢心。之后，玛尔巴辞别益喜宁保大师，返回以前住处，即那若巴住地。返回途中在一座庙里又遇见同乡聂译师，聂译师向玛尔巴问道："你现在又学了些什么法？"玛尔巴说："我学了父续的集密法。"两人又辩论起来，结果玛尔巴胜利了。于是聂译师又讽刺玛尔巴说："父续的集密金刚法已在西藏弘传，现在应求的是母续的摩诃麻耶法（大幻法），此法中有静的脉，动的风，庄严的菩提心等教授。"于是玛尔巴又来拜见上师那若巴，祈请师父慈悲，传给他母续的摩诃麻耶法。那若巴大师接受玛尔巴的请求，并指示他去毒海洲（充满危险的某地），那里住着一位名叫拜希瓦桑布（寂贤）或称古古热巴的大师，他就是母续的摩诃麻耶的主宰者。那若巴大师还特地为玛尔巴举行法会送行，并祈愿玛尔巴平安无事。玛尔巴经过艰难险阻，到达印度南部的毒海洲，找到古古热巴大师，而且很顺利地获得了母续的摩诃麻耶法。在求法过程中充满传奇色彩，在此不赘语。

玛尔巴在古古热巴大师前学完所需密法后，便想很快回到那若巴上师身边，于是准备起程。临行前古古热巴为玛尔巴饯行，将传授过的诸法经典全部赠送给他，并将手放在玛尔巴的头上说："到我这住地来，路途艰辛，你知难而来，获得了巨大利益。那若巴知道你是有机缘的人，才派你到我这里来。以后还要派你到麦哲巴（印度一密宗师）那儿去。那若巴本人对你也是很慈悲的，不但收你为徒，向你传授了随顺心愿的法要，并且敕封你为教化雪域西藏的菩萨。”玛尔巴也为感谢古古热巴大师给他无私传授密法而献上一首道歌。

玛尔巴回到师父那若巴住地，向那若巴禀告了他到古古热巴处求法的一切经过，并提出他又要去见麦哲巴大师，那若巴愉快地答应了。然而，麦哲巴大师住在一座山上的小庙里，其路陡峭难行，但玛尔巴毫不犹豫地前往求法，当玛尔巴见到麦哲巴大师时，这位大师正在一棵树下乘凉，玛尔巴极为高兴，连忙向麦哲巴大师叩了七个长头，供上黄金，并献上赞颂这位大师身语意三密功德的道歌一首。之后乞求赐予密法要义，麦哲巴大师点头答应，便为玛尔巴传授全部大灌顶，并赐给他“土吉多杰”（意金刚）的密名。同时麦哲巴大师给玛尔巴传授了大手印的法门连同亲授，又传了本续的赞歌连同解释，还传了歌谣讲解等等。玛尔巴依据麦哲巴大师所传之法进行实修，即刻生起殊胜证悟，心中无限欢喜。为酬报大师的恩德，玛尔巴举办了法会，会上玛尔巴向麦哲巴大师奉献供养，并将自己实际修炼所悟到的心得向大师呈报，希望得到指正。麦哲巴大师也为玛尔巴作了许多教诲，为此玛尔巴心中十分欢慰，对麦哲巴大师生起毫不更移的信仰，随后辞别麦哲巴大师，返回那若巴上师住地。

那若巴大师见弟子玛尔巴进步很快，十分高兴，并为他计划新的任务。让玛尔巴去印度南方毒海的尸陀林（墓地）索萨岭，向住在那里的一位佩戴骨骼装饰的空行母哲泽顿登请求传其密法，同时也可向那些乞丐僧请求传授自己喜欢的密法。玛尔巴尊从师命，来到索萨岭尸陀林，寻找那位瑜伽母，她住在一间茅草屋里，玛尔巴前去拜见，供上黄金曼札，并请求传授其密法。瑜伽母果然应允，很愉快地将称为四座法的密法灌顶及其教授等全部传授给了他；同时，玛尔巴又参访该地的乞丐瑜伽师，这些瑜伽师有的住在尸陀林,有的坐在树下。玛尔巴在这些苦行僧前求得生起圆满二次第的灌顶及教授。之后,玛尔巴回到那若巴上师身边,向师父顶礼问安,并禀告求法经过及其对灌顶教授生起的极大信心,那若巴大师听了十分高兴。借此机会,玛尔巴又向上师请求传授胜乐轮的灌顶和教授,并讲解本续的疏释。那若巴大师答应了徒弟的求法要求,给玛尔巴广传灌顶,讲解本续;并传授了称为四大亲语教授的那若六法,以及直指本心俱生妙智的大手印法等,还强调密法重在实修。玛尔巴就依上师所传密法进行实际修炼,心中便生起许多无上密宗的殊胜证验,尤其是实修脐轮火法门,便现证乐、明、无分别双运,于三业毫不动摇之中,经七昼夜,获得坚定,起现十种验相。

至此,玛尔巴在印度大约住了十二年之久,经过不懈努力,在密教方面已经达到能够独立讲修的地位。玛尔巴在自己心中立下宏愿,无论如何,必须在雪域故乡弘扬佛法,特别要弘扬实修的密宗。于是依依惜别多年培养自己成才的至尊上师那若巴,毅然返回久别的故里,开始了他那漫长的传授密法的生涯。玛尔巴回到家乡,一面收徒传法,培养更多的懂得密法的人才;一面到处游说、筹措资金,准备第二次去印度。由于得到徒弟们的大力支持,玛尔巴筹措资金的计划很快得以实现。所以,当玛尔巴第二次赴印度时,携带黄金五十余两,比第一次去印度时所带黄金多几倍。

这次玛尔巴只身前往印度,先到达尼泊尔拜见基特巴和本达巴二位大德,供养黄金,二位大德非常高兴,并给玛尔巴安排可靠的路伴,送他赴印度。因此,玛尔巴一路未遇任何困难,顺利抵达印度。玛尔巴在印度以黄金报答那若巴等对他有深厚恩情的诸位大师,使他们心生欢喜,还在那若巴上师前求得欢喜金刚中、广、略三种灌顶,《二观察根本续》、《不共释续空行母金刚帐》、《共同释续桑布扎注释》及其要门口诀等以前没能学到的密法。之后,玛尔巴去拜见麦哲巴大师,供上黄金,让大师审查自己以前学过的所有密法是否有偏差,如有请大师校正。麦哲巴大师作了认真校正之后，给玛尔巴还传授了密集的灌顶与疏释、大手印明点等密法，并送了这些法门的经书。

后来，玛尔巴又遵照那若巴上师之命，先去毒海拜见古古热巴大师和装饰骨骼庄严的瑜伽母；此后，又前往西印度拉格札拜见益希宁保和僧格林巴两位大德，向诸位大师都供养黄金，使他们异常欢喜。然后将以前求得的密法认真修订；没有得到的要义法门，给予传授补充。玛尔巴把所求得的法本，全部翻译，笔之于书，带在身边。所以，玛尔巴的求法宏愿得以迅速实现。第二次赴印度求法的目的就这样很顺利地达到之后，玛尔巴又辞别诸位大师返回雪域故乡。

玛尔巴第三次赴印度求法的情形，大致上与第二次去印度的情况相同。但值得一提的是，当玛尔巴第三次抵达印度时，他的上师那若巴等一些大德已经去世。所以，玛尔巴的心情也十分沉重，而且玛尔巴在印度还患过一场大病，后来振作精神，不懈努力，学到不少新的密法。最后满载而归，完成了第三次赴印度求法的任务。之后，由于年事已高，玛尔巴再没有去过印度。①

根据有关史料，玛尔巴第一次赴印度求法在那里住了 12 年，第二次赴印度住了六年，第三次去印度住了三年，加在一起，玛尔巴在印度求法留学达 21 年。由此可见，玛尔巴大师一生追求佛法，特别是追求实修的密法，为此不仅耗费了大量的财力，而且也付出了巨大的精力，最终在他所追求的事业上获得了成功。

从佛教戒律的角度看，玛尔巴大师并没有受戒出家，当他第二次赴印度回来后，也就是玛尔巴大师 42 岁那年，在家乡娶达麦玛（无我母）为妻，生有七个儿子。据说，玛尔巴大师除了授徒传法外，还从事经商、种田，从未脱离世俗社会。所以，玛尔巴大师在他的有生之年没有建造寺院，而玛尔巴大师以普通人的方式一直在他的家乡西藏山南洛札的卓窝隆定居。用佛教的术语来讲，玛尔

① 以上玛尔巴三次赴印度求法的情况主要依据查同杰布所著《玛尔巴译师传》。

巴大师是一名在家的居士。由于玛尔巴大师坚韧不拔的学习精神，使他的佛学功底很深，特别在密法方面取得的实践成就在当时的西藏屈指可数。因此，在玛尔巴大师身边总是围绕着一大批听法的徒弟。比如玛尔巴大师第三次赴印度求法并返回故乡时，大多数徒弟已回到各自的修行处，遵循那若巴大师的教诫闭关修持。于是玛尔巴大师在色卡石堡（这是玛尔巴的房屋）上层坐修，二层是儿子塔玛多德的修行处，下层是一些大弟子和其余儿子们闭关修持的处所。在此期间，玛尔巴大师将独特的往生夺舍法传授给自己的大儿子塔玛多德。往生夺舍法，简称夺舍法，是玛尔巴大师第三次赴印度求得的一种特异功法。此功法将自身的灵魂进入其他任何动物的尸体之中，使其复活。其具体情形是这样的："有一次，在降若祥敦为首的许多弟子来呈献良好的酬谢会供法会上，正好在大师静室附近有一鸽子窝；小鸽子跟随妈妈在空中飞翔，突然鹞子飞来追赶母鸽，母鸽吓得逃回窝死了，成了鸽尸。于是大师便说：'今天我给你们表演夺舍法的法术吧！'大家便顶礼祈祷，请求表演。玛尔巴便拿根细长绳子拴在死鸽的脚上，将那只死鸽拴置得远远的，自己便作起夺舍法来。忽然那只死鸽站起来，扑扑地拍着翅膀，准备要飞，小鸽子也飞来围着妈妈，十分感人。这时，降若祥敦回头一看师父，见到师父呈现尸像，心中不忍，感到惊恐，哭着跑到师父尊前祈请道：'上师尊者啊，请不要这样作法！'但毫无反应。于是越发害怕，又跑到鸽子跟前祈请。鸽子一倒，上师马上就活转过来并说道：

自身空房般舍去，
转入他身鸽子体，
展翅飞翔天空中，
鸽儿母子得重逢，
众位亲见实稀奇。

讲完后便笑了起来，在场的人们觉得真了不起，从此夺舍法在藏族地区传扬起来。”[①]可以看出，夺舍法将自己的灵魂进入某尸体中后，对方复活过来，而自己却又死去。说明两者之间只有一个灵魂，每个灵魂只能带动一个尸体或躯壳。后来玛尔巴大师在不同场合多次表演过夺舍法。

由于夺舍法是一种特殊的法门，需要严肃认真地对待，来不得半点马虎，玛尔巴大师没有向更多的徒弟传授夺舍法，只传给自己的儿子塔玛多德一人，而塔玛多德后来又突然去世，使夺舍法从此中断。塔玛多德是在参加一次节会上被马摔下致死的。本来塔玛多德在断气之前，完全可以通过夺舍法挽救自己的灵魂，但当时没有遇到好的机缘。正如“弟子们便分头四处寻找，因为不经观修即生成佛的往生夺舍法，在西藏没有弘扬的缘分，找不到一个没有伤痕的男孩尸体。”[②]最后塔玛多德无可奈何才将自己的灵魂进入一只死鸽子的尸体中，把灵魂给勉强保住了，但夺舍法在藏族地区从此销声匿迹了。玛尔巴大师将儿子塔玛多德的尸体进行焚化，并举行了隆重的祭奠仪式。

在玛尔巴大师培养的众多弟子中有四位最为著名，号称“四柱子”。他们是俄敦曲多、堆·措敦旺内、藏绒·麦敦林布和米拉日巴。根据他们的不同天赋和特长，玛尔巴大师给他们分别传授了不同的密法要义。比如玛尔巴大师给俄敦曲多传授本续及其那若六法，并赠送密宗法器圆勺一个和有关经卷等，同时，吩咐俄敦曲多通过说法去普遍饶益众生。

玛尔巴大师向堆·措敦旺内传授了如同天窗顿开鸟即飞之教授，这就是所谓的往生法，并赐给那若巴的头发、指甲、甘露丸（经念咒加持过的一种药丸）、五部佛冠等等。

玛尔巴大师给藏绒·麦顿林布传授了如同黑暗之中点燃酥油

① 查同杰布著，张天锁等译：《玛尔巴译师传》汉译本，142 页，西藏人民出版社，1989。

② 《玛尔巴译师传》，汉译本，162 页。

灯之教授,这便是密教中的光明法。并赠送那若巴的金刚铃、法鼓、贝壳装饰的颅骨等密宗法器。同时,嘱咐藏绒·麦顿林布,努力修持,断除一切世俗杂念。

玛尔巴大师向米拉日巴传授了如同劈柴燃火之教授,这就是密教中的著名法门脐轮火法。修炼这一法门,能够健身强体,特别能温暖身体以避寒。所以,后来米拉日巴即使在寒冬腊月,也只穿一件布衣即可。因而米拉日巴有“布衣大师”之别称。玛尔巴大师给米拉日巴赠送了印度麦哲巴大师的帽子以及那若巴的衣服等具有加持力之礼品。同时,嘱咐米拉日巴到岩石山中和雪山圣地去亲身观修。

以上就是玛尔巴大师的四位著名弟子,以及玛尔巴大师对他的这四名弟子特别传授密教法要的经过。玛尔巴大师对四位弟子寄予殷切的期望,玛尔巴大师对他们讲道:“我依照你们各自的缘分而传给你们不同的教授,你们对弟子传承,最主要的是应从各自所得之教授让其受益并广利有情,以成就圣业。塔玛多德已故,我将噶举派祖师的教授及传承的加持力都赐给你们了,要尽力为之,其事业一定会兴旺发达。”①这时玛尔巴大师的年事已高,而且他所追求的事业也基本上圆满完成,因而他对弟子们的以上谆谆教诲都是预感到自己将要辞世而作的预备工作。果然,当玛尔巴大师88岁(此指虚岁,实际上是86周岁)时的藏历牛年(1097年)的七月十五日,太阳刚刚出来时,玛尔巴大师觉得异常的恬静而舒适,于是他面带笑容,两颊挂着泪花,合掌、闭目、低头便修持佛法加行七支法。然后玛尔巴大师的色身慢慢地隐入法界,即示寂。这时人们更加深信玛尔巴是一位在佛法上具有巨大修持力的大师,遂在众多徒弟中有人愿出高价,想得到玛尔巴上师的几根头发或指甲以及小片衣物等。这样一来,玛尔巴大师的遗体没有被焚化,而用上等绸缎将其包裹起来,意在为利益众生而住于世间。后来玛

① 《玛尔巴译师传》汉译本,178页。

尔巴大师的灵骨分成几份存放在几座寺庙之中，成为人们磕拜顶礼的神物。玛尔巴大师就这样去世了，但他的事迹随着岁月的流逝反而引起人们的高度重视，并加以传颂。这是因为玛尔巴大师将自己短暂的一生全部奉献给了佛教事业，这种奉献换取了人们的无限敬仰。从另一角度讲，这种行为就是宗教信仰，是人们对佛教的虔诚信仰。

D. 米拉日巴

众所周知，米拉日巴（མི་ལ་རས་པ་）大师是藏传佛教噶举派的第二代祖师，同时又是藏传佛教著名的瑜伽师、密宗大师、苦行僧和道歌家。米拉日巴大师生于公元1040年，圆寂于1123年，享年84岁。他是西藏拉堆贡塘人，其祖先原居住在西藏北方的大草原，祖姓为琼波。至米拉日巴的祖父琼波觉赛时，由于琼波觉赛是一位密宗大师，时常云游各地，传授密法，后来决定将全家迁移到西藏后藏的拉堆地方，又把祖姓琼波改为米拉。米拉日巴的父亲叫米拉·西饶坚赞，母亲叫白庄严，这对夫妇生有一男一女，大的是男孩，叫闻喜，他就是后来的米拉日巴；小的是女孩，叫白达。因为米拉·西饶坚赞善于经商，米拉日巴小时候家境十分富裕，但好景不长，当米拉日巴长到七岁时，父亲米拉·西饶坚赞突然病死。米拉·西饶坚赞临终前，立下遗嘱，并将母子三人托付给米拉日巴的伯父和姑母。后来伯父和姑母没有遵循遗嘱书，把米拉日巴家的全部财产收为己有，而且使用种种手段，对他们母子三人进行虐待折磨。因此，米拉日巴小时候就饱尝人间苦难。米拉日巴长大后，得到母亲的支持，决心学习密法咒术，以便报复伯父和姑母的罪行。这样米拉日巴青年时就得到学习宗教的机会，最初他在一位宁玛派学僧前学习密法，后来又按照母亲的意见，在一位苯教大师处修习诛法咒术及降雹法。不久米拉日巴学到一手非常灵验的咒术，并施放降雹法术，如愿以偿将伯父等亲友35人害死。这就是所谓米拉日巴“咒杀怨家多人”的事件。事后米拉日巴又追悔自己的罪恶，并陷入深深的忏悔之中。从此米拉日巴立下学习佛教正法的誓愿，后经人介绍，米拉日巴去寻访印度高僧那若巴大师的亲传弟子——玛尔巴大师。米拉日巴 38 岁那年在西藏山南洛扎亲自拜见玛尔巴大师，乞求玛尔巴大师指明方向，赐予佛教正法，可在此生之内，得到解脱。刚开始，玛尔巴大师为了清除米拉日巴的业障，让他干耕田建筑房屋等苦活，并使米拉日巴受到严厉的折磨、屈辱，可以说米拉日巴在玛尔巴大师处受到非人道的待遇。特别感人至深的是，米拉日巴一人在建筑九层石屋时，玛尔巴大师让米拉日巴屡建屡拆，以此来磨炼或激励米拉日巴求法的坚定信念。在此过程中，玛尔巴大师的妻子无我母则从中多方劝解，使米拉日巴安心学习，经过数年的痛苦磨炼之后，米拉日巴终于获得玛尔巴大师的信任，给他特地传授了全部灌顶和修持教授，玛尔巴大师还为米拉日巴授戒，并使他掌握静功各法，为以后享受冥想的隐士生活打下基础。比如玛尔巴大师曾让米拉日巴到高山深谷中去独自修炼，先教导修行时如何培养耐力等，然后为米拉日巴准备好生活必需品，派他到一个岩洞中去修行，米拉日巴在洞中将一盏装满酥油的灯点燃后，放置在头顶上，这样一来，灯油不尽，米拉日巴禅定的身体就不能动，如此夜以继日地修行，刚满 11 个月后，玛尔巴大师夫妇带着很好的会供来看望米拉日巴，并让米拉日巴暂时打开修行洞门，回玛尔巴大师住处，补补身体，恢复健康，然后继续修炼，同时可以谈谈在 11 个月内进行修炼的感受和心得。由此可见，米拉日巴修炼所采取的是一种苦行的方法。

米拉日巴 38 岁时亲近或依止玛尔巴大师，经过六年的苦行磨炼，至 44 岁才获得师父的全部密法教授。之后，米拉日巴惜别玛尔巴大师回到家乡，此时母亲已去世多年，妹妹也早已背井离乡。米拉日巴首先焚葬母亲的尸骨，然后弃世入山静修，开始了他那一生的修炼与游方生涯。米拉日巴先在后藏贡塘的吉绒山顶隐迹九年，后往冈底斯雪山一年；在此期间还与苯教法师斗法，并取得胜利。后来他一直游方于深山大泽，为宏扬噶举派教法作出特殊贡献，成为藏传佛教史上的著名人物，是享誉即身证得“殊胜悉地”的高僧。米拉日巴的大半生，都在远离人迹的石窟岩洞中修行，彻底舍弃了人世间的世俗生活及各种贪欲，向人们展示了将生命完全投入到修炼佛法中的一种脱俗的人生风范。比如米拉日巴在一个叫护马白岩窟的洞中修炼时，身边除有少许干粮外，没有任何东西，他坐在一个又薄又小的垫子上，首先请求上师本尊加持，然后入定。当米拉日巴带来的一点干粮彻底吃完之后，他不得不到野外去寻找野菜来充饥。一次，米拉日巴在山中找到一块长的十分茂盛的野菜地时，他极为兴奋，随将修行地点移置到这块野菜地附近，这样，肚子饿时，就可抓一把野菜来吃，然后又继续修炼。因此，米拉日巴的身体状况很差，正如“外无衣服，内乏营养，故身体削弱，骨瘦如柴，颜色绿如青草，毛发也变成了一丝丝绿色”①。所以，米拉日巴在山洞中修炼时，经常吓跑那些上山打猎的猎人，他们都声称山洞中有活鬼，后来个别胆子大的猎人到山洞中细看，才知道原来是一位苦行僧。

在世俗人看来，米拉日巴的确处于悲惨的境地，正如米拉日巴的妹妹白达第一次见到哥哥时便痛哭失声，诉衷肠：“妈妈在非常想你的悲惨的情况下死了，别人谁也不来帮忙，所以我孤苦伶仃，不能继续住在那里，到外乡去乞食，我老是在想，哥哥是死了吗？假使没有死，会过幸福的日子了吧！你却是这样惨苦的样子，你妹妹的命运，也是这个样子，比我兄妹再悲惨的，在这个世界上恐怕没有了吧！？”②这就是世俗人与出家人在世界观、人生观上出现的本质差别。出家人所追求的事业，世俗人看来，不可思议，反之犹然。如米拉日巴对其妹妹白达诉说时唱了这样一段道歌：“顶礼诸上师，请摄受加持山岩中的乞者！具有轮回苦痛的妹妹呀！总之一切苦乐皆无常，我起先经受如此的苦难，到究竟时一定会得安

① 乳毕坚金著，王沂暖译：《米拉日巴传》，99页，西藏人民出版社，1980。
② 《米拉日巴传》，105页。

乐。因此，你应该听听哥哥的一曲道歌。我为了报答一切如同母亲般的众生之恩，所以来到这个修行地，我住如野兽，外人见之皆伤感；我食如狗猪，外人见之皆呕吐；我身如枯骨，仇敌见之也泣下；所行一切如疯子，我妹见之很伤心，但我的心，则是真佛，如来佛见了定欢喜。”[①]这首道歌便道出了藏传佛教的精髓，因为藏传佛教认为人世间享用的物质文明，不仅是极其短暂的享受，而且更是一种小乐；追求佛法并修炼悟道所取得的成就，那才是真正的享受，是一种名副其实的大乐。所以，米拉日巴抛弃世俗的任何物质享用，甚至不穿衣服，比如有一次米拉日巴的妹妹白达和未婚妻哲色带一些食物来看望米拉日巴时，正巧碰上米拉日巴外出喝水，他那全身裸体，特别是变成绿色的下身，在晃来晃去，两位女士羞得不敢往前走。米拉日巴就在这样口无食物、身无衣服的境况下刻苦修炼、努力精进，最后其追求的宗教事业圆满。

米拉日巴之所以能够如此修炼，他曾讲道：“我不知自己什么时候死去，为了吃穿去化缘只有浪费时间；即使冻死饿死，也是为了佛法，我将毫无怨悔。放弃修行，努力聚集财富，吃好的、穿好的，并与亲朋好友一起吃喝玩乐，过这种生活是虚度宝贵的人生。”[②]这就是米拉日巴对人生的态度，也是追求佛法的坚定信念，在他看来，人生的价值或意义只有通过修持佛法才能实现。简而言之，米拉日巴以坚韧不拔的毅力和高尚纯洁的人格，对当时的藏族社会产生了巨大影响。因此，米拉日巴的大半生虽然隐居在深山僻壤之中，但他吸引了众多门徒，其中取得成就者不少。相传，米拉日巴的弟子中有如太阳和月亮的冈波巴和日琼巴。有 25 位得成就者，其中如心弟子 8 人，如子弟子 13 人，如女弟子 4 人。特别是米拉日巴的弟子达波拉杰，后来创立了达波噶举，该派得到迅速发展之后，从中又分出独立门户的所谓四大支八小支。所以，达

---

① 《米拉日巴传》，105 页。
② 《米拉日巴传》，106 页。

波噶举实际上囊括了整个噶举派。另外,米拉日巴在修持上注重大手印法(此法将在后面具体介绍),以及胜乐金刚、金刚亥母为本尊的密法。值得提出的是,米拉日巴以自己的生平来说明大、小、密三乘的不可分离性,若无小乘的“出离”和大乘的“发心”为基础,密宗的妙法无非是空中楼阁。从总体上看,米拉日巴以身体力行,谱写了一曲感人至深的宗教人生之路。米拉日巴对于噶举派的正式形成作出巨大贡献。

E. 噶玛噶举黑帽系活佛

噶玛噶举派是藏传佛教噶举派中势力最强、影响最大的一支派别,同时,它在整个藏传佛教中也占有极其重要的地位。在此值得特别指出的是,噶玛噶举派是藏传佛教中第一个采取活佛转世制度的宗派。该派先后建立了几个活佛转世系统,其中黑帽系和红帽系最为著名。

噶玛噶举派的创始人是达波拉杰的著名弟子都松钦巴(1110—1193 年)。他生于多康哲雪岗吉热哇地方,家族为达东噶波氏,父亲是一位瑜伽士,名叫贡巴多杰衮布,母亲叫拉托萨邦加明色。都松钦巴原名为格培,11 岁开始跟随父亲学习佛教祷告词和简单的密法修持;16 岁时,在却果噶扎寺亲近堪布乔拉·恰森格扎大师,这位大师给都松钦巴授沙弥戒,并赐法名为却杰扎巴,从此都松钦巴成为一名正式的僧侣;19 岁赴西藏卫部(前藏),开始全面修习藏传佛教。之后都松钦巴先拜堆垄·嘉玛瓦、卡巴·却吉僧格为师,系统学习《弥勒法》、《中观》、《因明》等基础性佛法,其后他在夏热瓦处学习噶当派教法《道次第》,在巴察·尼玛扎译师前又重学《中观》。后来由堪布麦都僧给都松钦巴授比丘戒,借此都松钦巴重学戒律经典,同时还亲近许多高僧大德修习很多显密教法。都松钦巴 33 岁时终于拜见达波拉杰,在此学习佛法三年,掌握了佛学要旨之后,在许多修行静处闭关实修,获得最佳成就。学成后都松钦巴返回故乡,于 1157 年他在西康昌都类乌齐附近的噶玛地方创建了噶玛拉顶寺(或称噶玛丹萨寺),以该寺作为基地,大力宣讲噶举派教法以及自己的佛学观点,从此开始形成噶玛噶举这一噶举派中新的分支,其名称就是由噶玛拉顶寺而得名。后来都松钦巴又赴西藏卫部,于1189年他在拉萨附近的堆垄地方兴建了楚普寺,该寺与噶玛拉顶寺并称为噶玛噶举派上、下二寺。都松钦巴这位在藏传佛教史上享有盛名的大师,于藏历第三饶迴之水牛年(1193年)在楚普寺圆寂,享年83岁。

在此值得特别指出的是,都松钦巴大师临终时口嘱他要在人间转世,让后人教法继承者到时寻访认定。这就是都松钦巴的伟大创举,他在藏传佛教乃至整个佛教史上开了“活佛转世”之先河。

从学术的角度讲,活佛转世问题,是一项既深奥又令许多学者感兴趣的热门大课题,可以从多种学科对其进行全方位的探讨,诸如从宗教学、政治学、社会学、心理学、人类学,以及生命科学等多种学科的角度去研究分析。

实际上活佛转世的产生及其存在有它自身的文化历史背景,比如佛教教义中的“三世”(过去、现在和未来)说、“轮回”说,以及大乘佛教中的“三身或三佛”(法身、报身和化身)说都为活佛转世的产生奠定了思想理论基础,然后通过藏密的实际修炼来体验或印证“三身”中的“化身”在人间诞生(活佛转世)的可能性。因为藏密是藏传佛教中的最高大法,以“即身成佛”为修行宗旨,而噶举派又在藏密方面具有突出成就,都松钦巴作为继承和发扬噶举派的一位高僧,他在密法修持方面有着很高的造诣。可以说,都松钦巴大师开创活佛转世之先例是有资格的,特别在都松钦巴本人看来,活佛转世是一件顺理成章的事情。因此,活佛转世这一新生事物相继被藏传佛教各宗派所普遍接受。后来西藏政教合一制度的形成或确立,更加巩固了活佛转世制度在藏族社会中长期存在的基础。总之,活佛转世是藏传佛教蓬勃发展的一种标志、一种产物、一种特色。

所谓的“黑帽系”活佛就是噶玛巴·都松钦巴大师创立的噶玛

噶举活佛系统中的直系传承，因而“黑帽系”活佛的历史最为悠久。至于噶玛噶举“黑帽系”活佛的称呼及其由来，《土观宗派源流》记载：“虽然传说都松钦巴曾戴黑帽，后遂称为黑帽派，但实际上是在噶玛拔希时才受元帝赐予职官的黑帽，从此以后，历代转世大德始有黑帽系之称呼。”关于都松钦巴曾戴黑帽一事，有这样的传说，当时有百万空行母用大家的头发一起编制出一顶帽子，然后赠送或供养给都松钦巴，从此都松钦巴常戴这顶特殊的并具有加持力的黑帽。实际上这一说法是一种虚构，真实的黑帽是在噶玛拔希时才获得的。

噶玛拔希，全名为噶玛拔希·却吉喇嘛，“拔希”系蒙古语，其意思是“轨范法师”；“却吉喇嘛”系藏语，意为“法师”。他于藏历第三饶迥之木鼠年(1204年)出生在康区哲垄丹却秋地方一户贵族家庭中，父亲称次察加旺，母亲叫森萨朗吉。相传噶玛拔希出生不久，由一位来自克什米尔的大师给他取名为却增(持法)。噶玛拔希从五六岁开始识字并很快掌握了藏文的读和写等基本功，至十岁时已经达到对所有经论、典籍诵读一遍即能领会的很高悟性，同时他又自然而然地会禅定修炼。后来噶玛拔希前往西藏卫地(前藏)求法的途中遇见都松钦巴大师的再传弟子邦札巴，并在邦札巴面前显现许多奇兆，为此邦札巴认定噶玛拔希为都松钦巴大师的转世，给他灌顶授予教诫，不久，又为他授沙弥戒，取法名为达尔玛喇嘛。后来噶玛拔希拜楚普寺的噶托巴·绛巴本和江芒普瓦为师，经过数年刻苦修习，博得上师们的赏识，由噶托巴·绛巴本任堪布、邦札巴任阿阇梨给噶玛拔希授了最高戒——比丘戒，取法名为却吉喇嘛。从此，噶玛拔希逐渐成为噶玛噶举派的一位高僧。

1253年，忽必烈在南征云南大理途中，亲自看到噶玛噶举派在藏族地区的势力及其影响，遂召请噶玛拔希赴绒域色都(今四川嘉绒藏区)相见。噶玛拔希在嘉绒会见忽必烈后，为忽必烈及其左右侍从传授了发心(发菩提心)仪轨，使他们皈依藏传佛教。忽必烈还要求噶玛拔希长期随侍他，但被噶玛拔希婉言谢绝。于是噶玛拔希游方内蒙、甘肃、宁夏等北方各地传教说法，正当他返回西藏之时，接到蒙古大汗蒙哥的诏书，他又不得不去蒙古和林会见蒙哥。蒙哥赐给噶玛拔希金印、白银等许多贵重物品，同时特地赠送一顶金边黑色帽子。从此这顶黑帽成为这一活佛传承的标志，并代代相传，如每当举行转世活佛的坐床仪式以及主要佛事活动时，继承这一传承的活佛必须戴这顶黑帽，以此来显示噶玛噶举黑帽系活佛的尊严。这就是噶玛噶举黑帽系名称的由来及其形成。

1260 年，忽必烈和阿里不哥兄弟之间为争夺大汗位而发动战争，最后阿里不哥兵败，忽必烈稳坐大汗之位。此时的噶玛拔希因以前没有侍从忽必烈，而且在争夺汗位的斗争中又犯下支持阿里不哥的嫌疑罪，遂遇到最大的不幸。噶玛拔希被忽必烈投入监狱，进行惩罚。如《红史》记载："故忽必烈下令对他施行火烧、抛入水中、用兵器砍、喂毒、头上钉铁钉等刑罚，并派人分三班轮流看守，七天不准进食。"尽管如此折磨噶玛拔希，但由于噶玛拔希在佛法修炼上已取得很高的造诣，故任何刑罚在他身上均失去作用。这是因为"此时，有金刚亥母前来，四部智慧空行母从哈拉哈拉坟墓中取来婆罗门女儿之尸体，举行会供。外界一切刑罚经四空行转授到尸体之上，故任何东西一点也不能够损害噶玛拔希。"①这是从宗教的角度描述噶玛拔希在狱中的生活情形，从而宣扬藏传佛教的功德或尊严。

噶玛拔希经过一段狱中生活之后，于 1264 年被忽必烈释放，获得自由。噶玛拔希的获释在藏传佛教史书中也有传奇性的记载："又有不动之二十四圣地之空行来吹气，东北方向出现吉祥天母的天兵四万四千人，降下大风、雷电和冰雹，瘟疫流行，行刑之武士顿时死亡。国王及其随从面前出现许多幻变情景及猛恶护法。至第七天，所有王臣俱生悔惧，祈请噶玛拔希原谅。修订药师佛修法光辉，消除恶兆及瘟疫，故王臣无限敬仰，顶礼足下，加以敬奉和

---

① 蔡巴·贡噶多吉著，陈庆英译：《红史》，82 页，西藏人民出版社，1988。

供养。”[1]这段引言也是纯粹从宣扬宗教神秘力量的角度去叙述噶玛拔希获释的缘由。

噶玛拔希从狱中获释后，并没有及时返回西藏，而是途经甘肃、青海、四川等藏族地区进行传教，于公元1270年才返回西藏楚普寺。从此，噶玛拔希再也没有离开楚普寺，他投入大量精力和物力，对楚普寺进行扩建，同时兴建许多佛像和佛塔，以及用金银汁书写《甘珠尔》。噶玛拔希为噶玛噶举的进一步发展做了重要贡献之后，于公元1283年在楚普寺示寂，享年80岁。对此《红史》中记载：“羊年(1283年)一月噶玛拔希开始得小病，三月大地不停地震动二十一天……示显奇特征兆和神变之后，羊年九月三日涅槃。九日火葬后，塑造身像，当天时间成倍地延长，天降雨虹和彩虹等很多奇迹，并为他建无数舍利塔”。说明噶玛拔希非同一般人，他在噶玛噶举黑帽系活佛中具有崇高地位。

在此值得一提的是，噶玛拔希是藏传佛教史上第一位正式转世的活佛，被认定为噶玛噶举黑帽系第二世(代)活佛。因此，噶玛拔希临终时，将法位依托给其弟子珠托·邬坚巴并留下遗嘱：“从远方拉堆方面，必出一继承黑帽法统的人，在他未来之前，你当作为佛的代理”，于是将金边黑帽加在邬坚巴头顶上，旋即示寂。[2]临终时留遗嘱是都松钦巴开创的有关转世活佛的一种宗教仪轨或制度，噶玛拔希遵循并发挥了都松钦巴开创的这一宗教制度，后来转世活佛临终时留遗嘱成为噶玛噶举黑帽系活佛的一种传统，这也是认定转世活佛的主要依据。比如噶玛拔希去世后邬坚巴等人就严格按照他的遗嘱去寻找转世灵童，最终在后藏的贡塘(今吉隆)地方找到噶码拔希的转世灵童，即噶玛噶举黑帽系第三世活佛，这就是让琼多杰。

让琼多杰于1284年出生在后藏贡塘的扎普龙雪地方，父亲名

① 见《红史》。

② 参见《土观宗派源流》，65页。

阿强却贝，是一位宁玛派密教学者，母亲叫觉姆央珍。当让琼多杰五岁时，被噶玛拔希的著名弟子邬坚巴认定为噶玛拔希的转世、噶玛噶举黑帽系第三世活佛。让琼多杰七岁时随从堪布贡丹喜饶出家，受沙弥戒，取法名为让琼多杰，同时学习佛教戒律；18 岁时由堪布匈努绛曲和赖·格顿仁钦大师给他授比丘戒，并拜尼多贡嘎顿珠等许多活佛、格西和学者为师，修习佛教显宗和密宗教法。

1331 年，元朝皇帝元文宗邀请让琼多杰进京传法，由于路途遥远，让琼多杰未到达北京皇帝就去世了。随后懿璘质班继任皇帝，于 1332 年又邀请让琼多杰进京，让琼多杰抵达皇宫后，为皇帝和随从大臣等众多人灌顶讲法，使他们得到如愿以偿之教法。不久皇帝懿璘质班也去世，由其兄妥欢帖木尔继皇位，号为顺帝。让琼多杰又为顺帝、皇后及大臣们进行密宗灌顶，讲说佛法。一年之后（1334 年），让琼多杰即将返回西藏之时，顺帝给他赐予“遍通教法噶玛巴”之诏书、国师之印和金册等，同时授予琼多杰的弟子多康人喇嘛定增桑布和蔡·格琼钦波“司徒”封号。让琼多杰当年途经佛教圣地五台山、宁夏、甘肃和青海回到西藏楚普寺。后来元顺帝多次派人来西藏迎请让琼多杰再次进京传法，于是让琼多杰在 1336 年八月从西藏动身，前往北京。在北京让琼多杰不仅为皇帝、大臣们传教说法，而且兴建了一座噶玛噶举寺院。此次让琼多杰在北京待了三年，于 1339 年六月十四日因病圆寂于北京，享年 56 岁。可以看出，让琼多杰为加强元朝同噶玛噶举派之间的关系作出了重要贡献。

让琼多杰作为噶玛噶举黑帽系的第三世活佛，为噶玛噶举派的巩固和发展也做了大量工作。比如他在楚普寺修建汉式屋顶和无量宫，以及在寺院四周建造静修院。以此为更好地修习或弘扬噶玛噶举派教法提供外部条件，从而扩大该派在整个藏族地区的影响。另外，噶玛噶举派黑帽系活佛的转世制度，到让琼多杰时已经确立，并走向正规化。

噶玛噶举黑帽系第四世活佛为乳必多杰，1340 年生于西藏工布地区，父亲叫索南顿珠，母亲叫卓萨宗哲坚。三岁时，被噶玛噶举黑帽系第三世活佛让琼多杰的弟子多丹贡杰瓦认定为让琼多杰的转世灵童，于是被接到楚普寺继承法位，并从多丹贡杰瓦、雍顿多杰贝等众多著名学者处，先后学习了《那若六法》、《六支瑜伽》等许多有关"生起次第"和"圆满次第"的教授，并听受了一些灌顶，闻习了《空行海续释》等旧密法以及《甘珠尔》部。乳必多杰七岁时，受沙弥戒，取法名为却吉扎巴；18 岁时，受比丘戒。此年乳必多杰受到元顺帝的邀请，1358 年从楚普寺启程，1359 年抵达青海宗喀地方时，刚满三岁的宗喀巴大师由家人陪同前来拜见乳必多杰，乳必多杰为宗喀巴授了近事戒，取名为贡嘎宁波。1360 年乳必多杰抵达北京，为元顺帝在内的皇家成员传授"金刚亥母灌顶"以及"那若六法"等许多密法。乳必多杰在北京共住了五个年头，在此期间他还为蒙古、汉、西夏、高丽等民族的王公贵族们讲经说法，于 1364 年动身返回西藏，途中曾在甘州附近修建一座寺庙，到过都松钦巴在类乌齐地方创建的噶玛丹萨寺，并为该寺僧众讲授佛法，最后才返回了楚普寺。乳必多杰于 1383 年在西藏工布地方圆寂，享年只有 44 岁。

噶玛噶举黑帽系第五世活佛为德银协巴，他于 1384 年出生在西藏工布地区，父亲叫古乳仁钦，是一位专修密法的人士，母亲叫拉姆吉。四岁时，从喀觉旺波前学习《金刚鬘灌顶》、《那若六法》、《大手印》、《六支瑜伽》等密法。七岁时，在工布孜拉岗寺的堪布索南桑波和轨范师云洛瓦两位大师前出家为僧，取名为却贝桑波；20 岁时又在这两位大师前受比丘戒。后来明成祖派人专程来西藏邀请德银协巴，于是德银协巴随同使者启程，于 1406 年到达南京，受到明成祖的热情款待，并封他为"万行具足十方最胜圆觉妙智慧善普应佑国演教如来大宝法王西天大善自在佛领天下释教"，简称"大宝法王"，还赐玉印、大银翘宝七百颗。值得一提的是，德银协巴这个名号就是明成祖当时赐给他的"如来"的藏语意译。从此就称名号德银协巴，而原名却贝桑波不再使用了。

从德银协巴受封为“大宝法王”之后，此封号遂成为历代噶玛噶举黑帽系活佛的专用封号。

德银协巴于1408年从南京返回西藏，他云游前藏各地，主要宣讲噶玛噶举的教法。不幸的是，德银协巴突然发病，于1415年圆寂，年仅32岁。

噶玛噶举黑帽系第六世活佛为通瓦敦丹，他于1416年出生在多康噶玛(喜木)地方。关于通瓦敦丹的童年有许多扑朔迷离的传奇故事，相传他是一位“神童”，年长后云游藏区各地讲经说法，为推动噶玛噶举派的进一步发展作出贡献。于藏历第八饶迥之水鸡年(1453年)圆寂，享年38岁。

噶玛噶举黑帽系第七世活佛为却札嘉措，他于1454年出生在西藏支达吉番地方，1506年去世，终年53岁。却札嘉措所处的时代，西藏政局很不稳定，但这位大活佛不为政治权力所左右，安心地从事佛法事业。

噶玛噶举黑帽系第八世活佛为弥觉多杰，他于1507年出生在多康的巴塘地方，从小在类乌齐诸多高僧大德前受到良好教育。长大后到多康各地边学习边传教，曾在1516年应丽江王沐天王的邀请，到过云南丽江地区，并在那里讲授噶玛噶举教法。这是噶玛噶举在云南丽江地区的最初传播。弥觉多杰在21岁时受比丘戒，31岁时才回到楚普寺。于1554年在西藏山南雅垄去世，终年48岁。

噶玛噶举黑帽系第九世活佛为旺秋多杰，他于1555年出生在哲雪达克藏地方，1603年圆寂，时年49岁。相传旺秋多杰曾游历全藏区和不丹，还受到锡金国王的邀请，他派了一位高僧替他前往，并在锡金建立三座藏传佛教寺院。

噶玛噶举黑帽系第十世活佛为却央多杰，他于藏历第十饶迥之木龙年(1604年)出生在青海果洛地方，被认定为第九世旺秋多杰的转世灵童之后，便被迎请到西藏楚普寺精心培养。在楚普寺受戒出家，取法名为却央多杰。然而，却央多杰所处的年代，正好是噶玛噶举派与新兴宗派——格鲁派之间争权夺利的时期，却央多杰作为噶玛噶举派的最高宗教领袖，不得不卷入这场争斗之中，从而使这位宗教领袖的生活蒙上一层阴影，一生坎坷不平。由于在两派争斗中格鲁派取得全面胜利而其势力日益壮大，最后却央多杰迫于形势，曾到云南丽江的沐天王（土司）府上避难。后来经过藏传佛教界人士的斡旋，却央多杰于1663年终于从云南丽江返回西藏楚普寺。这时却央多杰的政教地位乃至噶玛噶举派的影响已经受到严重冲击，西藏的一切政教事务都由格鲁派的五世达赖掌管。因此，噶玛噶举派也受达赖喇嘛的监管。却央多杰于藏历第十一饶迥之木虎年（1674年）在西藏楚普寺圆寂，终年71岁。

噶玛噶举黑帽系第十一世活佛为益西多杰，他于1676年出生在青海果洛地区，不幸于1702年圆寂，年仅27岁。益西多杰在他那短暂的有生之年，修缮了许多被蒙古军队毁坏的噶玛噶举寺院。

噶玛噶举黑帽系第十二世活佛为绛曲多杰，他于1703年出生在多康德格地方，长大后曾云游尼泊尔、印度等地。1731年应清朝皇帝的邀请，绛曲多杰与噶玛噶举红帽系第八世活佛一起前往北京，第二年即1732年两位活佛先后在北京圆寂，绛曲多杰享年只有29岁。

噶玛噶举黑帽系第十三世活佛为杜堆多杰，他于1733年出生在西藏撒仲地方，是一位传奇性的人物。据说杜堆多杰发掘许多秘密伏藏，还懂兽禽语言，晚年在楚普寺附近隐居专修密法，1797年圆寂，享年64岁。

噶玛噶举黑帽系第十四世活佛为塔却多杰，他于1798年出生于昌都类乌齐地方，1871年圆寂，享年73岁。塔却多杰精通藏传佛教新、旧密法，是一位学识渊博的活佛。

噶玛噶举黑帽系第十五世活佛为喀觉多杰，他于1872年出生在西藏堆垄德庆地方，1923年圆寂，享年51岁。喀觉多杰是一位非常聪慧的人物，他从小对藏族文化产生兴趣，六岁时会做诗并歌咏，后来还对藏区作过深入研究。

噶玛噶举黑帽系第十六世活佛为日必多杰，他于1924年出生在西藏江孜地方，七岁时受沙弥戒，八岁时荣登黑帽系第十六世活佛宝座，十岁时举行金刚宝冠仪式，从13岁开始云游尼泊尔、印度、不丹，1954年到我国内地参观访问。1958年，日必多杰携带许多珍贵宗教用品和宗教经典，并率领不少僧侣悄然逃往印度，后来得到锡金皇宫的邀请前往锡金，1962年在锡金首都附近建造一座寺院，成为驻锡地。日必多杰曾三次去美国传教，1981年11月5日病故于美国，享年57岁。

噶玛噶举黑帽系第十七世活佛为赤列多杰，全名为伍金卓堆·赤列多杰，他于1985年5月1日出生在西藏昌都地区昌都县拉多乡巴果山区的一个贫苦牧民家庭，原名叫阿波嘎嘎。父亲叫顿珠，母亲叫洛嘎，赤列多杰有两个哥哥、六个姐姐、一个弟弟，他们家包括他在内共有十个兄弟姐妹，从人数上看，可谓一户大家庭。据说，赤列多杰出生时，在该地区出现了许多奇妙的瑞相，因此，附近嘎莱寺的堪布阿多·次旺巴丹前去看望这位不平凡的孩童，他长到四岁时，便接到嘎莱寺精心培养，1990年跟随父母前往八蚌寺朝拜，遂得贡都活佛取名为赤列多杰。

楚普寺噶玛噶举黑帽系第十七世活佛寻访小组，根据第十六世活佛日必多杰生前立下的遗嘱中所示方位、特征等线索，于1992年5月在西藏昌都地区寻访到与遗嘱完全相符的第十六世活佛日必多杰的转世灵童，这位灵童就是上述赤列多杰，当年赤列多杰已经八岁。于是楚普寺寻访小组将这一消息及其情况，向中国佛教协会西藏分会作了详细汇报，西藏分会又召集活佛高僧以噶玛噶举黑帽系活佛的惯例和仪轨审核无误后，报请中国佛教协会认定，中国佛教协会认真审查后正式认定赤列多杰为噶玛噶举黑帽系第十六世活佛的转世灵童，并上报国务院宗教局审批。同时于1992年6月15日将赤列多杰迎接到楚普寺，6月25日国务院宗教局下发了批准函。函中写道："……同意认定西藏自治区昌都县拉多乡巴果牧民顿珠与洛嘎夫妇之子伍金赤列为第十六世噶玛巴转世灵童，特准继任为第十七世噶玛巴，并在适当时候举行坐床典礼……"根据这一指示，于1992年8月2日在拉萨大昭寺为藏传佛教噶玛噶举黑帽系第十七世活佛伍金赤列举行剃度出家仪式。这天凌晨，第十七世噶玛巴活佛在大昭寺僧众仪仗队的簇拥下被迎至释迦牟尼十二岁等身像前，剃度出家，取法名为"白恰达让琼伍金杰瓦牛古卓堆赤列多杰则恰列朗巴尔杰瓦德"，并选定四川八蚌寺的司徒活佛以及西藏楚普寺的杰曹和卓本活佛等为师。这一庄严肃穆的宗教礼仪举行完毕之后，大昭寺和楚普寺的僧众向噶玛噶举黑帽系第十七世活佛敬献哈达，表示祝贺；而噶玛活佛也为在场的广大僧俗信徒摩顶赐福，开始履行这一活佛的法定事务。从此伍金赤列多杰正式继任了噶玛噶举黑帽系第十七世活佛的法位。

F. 噶玛噶举红帽系活佛

噶玛噶举红帽系活佛是继噶玛噶举黑帽系活佛之后产生的噶玛噶举派的又一大活佛系统。同时，噶玛噶举红帽系活佛也是藏传佛教主要活佛系统之一。从这一活佛系统产生的年代看，它在藏传佛教史上又属于历史最为悠久的活佛系统之一。然而，噶玛噶举红帽系活佛在西藏实际存在的时间并不很长，从14世纪产生至18世纪中断，只有四百多年的历史。

噶玛噶举红帽系活佛的创立者为札巴僧格。札巴僧格于藏历第五饶迥之水羊年（1283年）出生在今四川甘孜藏族地区，父亲叫达琼，母亲叫阿果萨。札巴僧格13岁时拜一位名叫洛哲秀巴的高僧为师，在那里受戒，开始专心学习佛法，在此期间他主要修习噶举派密法"那若六法"和"拙火定"，取得很大成就；札巴僧格23岁那年赴桑浦寺学习《波罗蜜多》和《因明学》等显教经论达七年之久。之后，札巴僧格又去拜见噶玛噶举黑帽系第三世活佛让琼多杰，在这位著名活佛前受比丘戒，并修习噶玛噶举之密法。就在这时正好法王让琼多杰兴建德钦登寺，从此札巴僧格利用绝大多数时间就在这座噶玛噶举寺里专心静修，并取得极佳悟境和很深功力,成为一名噶玛噶举高僧。因此,1333年札巴僧格在楚普寺以东单独创建了一座属于自己的寺院,即乃囊寺。乃囊寺的建成为噶玛噶举红帽系活佛的创立奠定了基础,比如札巴僧格在住持乃囊寺期间总有众多的求学弟子围绕着他,从而使札巴僧格的名气渐渐地大起来,甚至当时的元朝皇帝也注意到此人,并为他赐封灌顶国师之称号,同时赠一顶红色僧帽。这顶红色僧帽就是噶玛噶举红帽系活佛名称的最初由来。

札巴僧格住持乃囊寺十几年之后,于藏历第六饶迥之土牛年(1349年)三月十四日身患疾病,三月十九日正午圆寂,享年67岁。临终时,札巴僧格向众多弟子作了极为详细的口嘱。由于札巴僧格在世时得到元朝皇帝的册封及官帽(红色僧帽),后来的追随者将他认定为噶玛噶举红帽系第一世活佛。

噶玛噶举红帽系第二世活佛为喀觉旺布,他于藏历第六饶迥之金虎年(1350年)出生在西藏北方的喀那邬瓦地方,父亲叫拉加,母亲叫卓姆。相传,喀觉旺布三岁时能说出知晓他人内心之言语;六岁时自称是札巴僧格的转世,而且聪明过人。为此乃囊寺僧人将他迎请到该寺进行培养,成为红帽系第二世活佛。喀觉旺布先后拜许多著名高僧学习噶举派的一切教法,特别在噶玛噶举黑帽系第四世活佛乳必多杰前专门学习了噶举派的最高大法《那若六法》和《大手印》等密法。后来喀觉旺布成为一名佛学知识极为渊博的著名高僧,从而担任过噶玛噶举黑帽系第五世活佛德银协巴的导师。喀觉旺布于藏历第七饶迥之木鸡年(1405年)七月二十九日示寂,终年56岁。

噶玛噶举红帽系第三世活佛为却贝益西,他于藏历第七饶迥之火狗年(1406年)出生在西藏娘波地方,父亲叫桑智,母亲叫贝萨。由于却贝益西幼年时相貌英俊、头脑机灵,被喀觉旺布大师的门徒们认定为喀觉旺布的转世灵童,成为红帽系第三世活佛。却贝益西小时候还得到当时在世的法王德银协巴的关心和培养,后来又得到明朝皇帝赠送的佛像、法器等许多贵重宗教用品。

如果说却贝益西的前半生主要在于苦苦求法，在佛教的知识海洋中畅游，获取更多佛学营养；那么他的后半生则在云游藏区各地，进行宣讲佛法、利益众生这样一种发挥个人作用的过程中度过。却贝益西于藏历第八饶迥之水猴年（1452 年）七月圆寂，享年 47 岁。

噶玛噶举红帽系第四世活佛为曲札益西，他于藏历第八饶迥之水鸡年（1453 年）出生在多麦（康区）哲雪康玛地方，父亲叫敦贡巴嘉，母亲叫札萨索南卓玛。曲札益西幼年时被迎请到当地的康玛寺，受到良好的启蒙教育，从十岁时开始云游青海、四川藏族地方，一边拜各方名师求法，一边为广大信徒传法。其间曲札益西于 1462 年拜见噶玛噶举黑帽系第七世活佛却札嘉措，由他赐法名为曲札益西，还赠一顶红色僧帽，正式认定为红帽系第四世活佛。后来曲札益西在乃囊寺塑造了一尊弥勒佛像，在嘎丹玛摩寺（该寺最初由红帽系第三世活佛却贝益西创建）兴建一座有 94 根柱子的大经堂，并塑造了一尊金身释迦牟尼像。另外还兴建了隆智寺经堂。应该特别指出的是，曲札益西得到地方官仁蚌巴·敦悦多杰的大力支持，于 1490 年在拉萨西北的羊八井地方兴建了羊八井寺，仁蚌巴还为该寺专门划分豁卡（庄园）和佃农，作为寺院的经济基础或供养。羊八井寺建成之后，噶玛噶举红帽系活佛的驻锡地从乃囊寺迁至羊八井寺，从此羊八井寺成为红帽系的主寺。因此，曲札益西为噶玛噶举红帽系的不断发展做出了特殊贡献。这位大师于藏历第九饶迥之木猴年（1524 年）示寂，终年 72 岁。

噶玛噶举红帽系第五世活佛为官却延拉（1524—1583 年），第六世活佛为却吉旺秋（1584—1635 年）。这两位活佛所处的年代正是格鲁派的大发展时期，格鲁派的兴旺发达，使整个噶玛噶举派在藏族地区的影响和势力受到巨大冲击。在这样的形势之下，噶玛噶举派的这两位活佛也无能为力，不可能发挥更大的作用，因而他们都在各自的驻锡地或静修处，默默无闻地度过一生。

同样，其后的红帽系第七、第八、第九世活佛也如同前两世一样,无声无息地度过了各自的短暂人生。红帽系第十世活佛是这一活佛传承的最后一位继承人,同时又是断绝这一活佛传承的当事人。因此,他在藏传佛教史上有一定的影响。

噶玛噶举红帽系第十世活佛为曲朱嘉措,他于藏历第十二饶迥之水牛年(1733 年)出生于后藏扎西孜地方,父亲叫德巴唐拉,母亲叫宁达旺姆。曲朱嘉措五岁时,被认定为红帽系第九世活佛的转世灵童,遂取法名为曲朱嘉措,在德格司徒活佛处开始学习佛教显、密宗经典。之后,曲朱嘉措继承前世活佛们的传教传统,云游藏区各地,讲经说法,弘扬佛法。他曾到过德格、那曲、当雄、拉萨、楚普、羊八井等地,在藏族地区有一定的知名度。

值得说明的是,曲朱嘉措是第六世班禅贝丹益西的同母异父兄,六世班禅的另一位哥哥也是一位活佛,即仲巴呼图克图,又名洛桑金巴。这三位活佛的一个侄女又是当时香巴噶举派的寺庙活佛,即桑顶寺的女活佛多杰帕姆。这无论当时,还是现在,都称得上是一个活佛之家。

1780 年六世班禅赴京庆贺乾隆皇帝 70 大寿,不幸的是他当年在北京突然患病圆寂。当时担任扎什伦布寺总管的仲巴呼图克图,遂将乾隆皇帝以及在京的满、蒙古、汉各族王公大臣向六世班禅馈赠和赙仪的大量金银财宝据为已有,以教派不同为借口,没有给自己的弟弟——噶玛噶举红帽系第十世活佛曲朱嘉措分任何东西。对此,曲朱嘉措愤愤不平,并记恨在心。后来曲朱嘉措借机勾结尼泊尔的廓尔喀人,导致廓尔喀军队于 1790 年第二次入侵后藏,将扎什伦布寺的金银财宝洗劫一空,同时还抢走后藏的大批牲畜。西藏地方政府及时通报清廷,并要求派兵,1791 年清军进藏击败廓尔喀侵略军,曲朱嘉措畏罪自杀。乾隆皇帝下令今后禁止噶玛噶举红帽系活佛转世,并勒令羊八井等红帽系寺院及其僧人改宗格鲁派。从此,噶玛噶举红帽系在藏族地区消失。

G. 女密宗大师——玛久拉珍

玛久拉珍(མ་གཅིག་ལབ་སྒྲོན་)是藏传佛教史上出现的一位著名的女密宗大师,她以渊博的佛学知识和坚韧不拔的进取精神,在雪域高原不仅创立了藏传佛教中独具特色的宗派,即女系觉域派,而且为藏传佛教尼姑团体的形成和发展奠定了基础。所以,玛久拉珍作为一名女性出家人的优秀代表,在藏传佛教史上享有崇高的地位。

玛久拉珍于1049年出生在西藏山南的一个被称为措买的村镇,其父亲叫却吉达哇,心地善良,崇信佛法,在当地颇受人们的尊敬,母亲叫奔江,小时候受过教育,有一定的学问。由于家庭的良好熏陶,玛久拉珍自幼喜欢习文识字,从五岁开始她就在母亲身边学习藏文。至八岁时,玛久拉珍可在一天之内将《般若八千颂》诵读二遍,而且能领会其要义。她的这种神速的诵读能力和对般若经义的不同寻常的理解,在本地引起较大的反响。从此,玛久拉珍的聪明才智在当地及其周边地区广为流传。

当玛久拉珍在学业上特别在佛学知识上进步很快的时候,不幸的人间灾难降临在这位聪慧、热爱佛学的女孩身上。玛久拉珍13岁时母亲去世,16岁时父亲又与世长辞,20岁时姐姐顿措仁青奔突然去世。这一系列人间悲欢离合的经历,虽然给玛久拉珍的心灵或情感上以沉重的打击,但是玛久拉珍对佛学的追求不但没有受到丝毫影响,反而更加坚定了信念。玛久拉珍16岁时在姐姐顿措仁青奔的陪同下在约日札唐寺内亲近一位叫俄西坚的喇嘛,主攻般若经,比如她前后修习了《十万般若》、《二万般若》、《般若八千颂》等。之后,玛久拉珍又相继拜觉顿索南、夏买巴、白顿、亚唐巴、帕·丹巴桑杰等著名学者为师,系统修习了《般若八千颂》、《慈氏五论》、《大圆满》等佛教主要经典,同时还受到诸位大师的密宗灌顶,为修炼密宗铺平了道路。因此,玛久拉珍很快掌握了大乘佛教般若性空思想,为创立女系觉域派的思想体系打下了理论基础，同时，在宗教实践上也开始探索自己独特的体验途径。

值得一提的是，玛久拉珍在 23 岁时，遇见来藏传教的印度班智达巴札亚，并在这位大师前进一步研习佛法，最终由于因缘业力的牵引，玛久拉珍与这位印度大师结为夫妻，而且生有二子一女，其中长子陀巴桑智后来成为玛久拉珍的得意门徒，为觉域派的发展作出过贡献。玛久拉珍 34 岁时与家庭彻底脱离关系，又重新全身心地投入到自己所追求的宗教事业之中，这时玛久拉珍主要依止帕·丹巴桑杰，研习希解派的哲学思想，由于玛久拉珍天资聪颖，佛学功底深厚，很快掌握了该派的思想体系，并对此有了自己独到的见解，从而使她那别具特色的佛教哲学思想日臻成熟。与此同时，玛久拉珍游方寂静圣地，进行禅定修炼，在密宗实践上取得很高成就，并形成自己独特的密宗修炼方法，因而玛久拉诊被誉为女密宗大师。从此，玛久拉珍便开始了广收门徒，宣扬自己所体悟到的佛教学说的传教生涯。由于玛久拉珍所宣扬的不仅是融合显、密二宗的高深学说，而且符合大乘佛教的学术观点，很快得到广大僧众的认可或赞同，女系觉域派随之成立。

玛久拉珍在传播女系觉域派的学说时，培养了大批尼姑学者，为提高藏传佛教尼姑的整体素质和地位起到了巨大作用；尤其是玛久拉珍本人那渊博的佛学知识和在密宗实践上所取得的特殊成就，在高原雪域塑造了一尊极为引人注目的女性出家人的形象。后来许多藏族著名佛学家对玛久拉珍在佛学上取得的伟大成就给予了很高的评价，比如，土观却吉尼玛在他的名著《土观宗派源流》中就亲切地称玛久拉珍为伟大的母亲，这不仅仅向玛久拉珍表以崇高的敬意，而且从一个侧面对藏传佛教整个出家尼姑应有的宗教地位作了肯定。

在漫长的历史长河中，人的一生是极为有限的，玛久拉珍这位藏族妇女的优秀代表，于公元 1144 年与世长辞，享年 95 岁。玛久拉珍虽然去世了，但她所独创的宗教理论与实践活动在整个藏传佛教界产生了极其深远的影响。尤其是玛久拉珍被后来从事密宗修炼的僧众奉为智慧空行母的化身而加以崇拜，从而使玛久拉珍在藏传佛教史上占有不可替代的特殊地位。

在此值得特别一提的是，在玛久拉珍的巨大影响下，在雪域高原诞生了女活佛，这是继藏传佛教活佛（男性）之后的又一独特现象，它在世界文化园林中是一种具有浓厚雪域高原特色的文化形态。第一世女活佛为杰增·却吉卓美（？—1489 年），法名称多杰帕姆（རྡོ་རྗེ་ཕག་མོ་，即金刚亥母）。她于 1439 年创建了著名的桑顶寺，该寺位于西藏山南浪卡子县境内的羊卓雍湖西南一座陡峭的山上。从此，桑顶寺成为历代多杰帕姆女活佛的驻锡地，其传承迄今没有中断，现已传至第十二世。除上述第一世外，第二世为贡嘎桑姆（1490—1533 年）；第三世年札桑姆（1534—1574 年）；第四世乌坚措姆（1575—1584 年）；第五世喀觉贝姆（1585—1640 年）；第六世丹增德庆赤列措姆（1641—1707 年）；第七世却卓旺姆（1708—1752 年）；第八世格桑德庆旺姆（1753—1802 年）；第九世却央德庆旺姆（？—1856 年）；第十世阿旺仁青贡桑旺姆（1857—1897 年）；第十一世阿旺洛桑土丹却央贝姆（1898—1937 年）；第十二世德庆却吉卓美（བདེ་ཆེན་ཆོས་ཀྱི་སྒྲོན་མེ，1938—）。目前，第十二世多杰帕姆担任西藏自治区政协副主席、人大副主任、全国政协常务委员等职。

五、活跃在当今世界的藏传密宗

藏传密宗作为藏传佛教的重要组成部分，目前在国内外依然十分盛行。就拿国内来说，几乎所有的藏传佛教寺院都对藏传密宗倍加重视，其中许多规模较大的寺院在寺内专门建有密宗学院，比如位于西藏拉萨市北郊的色拉寺、甘肃夏河县城西郊的拉卜楞寺、青海西宁市西南 26 公里处的塔尔寺等寺内均设有密宗学院，对藏传密宗进行系统研究，包括对密宗的理论探讨和实际修炼。

这些寺院皆属于格鲁派，与藏传佛教其他诸多宗派相比较，格鲁派对密教的态度还比较严格，它提倡显密圆融、见行并重，也就是说，既要重视显宗的理论学习，又要奉行密宗的实践修炼，即显密兼顾。而其余藏传佛教宗派却比格鲁派更突出密宗的特殊作用，因此，目前在诸如宁玛派、萨迦派、噶举派、觉囊派等宗派寺院里，其密教气氛十分浓厚，这主要表现在他们对密法的执著追求或实际修炼。比如位于青海果洛州甘德县境内的觉囊派寺院龙加寺，凡是入该寺的新僧，首先都必须花费三年时间，专门修习密法，主要修炼“那若六法”。三年的密法修炼完成之后，才有资格成为一名正式的出家僧人。可见，在这里密法成为进入佛门的必修课或基本功，这与格鲁派的先学习显宗理论，后进入密宗修炼的程序截然不同。另外，四川甘孜州德格县境内的八蚌寺，是康区最大、最有权威的一座噶举派寺院，该寺对藏传密宗极为重视，目前寺内常有闭关静修的众多青年僧人，这批青年僧人不久将成为藏传密宗的发扬光大者。

藏传佛教宁玛派也是很重视藏传密宗的一大宗派，历史上出现过许多宁玛派密宗大师，他们为继承和发展藏传密宗曾做出过巨大贡献。目前，宁玛派寺院也可谓遍布整个藏族地区，其著名寺院主要分布在西藏和四川地区。在西藏主要有山南地区扎囊县境内的桑耶寺和敏珠林寺，以及位于雅鲁藏布江北岸的昌果乡境内的多杰扎寺；在四川主要有甘孜州白玉县境内的噶托寺和白玉寺，以及位于甘孜州德格县境内的佐勤寺，这三座寺号称康区宁玛派“三足鼎立”之寺院。

目前，藏传密宗除了在西藏、青海、甘肃、四川、云南等藏族地区盛行之外，还传播到内蒙、新疆、山西、河北、北京等部分内地省市地区。特别是山西五台山的藏传密宗佛塔及其修行洞、河北承德的外八庙、北京的藏传密宗寺院雍和宫以及西黄寺内的中国藏语系高级佛学院，这些藏传密宗的圣地或寺院，每天都在迎接国内外的众多观光旅游者，其中还有不少国内慕名前来皈依或学习藏传密宗的人士或信仰者。通过这些人士的传媒作用和藏传密宗本身的独特魅力,藏传密宗已在我国内地产生较大影响,有不少的崇奉者、研究者。由此可知,藏传密宗在中国内地有着广阔的发展前景。

藏传密宗在国外也有一定的传布,比如蒙古、尼泊尔、不丹、锡金、印度、拉达克,以及欧美的不少国家都有传播藏传密宗的寺院,而且藏传密宗在这些国家或地区还具有一定的影响力。值得特别指出的是藏传密宗以东方人特有的思维方式和神秘功法,已进入一向崇尚科学技术的西方社会,并在那里占据了一席之地。比如有一位取藏名为贡桑的比利时人,曾在印度大吉岭的一座宁玛派寺院里学习宁玛派教法,学成后于 1972 年在比利时的布鲁塞尔市创建了一座宁玛派金刚学院;于 1973 年又在布鲁塞尔市兴建欧洲第一座宁玛派寺院邬金贡桑曲林,后来在希腊雅典创立一座宁玛派寺院。在美国,有一位名叫塔唐的宁玛派活佛于 1969 年在美国加州柏克莱大学附近的山坡上兴建了一座宁玛派坐禅中心。这些学院或寺庙都以传授藏传密宗及其特异静功为主要特色,向对藏传密宗感兴趣或具有强烈信仰心的西方人士,全面灌输藏传密宗中比较简单方便的实践功法。

除了上述宁玛派外,藏传佛教其他教派都在西方社会也建有自己的活动中心,并有着各自的不同程度的影响。例如在美洲有一位名叫创巴的噶举派人士在美国佛蒙特州设立了一个噶举派的坐禅中心。这个中心原先称"虎尾坐禅中心",后又改名为"噶玛噶举佛法中心",据说,这一名称是由噶玛噶举黑帽系第十六世活佛日必多杰更改的。另外,萨迦派也在美国的西海岸湾西雅图和纽约,以及英国、法国都设有自己的传教中心。这些宗教活动中心仍然依靠藏传密宗的魅力扩大自己在异国他乡的宗教势力或影响。其次,藏传佛教诸多宗派在西方社会争得各自生存发展的空间之后,格鲁派也不甘示弱,纷纷进军西方社会。目前。格鲁派在欧美特别在美国社会有很大的宗教势力。

第三章 藏密四级独立门户之金刚大法

藏传密宗系统,可分为四大门类,即所谓四级独立门户之金刚大法,这在藏传密宗经典中称为四部或四续:即事续、行续、瑜伽续和无上瑜伽续。藏传密宗之所以分为四大类或四续,其主要目的在于使每位修行者都能够循序渐进、由浅入深,以至于成就佛果。在此值得说明的是,四续在其内部又自成体系、各立门户,故可按修习者的理论水平或根器条件选修其中适合自己的一门,无须一一逐级全部修习。

一、外境动功

外境动功,是藏传密宗中以外境修行为主的一种法门或一种功法,在藏传密宗经典中则称为"事续",它是藏传密宗四大金刚法门之一。就具体而言,凡是举行藏传密宗仪式时表现于外在的形象动作都属于事续范畴,即包括诵持陀罗尼、印契法、观佛、供养诸尊等密法威仪。

实际上,事续部是一门重于事相的密法,其修行方法或步骤相当复杂、严格。比如事续中作为前行的四支念诵静虑内就分四个步骤进行:第一,先于房中所修;第二,出外沐浴入佛堂;第三,著衣入座加持供物;第四,守护自身及其处所。

首先谈谈第一步先于房中所修,这是一种在房内或静修处修行的仪轨,每日需要几次打坐,每次打坐开始时,按选好的三部(佛部、莲花部和金刚部)中之一部,先手结该部三昧耶印,同时口诵密咒。一般而言,先将两手平仰略屈二食指,并置于自己的头顶之上,口诵:“嗡达塔迦达邬跋瓦耶娑诃”(ཨོཾ་ཏ་ཐཱ་ག་ཏ་ཨུདྦྷ་ཝ་ཡེ་སྭཱ་ཧཱ།);又合掌如莲花开敷之状,将双手置于心间,口诵:“嗡贝嘛邬跋瓦耶娑诃”(ཨོཾ་པདྨ་ཨུདྦྷ་ཝ་ཡེ་སྭཱ་ཧཱ།);又两手相背着,二大指二小指相钩,将双手置于脐间,口诵:“嗡班扎邬跋瓦耶娑诃”(ཨོཾ་བཛྲ་ཨུདྦྷ་ཝ་ཡེ་སྭཱ་ཧཱ།)。这里需要说明的是,佛部、莲花部、金刚部,即三部各自的印契和咒语,主要由各部的本尊神来分别,如尊胜等为佛部,观自在等为莲花部,金刚摧坏等为金刚部。

之后,修行者向十方一切诸佛,以诵咒表示礼敬,其咒语是“嗡萨瓦达塔迦达迦雅瓦迦即达班扎般拏梅那萨瓦达塔迦达班扎跋答奔答南迦热弥”(ཨོཾ་སརྦ་ཏ་ཐཱ་ག་ཏ་ཀཱ་ཡ་ཀ་ཙིཏྟ་བཛྲ་པྲ་ཎ་མེ་ན་སརྦ་ཏ་ཐཱ་ག་ཏ་བཛྲ་པཱ་ད་བནྡ་ཀ་རོ་མི།)。修行者向十方一切诸佛诵咒表示礼敬完毕之后,紧接着向十方一切诸佛念诵供养自身的誓言:“十万一切诸佛菩萨,我今乃至未证菩提,一切时中毕竟供养,维愿诸佛诸大菩萨哀愍纳受,赐我无上悉地。”其次,修行者念诵归依和发菩提心之誓言:“乃至证菩提,归依佛法僧,为办自他利,我发菩提心,谨请住十方,诸佛菩提听,我为大菩提,今发菩提心。”然后用忿怒无障明王之咒语和印契来守护自己,其印契是两手诸指互握成拳,二手小指并竖,二食指端相着,二大指按其侧;其咒语为:“嗡班札卓答摩诃跋罗诃那答诃跋札毗朵那萨邬促沙摩卓答吽帕”(ཨོཾ་བཛྲ་ཀྲོ་དྷ་མ་ཧཱ་བ་ལ་ཧ་ན་ད་ཧ་པ་ཙ་བི་དྷྭཾ་ས་ཡ་ཨུཥྞཱི་ཥ་ཀྲོ་དྷ་ཧཱུཾ་ཕཊ།)。修行者无论在饮食还是在大小便,都以这种咒语和印契来守护自己。

然后,修行者在自己的犹如月亮的心间上观想毗卢遮那佛之自性“嘛’(མ་)字,在自己的头顶上观想不动佛之自性“哈”(ཧ་)字,这二字皆有火焰围绕。同时,念诵咒语:“嗡娑跋瓦虚答萨跋答嘛萨跋瓦虚朵杭”(ཨོཾ་སྭ་བྷཱ་ཝ་ཤུདྡྷ་སརྦ་དྷ་རྨཱ་སྭ་བྷཱ་ཝ་ཤུད་དྷོ་ཧཾ།)。修行者以此清净自性。之后,修行者可以从修行房内出来,嚼齿木等,还要清扫佛堂。至此第一阶段便结束了。

第二,出外沐浴入佛堂。首先找一条既没众人又无畏惧的十分平静的河流,修行者在河中将两手手指向外交叉钩合。二手食指并竖,二大指置食指之前,以这种印契触净土。念诵“嗡尼喀那瓦苏得娑哈”(ཨོཾ་ནི་ཁ་ན་བ་སུ་དེ་སྭཱ་ཧཱ།)咒语的同时取土并分为三份,然后念诵七遍“嗡班札哈热吽”(ཨོཾ་བཛྲ་ཧ་ར་ཧཱུྃ།)咒土的咒语之后取土一份,并将自己的身体入水中至没脐处,用毛巾洗浴。取土第二份,洗手的同时还要诵咒。取第三份土右绕向日而涂身,同样要诵咒。念诵“嗡热得热得布答雅娑哈”(ཨོཾ་ར་ཏེ་ར་ཏེ་བུདྡྷ་ཡ་སྭཱ་ཧཱ།)咒语的同时撒三掬水表示供养三宝;再诵“嗡阿弥得吽帕”(ཨོཾ་ཨ་མྲི་ཏེ་ཧཱུྃ་ཕཊ།)咒语,同时注三掬水自灌头顶,表示奉请本尊住莲花之上。之后,在水中念诵咒语二十一遍,便入佛堂。进佛堂前,必须净洗双足。至佛堂就位后,以观想礼敬本尊神,并诵入三昧耶咒:“嗡毗热札毗热札嘛哈跋札,萨达萨达萨热达萨热得,札耶札耶布答嘛呢桑巴那札尼答热嘛得桑达阿哲当娑哈”(ཨོཾ་བི་ར་ཛ་བི་ར་ཛ་མ་ཧཱ་བཛྲ། ས་ཏས་ཏ་ས་ར་ཏ་ས་ར་ཏེ། ཏྲ་ཡི་ཏྲ་ཡི་བིདྡྷ་མ་ནི་སཾ་བྷཉྫ་ན་ཛ་ནི་ཏ་ར་མ་ཏི་སིདྡྷ་ཨ་གྲེ་ཏྲཾ་སྭཱ་ཧཱ།)。

第三,着衣入座加持供物。修行者以香水注于掌中,同时念诵三部心咒加持。之后将香水洒在自己的头顶上,以表除诸污秽。以甘露瓶真言加持,又把香水洒于茅草等座上。然后修行者在其座位上结吉祥坐或莲花坐或金刚坐。诵咒百遍,便用红绫或红布作顶髻;念诵咒衣之后,将袈裟披于身上。

第四,守护自身及处所。修行者将两手中指与无名指互结如环,指端相触,小指和食指并竖,大指作橛状触地,这是所谓的撅印,表示忿怒金刚橛。它是用来守护自身及处所。将橛印二大指向上竖立,成为墙印,念诵“那摩热那札雅,那嘛珍札班札巴那耶,嘛哈雅嘎塞那巴达耶，达雅他，嗡萨热萨热跋札札嘎热吽帕。”（ན་མོ་རཏྣ་ཏྲ་ཡཱ། ན་མཙྪཎྜ་བཛྲ་པཱ་ཎ་ཡེ། མ་ཧཱ་ཡཀྴ་སེ་ན་པ་ཏ་ཡེ། ཏ་དྱ་ཐཱ། ཨོཾ་ས་ར་ས་ར་བཛྲ་པྲ་ཀ་ར་ཧཱུྃ་ཕཊ།），同时观想自己由金刚墙围绕，没有任何空隙。①

以上列举只是事续繁杂多样的仪轨中的一小部分，通过这一小部分的介绍，我们对事续的内容和形式有个大致的了解。由于篇幅所限，不可能将事续中的所有仪轨都一一叙述。因此，在此根据克主杰大师（1385—1438 年）所著《密宗道次第论》，对事续的整个框架或结构作简要介绍。

《密宗道次第论》将事续分为差别、灌顶、受戒和修道四个方面。第一个方面即差别中又分为各部差别和总事续两个部分，而各部差别包括世间部和出世间部。

世间部又分为三个部分：

A. **有财部，其主尊神为黄色藏拔罗**

B. **药叉部，其主尊神为梅喀雷**

C. **其余世间部，其主尊神为劫比罗**

以上世间部的各部及其主神都在密宗仪轨中需要供奉，以此来防御世间诸邪魔的侵扰。

出世间部也分为三个部分：

A. **佛部（或如来佛部）** 各部又有部尊、部主、部妃以及明王、使者等不少神佛。如佛部中的部尊为释迦牟尼佛，部主为曼殊室利，部妃有光明天女和五种天女（即摧坏大千、大孔雀、大随求、寒林、摄受密咒天女），部顶为尊胜佛顶、无垢佛顶及白伞盖，男女明王为尊胜明王、琰魔王、准提及幢顶庄严，男女使者为多子、贤门和摧伏恶人，菩萨为八大菩萨（即文殊、普贤、观世音、弥勒等）。

---

① 详见宗喀巴大师（1357—1419 年）所著《密宗道次第广论》。

B. **莲花部**

部尊——无量寿佛

部主——观世音、不空羂索及观音狮子吼

部妃——一切佛母及度母

男女明王——马头明王及叶依山林母

男女使者——不退大力及大吉祥

C. **金刚部**

部尊——阿閦佛

部主——金刚手

部妃——焰燃母

男女明王——甘露军荼利

男女使者——大力、金刚纯、金刚嘴、金刚霹雳

以上各部及其诸多神佛则为修行者在修炼密宗时可选择和观想的对象,即密宗坛城中出现的神佛。

差别中之总事续可分为四个续:

A. **秘密总续**　此续广泛地讲说佛说一切曼陀罗,为灌顶等修行未成熟者,给予成熟之方便。

B. **苏悉地续**　此续广泛地讲说苏悉地明之辟魔等业,分述修明咒仪轨、修事业成就法、防护法及应守之三昧等。

C. **妙臂问续**　妙臂者,是金刚手的儿子,为一生补处之菩萨。此续简略地讲说秘密总续未涉及到的曼陀罗和苏悉地续未涉及到的修明咒法;较广泛地讲说修息灾、增益、爱敬、降伏等四事业之成就法。

D. **后静虑续**　此续是金刚顶髻大续中的一段,内容讲说十事。十事依次为:

(1)修行处所之相

(2)我之真实

(3)明咒之真实

(4)天之真实

(5)住火静虑

(6)住声之静虑

(7)声后授解脱之静虑

(8)趣入修明咒之仪轨

(9)护摩仪轨

(10)灌顶仪轨

其中(2)至(4),又可称为“三真实”。详见后列四支念诵法;(5)至(7),又可称为“三静虑”。为事、行二续修事业的正行;(8)为明正行前的加行法以及完成时的结行法。实际上上述十事即是修行的内容,又是修行的方法,它是事续修行的主体。

事续中的第二个方面为灌顶,灌顶有许多种类,在事续中主要讲明灌顶,列表如下:

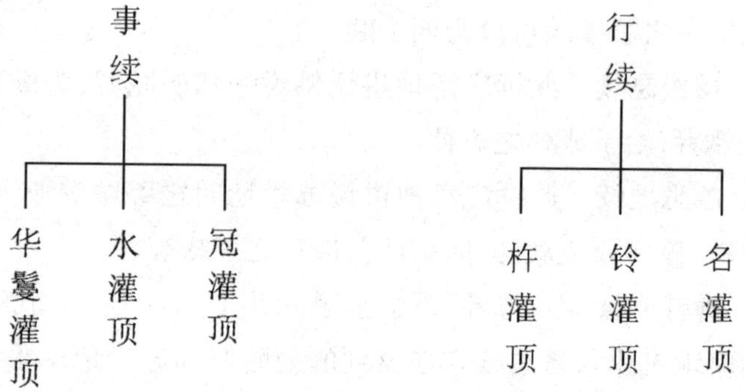

- 阿阇黎灌顶
  - 先受三昧耶
  - 五明灌顶
  - 大三昧耶
    - 杵三昧耶 —— 授杵执持
    - 铃三昧耶 —— 授铃执持
    - 印三昧耶 —— 授明妃令修乐空

（附）沙嚩日巴所传事续灌顶次第

- 修地法
- 加行法
- 华鬘灌顶
- 水灌顶
- 冠灌顶
- 授记
- 庆慰
- 随许

事续和行续在许多方面，特别在灌顶方面有不少共同之处。灌顶作为一种特殊的密宗仪轨，在藏传密宗中起到极其重要的作用。比如密教修行者经过上师的灌顶之后，才能进入密教的初级修行阶段。

事续中的第三个方面为受戒。明灌顶之后，次为明受戒。受戒为二：即共与不共戒。先将共戒列表如下：

- 共戒
  - 前行
    - 先传皈依
    - 次传愿心
    - 再传行心
    - 唯为灌五明灌顶
  - 戒律
    - 断十不善之戒
    - 护五学处邬波索迦戒
    - 近圆别解脱戒
    - 菩萨戒
    - 密咒十四根本罪

上列共戒中的前行和戒律二者，为事、行两续灌顶所必须具备的条件。

至于不共戒，是为五部所摄戒，即为灌金刚阿阇梨以上三种灌顶之时所具备的条件。

事续中之第四个方面为修道，其内部又分为三种：

A. 有念诵静虑，即四支念诵，其内又分述加行、正行、结行三种。

加行，即先修四事：(1)诵总结部之咒印；(2)顶礼十方一切诸佛菩萨，供养自身；(3)皈依发心；(4)以咒印守护，次往室外清洁等毕，还入室中，着诸法衣，安住本座，加持供物，守护自身及处所等。这里所指的先修四事已在前面作过详细介绍。

正行，又分为四：(1)修自生起；(2)修前生起；(3)四支念诵；(4)念诵法。

结行，先供奉本尊，念诵完毕，以数珠置其前；其次，要做祈祷忍恕及奉送等法事，渐渐进入正修。

B. 不持念诵静虑，又分三：

住火静虑、住声静虑和声后能给予解脱静虑。其内容较广，在此因篇幅所限不详述。

C. 善承事已修悉地法，是修益智延寿等的法门，内容包括息灾、增益及降伏等法。次第是先当承事，次仍作业。这也是藏密中的四续（事、行、瑜伽、无上瑜伽）都通用的规则。

二、内外相透

内外相透，是藏传密宗中以内外修行并重的一种法门或一种功法，在藏传密宗经典中则称为“行续”，它是藏传密宗四大金刚法门之一。具体而言，内外相透，即行续是一种以内心与外表行动相一致为主要特色的修炼法门，密教《大日经》为其重要理论依据。

根据《密宗道次第论》，行续分为显宗经典之差别和修道次第两个方面。

显宗经典之差别，是一切行续的主要理论依据，据说是毗卢遮那现证的菩提经。也就是说释迦牟尼佛的圆满报身毗卢遮那佛，在华藏庄严世界，究竟天厚严宫所说的重要佛法，则为行续的经典。

修道之次第分为四个阶段：

第一阶段，为成修道之器而举行灌顶。其意思是指修行者为真正成为修炼密法的合法人士而要接受严格的灌顶仪式。即修行者在大悲藏等曼陀罗（坛城）中获得灌顶而成为修道之器（符合条件的修行者）。

第二阶段,成道之器已净三昧耶及律仪。也就是说修行者经过灌顶成为修道之器以后,就要遵循密宗中制定的各种戒律,并努力修炼、清净自身。这一阶段基本上与前述事续相同。

第三阶段,住三昧耶先修承事。这一阶段包括有相瑜伽和无相瑜伽的修炼。有相瑜伽是指未修空性摄持之本尊瑜伽者;无相瑜伽是指有修空性摄持之本尊瑜伽者。也就是说有相者是离修空性之本尊念诵,无相者是兼修空性之本尊念诵。由有相者成办有相,由无相者也能成办有相。总之,修空性瑜伽也能成就佛果。

第四阶段,善承事已修成就(诸悉地)。这一阶段或依凭刀剑等外物,修持明剑仙等密法;或依靠内身诸处,修炼地、水、火、风等轮(功法),并作息灾、增益等事业法;或修曼殊室利(妙吉祥)等法。这种修炼使修行者还会获得菩萨的自行摩顶授记。

总而言之,行续部以菩提心为因,大悲为根本,方便为究竟,同时以随机的方便普度一切众生。行续中主要有以上列表中之铃、杵、名等灌顶和多种誓言。

三、阴阳双运

阴阳双运,是藏传密宗中以内瑜伽为主的一种法门或一种功法,其中包括方便瑜伽和智慧瑜伽,在藏传密宗经典中则称为"瑜伽续",它是藏传密宗四大金刚法门之一。具体而言,瑜伽续以配合行续的方便为究竟而融摄世俗,以如来作在家相的大日为中心,以金刚手为其护翼,主修内心方便瑜伽,或以修能知能证深广胜二谛和合相应无二之定为主。瑜伽续以《金刚经》和《理趣经》为代表法典,以内心观想为重,对密宗瑜伽功法作更进一步的深入修炼。

根据《密宗道次第论》,瑜伽续中有根本经和学道之次第。根本经中主要讲说修世出世成就之共方便,其中又分四品:

A. **金刚界品**——显示如来及如来种性之道;

B. **降三世品**——显示金刚种性，即不动部；

C. **遍调伏品**——显示莲花种性，即弥陀部；

D. **义成就品**——显示成满有情欲乐之宝种性，即宝生部。

学道之次第，又分为五点：

A. **四印之训释**：印定谓不可违越义。修本尊法，须四印印定，即不可违越彼修法。

B. **差别**：有大印、三昧耶印、法印、业印四类；又有所治根本印、能治道印、治已果印三种。

C. **次第**：观起三昧耶尊，入以智慧尊者，乃印四印。

D. **印定之所为及胜利**：所为之主要，即将凡庸之身语意事，变为佛陀之身语意事。

E. **如何印定之相**：此有生印之因、印之自性结法、成就之因、成就自在之因。

至于出生之因者，经说一切三昧耶印，皆从金刚缚出生。结毗卢遮那三昧耶印，诵咒，依此召入博爱，自与智尊成无分别，而住无二体之慢，为印之自性及结法。缘彼心一境性，诵三总咒及三别咒；缘彼久住，是成印之因。次以正理分析自内蕴等皆空，而修习之，是成就自在之因。

总之，瑜伽续是一种较高层次密法，其修行者需要多种灌顶，其中主要灌顶为金刚阿阇梨灌顶。在修行方法上，瑜伽续已经运用了瑜伽中的方便和智慧的功能，方便的特性是慈悲，智慧的特性是空性，方便为瑜伽中之父续，而智慧为瑜伽中之母续。因此，仅从修行方法的角度看，瑜伽续又可称为阴阳双运之瑜伽。

四、圆融无分别

圆融无分别，是藏传密宗中主要依凭两性结合来修炼的一种高层次的瑜伽，即实践瑜伽，其中包括无二瑜伽、智慧瑜伽母和方便瑜伽父。实际上这种瑜伽只是基础性的修炼方法，如果真正达到无上瑜伽的成就（或悉地），瑜伽本身就被看作表面化的庄严，而失去内在作用。圆融无分别在藏传密宗经典中则称为“无上瑜伽续”（或大瑜伽续），它是藏传密宗四大金刚法门之一，也是藏传密宗所独有的一种高级密法。

由于无上瑜伽都是修行者自己的经验和灵感，所以，有关这方面的著述有诸多分歧，从而产生诸多流派。

无上瑜伽续，由于其理论深奥、实践修习又独树一帜，因此，外人对此有诸多猜测或误解。现根据《密宗道次第论》，对其作尽可能的说明。

无上瑜伽续大致上可分为二续之分别和主我之分别两大部分。

A. **二续之分别**。主要从理论上分别瑜伽续和瑜伽母续。比如以无上瑜伽续来分别，《律仪生经》、《金刚鬘经》、《佛顶经》等，可分为瑜伽续和瑜伽母续；《时轮经》等，可分为方便续和般若续；《金刚心庄严经》等，可分为空行父续和空行母续。

以上诸续，归纳起来只有二大类或二续。比如，瑜伽续、方便续、空行父续等都是义同而名异；而瑜伽母续、般若续、空行母续等，也同样是同义异名。

B. **主我之分别**，又分为三个方面进行叙述：

1. 破除他宗。在无上瑜伽续中有父续、母续和无二续三种分类，即三续。其分辨方法，凡是在序中以“如是我闻”起首的经典，几乎全都属于父续，如《集密经》。凡是在序中以“最胜密欢喜”起首的经典，一定是母续，如《胜乐经》。其根本续（欢喜金刚之根本续）第二会中，有“如是我闻”，不共之释续金刚鬘中，有“最胜密欢喜”；共同释续三补札中，具有“如是我闻”与“最胜密欢喜”，故为无二之续。

由所诠义之差别，别分三续中，有以生起次第之差别、以圆满次第之差别、以随行清净之差别。初者，以无上续为所别事，若曼陀罗,凡五如来现天女相,或以天女为其正尊,或眷属中天女数众者,即是母续。若曼陀罗,凡五如来现天子相,或以天子而为正尊,或眷多是天子者,即立为父续。

2. 安立自宗。无上瑜伽续中,方便智慧无二续之“方便”,与父续为方便续之“方便”,二者名称虽同,其意义不同。同样,二中单分之“智慧”,与母续为智慧续之“智慧”,二者名称虽同,其意义也截然不同。二者中单独分出的方便,称为大乐俱生;智慧者,称为通达一切诸法无自性智。所以,凡是无上续,定以如是方便智慧无别为所诠义。以如是之方便智慧,不能安立为父续、母续。

若父续与方便续义同之方便,及母续与慧续义同之慧,其义为何?根据金刚鬘第十品:“诸眷属等白大师言:世尊瑜伽母续之名,云何而转。持金刚告曰:般若度方便,此谓瑜伽母,大印善和合,转入真实故,名瑜伽母续。”称大印为此中大乐俱生智,由转入真实门中,而善和合,如是乐空无分别之和合,说名瑜伽母者谓二身之中,法身不共之同类因。以是显品方便分,与空品慧分,二中之空品慧分,所以名曰母。由以如是空品慧分之乐空无分别智,为正所诠。如是诠母续,若父续者,如空行海经云:“瑜伽续王中,知彼之执别,光明幻幻身,我为世间说。”其意义是金刚持说:明相增长,证得光明,顺规生起,逆规起时,从四空智,所乘五色光息,修幻身之法等,由如实了知彼彼轨则之差别,从光明定,起幻身之法。二身之中,色身不共之同类因。以是显品方便分之乐空无分别智,为父续之所诠。

如《集密经》,是正父续;如《黑红阎曼德迦经》、《毗卢遮那幻纲经》、《金刚心庄严经》等,是父续类摄之续。胜乐欢喜金刚、时轮、幻顶座、大印点、佛平等和合等,是为母续。父续集密为上,母续胜乐为上。如集密经广说之生起次第、圆满次第及事业等,诸余父续,皆未说故。如胜乐经广说之生起圆满及事业等,诸余母续,皆未说故。

3. 修所诠义。包括以下四个方面:

①能成熟之灌顶续，告诉在趣入金刚乘不共道之前，定须灌顶，所以，这是道之初道。其中又分为三：

1）于何灌顶曼陀罗之相，告诉在灌顶前，先须令弟子入曼陀罗；所入之曼陀罗，决定为彩土曼陀罗、布绘曼陀罗、静虑曼陀罗、身曼陀罗四种。

2）由谁灌顶金刚阿阇黎之相，如事师五十颂云："坚固调具慧"等，就是说要达内外十种真实，善巧显密诸经论等，特如颂云："善摧根本罪"，说明从最初未犯根本罪，或没曾犯，然由自入曼陀罗等，还得威仪。以为弟子灌顶之时，须具密咒律仪，为他灌顶，否则弟子不能获得灌顶，以彼身中无能发生咒道之基，故俱欺自他。

3）师于曼陀罗如何为弟子灌顶之法，分为"于彩土坛"、"于布绘坛"、"于身曼陀罗"灌顶之法三者。而"于彩土坛灌顶之法"又分为：绘曼陀罗法、修曼陀罗法、修已灌顶之法。

②成熟不退护三昧耶及律仪续，谓建立律仪及三昧耶，最为重要，以得真实后，即须善解十四根本堕罪、八种粗罪等，诸本支罪相，相续依止正念正知，于根本罪，舍命防护。设犯支分诸粗罪等，也须各各依还净法，善为还净，不共经夜。

可见，未令入坛，未示诸尊者，虽灌上顶，但不可为得灌顶之数。如果不是这样，即传秘密灌顶。阿阇黎身中若有密戒，犯根本罪，即可要舍弃密戒。假若是灌顶的阿阇黎，虽修密道获得悉地，但根据经中所说，死后当要堕入地狱。所以，在这一方面应特别慎重。

假若是已经得到圆满灌顶，必须如理守护三昧耶及律仪，若犯粗等小罪，当无间忏悔。若犯根本重罪，当自入坛等，仍令还净。

③正修自体起满续，全称"正修自体生起圆满次第"，此讲如是善护三昧耶，及律仪之补特伽罗，其所修道生起、圆满二种决定。由是因缘，修生起次第及诸支分，即是完备能成熟道。次修圆满次第及诸支分，即是完备能解脱道。

生起、圆满二法，皆须以生、死、中有，为所净事，而修诸道。故天竺(印度)智者论中皆说:“是依瞻部洲人胎生,具六界者”。即以正理也善成立。生起次第之训释,谓由是分别假设,或以内心假想生起所修次第,所以立彼名。圆满次第者,谓不观待分别假立,直缘自身生时,已有脉息空点,为念诸息入住融化于中脉故所修次第,故名为圆满次第。

④近因行续。在克主杰大师的《密宗道次第论》中略而未谈。但根据宗喀巴大师的名著《密宗道次第广论》卷六“无上瑜伽部”之“摄道之总聚”中记载:无上瑜伽部道次第,依集智金刚续讲,有贪乘人成佛之理,摄为四聚:续、因缘、训释、近因。这种释义如同《菩提道炬论》云:“以贪法理趣,证义故宣说,能生五部佛,说名为相续。后合为一部,说名为因缘。执持金刚等,是说名训释。喜等诸正行,当知说为因。”此以离欲乘人,欲界成佛四相为喻,而说明有贪乘人一生成佛的四相。

上述四大法门本代表密教仪式发展的四个阶段,藏传密宗将四大法门合成一种体系。而且藏传佛教各教派几乎全以无上瑜伽部的各项教授作为最高级的修习法门。

以上所述是根据藏传密宗权威名著《密宗道次第论》,对藏密四大金刚法门所作的理论性概说。但由于藏传密宗理论深奥、术语连篇,加之,藏密是一种重于实践的宗教,许多东西只可意会而不可言传,为了藏密的正确性和严肃性,以防以误传误,笔者没有做过多的解释,使其保持了原文的风格,这样一来,非专业的一般人就不可能轻而易举便能完全理解或掌握。然而,藏传密宗的所有密法、神功都是依凭这四大理论性法门而独自发挥、各显神通的。所以,欲想从较深层次去掌握或修炼藏密功法,就意味着对以上四大法门应有所了解。

总之,佛教的中心问题是如何净除一切苦痛的根源,即烦恼,以及获得解脱圆满的觉位,即涅槃或菩提。而藏传密宗作为佛教的一大宗派,其事相和观法等虽然是五花八门、眼花缭乱,但其根本原理仍是建在认取烦恼(即菩提)、即身是佛和即心是佛的“果位圆成见”上的。从这一角度去观察,藏传密宗也没有什么值得大惊小怪的秘密之处。如果对藏传密宗持有偏见或疑虑,可通过对宗喀巴的《密宗道次第广论》和克主杰的《密宗道次第论》等藏传密宗权威著作的认真阅读或细心理解可窥见其庐山真面目。

第四章 藏密三位一体之秘密修持法

藏传密宗认为人体本来就有许多奥秘和潜能，只要通过各种密宗法门的不懈修炼，就可以使每位修行者发挥自身的潜能，迅速达到天人合一，进而即身成佛，也就是说通过修炼可以成为具有大智大慧超功能的人。因为藏传密宗在解释人体的奥秘、发挥人体的潜能，以及强体健身方面具有自己独到的见解和方法。在具体的修炼方法上，藏传密宗尤其强调“三密（身、语、意）加持”或“三密为用”的修炼方法。人们如果依法修习“三密加持”，即修行者手结印契（特定的手势和坐法，即身密），口诵本尊真言（咒语，即语密），心观本尊神（佛），就能使自已的身、语、意“三业”清净，与本尊佛的身、语、意相应，即身成佛。这在整个佛教实践中是一种速成法，对广大修行者来说，具有很强的吸引力，因为这种密法使修行者不需经累世修行，即可“成就圆满”，而达到“即身成佛”的最高境界。

因为佛教密宗自称是受到法身佛大日如来的亲自传授，为深奥秘密真实言教之最高大法。其教义理论概括为“六大为体”、“五佛五智”、“四曼为相”、“三密加持”等。其中“三密加持”在整个佛教中是一种透过身、语、意三者，达到不可思议境界（即身成佛）的特殊秘密法门，它在藏传密宗中则成为基础性的支柱法门。由此可见，佛教实践修行中密宗比显宗更能吸引人的因素，就在于通过

"三密加持"得到"即身成佛"的效应。佛教显宗的任何派别,其修持方法除了采用禅定止观法门作为凭借以外,其余教义学说大体上依靠智慧和思维而得到,这样,使人感到难穷边际,更没有绝对把握。而佛教密宗则不然,它有"三密"作为理论依据,重于实践,修法具体,使修行者容易快速成就佛果,而且其修习方法多种多样,以几乎有求必应、无所不能的姿态出现,在当今世界赢得不少人的修习或信仰。仅从这一角度看,藏传密宗是一种在教理与实践中把神秘主义和象征主义表面化的佛教支派。

下面针对藏传密宗的三位一体之秘密修持法,即身、语、意三密从理论到实践作一具体介绍。

一、身　密

身密为藏传密宗"三密"之一。其主要特性则是"手印",即手结印契。手印,简单说来就是指两手手指相互交叉挽成各种各样的形状。手印历史悠久,但开创者不是佛教密宗,而早在古印度的婆罗门教中就已流行,后来才被佛教密宗吸收并得到空前发展。

目前,藏传密宗的手印种类繁多,可谓数以千计,而且每一种手印都有特别的内涵。北京燕山出版社 1991 年出版的《佛教造像手印》一书中,就收集记载着 387 种形状、名称各异的手印。在此不一一列举,如有兴趣者请详见《佛教造像手印》一书。这么多种手印,从整个身密来说,只是其中的部分而非全部手印。不过,这 387 种手印已足够我们以蠡测海了。另外,就一般读者看来,其中有些手印的名称是重复的,但其实只是名同而形不同。

身密作为一种神秘功法,它的最终成就主要通过结手印、坐势,以及修气、修脉、修明点和拙火等修持方法来达到或实现。

就一般而言,身密的修持以手印为主。也就是说,通过人的手掌和十个指头,结合各种不同的手印,并配合想象的意念,形成某一修法。如此，对外则与宇宙本体的功能相通，对内则与五脏六腑相通。进而，最终能与法界已经成就的诸佛菩萨的身密气息互相感应，同时自身也就贯通诸佛菩萨的神奇功能。为此，有人提出：手印像天线，人体像是收音机。这说明了人的手印可以沟通人体与大自然的关系。实际上，身密中的手印的运用，涉及人体光学、电学的奥秘，有待科学的进一步发展来加以研究解释。

藏传密宗认为，人的右手代表佛陀，左手代表众生，合掌的手印表示佛陀与众生结为一体。而合掌是藏传密宗手印中最基本、最简单的一种手印，另外，如以双手十指做成火形、莲花形等的手印，也有将双手十指相交重叠表示或象征各种物的手印等等。值得说明的是，藏传密宗手印虽然种类繁多，但每个特定的手印都有自己的功能和名称，如左右手掌心朝上，右掌放在左掌上，拇指相接，这一手印称为“弥陀印”；又如左右手掌心朝目，左掌放在右掌上，这一手印叫“十方诸佛印”等等。

身密除了结手印外，还有各种坐势。坐势也如同手印似的种类繁多。比如，站、坐、卧等样样俱全。其中藏传密宗特别重视坐式，即跏趺坐。跏趺坐大体上又可分为全跏趺坐和半跏趺坐两种姿势。

全跏趺坐，俗称天盘座、双盘膝、金盘等，它的特点是将两足脚背分搭于左右大腿之上。全跏趺坐又有所谓“吉祥坐”和“降魔坐”两种，如先以右足搭左股，次以左足搭右股，这种坐势叫“降魔坐”；先以左足搭右股，次以右足搭左股，这种坐势叫“吉祥坐”。

半跏趺坐，俗称单盘膝、银盘等，其特点为将左足压在右股下，右足加到左股上，右掌放在左掌上；或将右足压在左股上，左足加到右股上，将左掌放在右掌上。

全跏趺坐由于底盘巩固，上体虚灵，健身效果好，但难度较大，初学时不易上坐，片刻即感踝、膝关节酸疼，腿部麻木，年老体弱者似不易掌握。为此，初学者先以“人盘坐”开始练习。“人盘坐”是一种以两腿交叉成人字形的自然盘膝坐法，待这种坐法习惯巩固后，可接练“地盘坐”，即半跏趺坐，待半跏趺坐有了一定的基础之后，再练全跏趺坐。修炼全跏趺坐时，要求身体平直，脊柱不要弯曲，也就是说身体要自然安稳地端正而坐，因为身正则气正，气正则心平。两耳听而不闻，轻闭口，微闭目，面带笑容。这样使全身筋骨舒展。

此外，身密还有气、脉、明点等修持方法。藏传密宗认为人体内有二千七百条“灵热”流通之脉，而“灵热”为保持生命之气（或风）。根据宗喀巴的《密宗道次第广论》，人体内共有七万二千条脉，其中主要的有一百二十条，特别重要者有二十四条，最切要者有三条，即中脉、左脉和右脉，以“三脉”著称。三脉中又以中脉为人体“灵热”通过的主要脉道，是最为关键的一脉。

中脉位于人身体正中，说是在人的脊髓中间，形成一个拇指粗的直管，内为红色，外为白色，又说其颜色为蓝色，它由海底至头顶。海底指肛门前的一片三角地带，如果是女性的话，海底就是子宫。

左脉和右脉在中脉两旁，相距很近，与中脉平行，左脉是内外均为红色，下通至右睾丸。右脉内为红色，外为蓝色，下通至左睾丸。如果是女性左右二脉则下通子宫。左右二脉与中脉在海底轮、心轮、眉间轮会合，但三脉在平时不练功时，仅凭肉眼是看不见的，只有那些修炼藏密功法的人在静坐禅定时，才能看到三脉。

藏传密宗还有“三脉七轮”之见解，“三脉”已在上面述及，而七轮为海底轮、生殖轮、脐轮、心轮、喉轮、眉间轮和顶轮。海底轮在脊柱底处，即在生殖器与肛门之间，相当于会阴的位置。此轮为人体一切能量之中心，可以唤起灵火（即拙火）；生殖轮在生殖器的根部，相当于内会阴，主管卵巢、睾丸、前列腺、性腺等；脐轮在肚脐内，相当于下丹田处，主管胃、脾、肝、胰、肾上腺等；心轮在人的胸部内，相当于中丹田位置，主管心脏、肺脏、胸腺等；喉轮在内喉根处，主管甲状腺、扁桃腺、喉腺等；眉间轮在眉心稍上处的正后方脑内，主管脑下垂腺；顶轮在头顶的正当中，即百会穴处，主管松果腺，顶轮为以上六轮之总统帅，即总管人体所有脉轮，三脉都在此处会合，如拙火从海底轮升起，贯穿各脉轮，在顶轮会合，修炼者可得无比安乐。

藏传密宗认为气是人体各种潜能的总称，在人体中无处不在，气可表现为热、电磁力、光、能量。藏传密宗将气分为五类：命根气、上行气、下行气、平行气和遍行气。

命根气在胸部心轮，其颜色为黄色，主管呼吸，支撑生命；上行气在喉部或喉轮，其颜色为紫色，主管吞咽，还可分隔身体和灵性；下行气在海底轮，其颜色为橘红色，主管解毒、排泄；平行气在腹部或脐轮，主管消化和营养的输送；遍行气主要在生殖轮，遍及整个人体，其颜色为梅红色，主管营养的分解与吸收。

明点是人体生命能量的凝聚点，指精液、血液或内分泌物，在密宗经典中称作真精、真水。在宏观宇宙中存在明点，称为外明点；作为小宇宙的人体中存在明点，则叫作内明点。明点又是产生气的基地，在人体中明点主要在中脉之中。修炼明点是为进一步吸收外部宇宙中的能量，以便开发人体的功能。

脉、气、明点三者在人体中相互依存，不可分离。从藏传密宗的角度看，修炼脉、气、明点，其主要目的是唤醒沉睡在海底轮的灵能之热，从海底轮逐轮上升，最后在顶轮相会合，进入禅定状态。至此这种热能就像甘露一般散布全身各部，证得“心灵妙明”之大安乐境界。

二、语　密

语密为藏传密宗“三密”之一，这里的“语”意味着神咒的真言。所以，语密可以称之为声密、咒语，或真言等。其特点是能帮助人产生心的造化物并导致他们的变化，还存在有特殊的办法以将心集中于一些难以理解的观点之上。然而，大部分咒语是一连串的真言,没有本义或至少是没有大家可以根据咒语(真言)的安排而发现的意义。因此,念诵咒语,只需注重音声,不必究其意义。也就是说,用不着运用思维,只需坚定信念,专心致志地念诵,即可达到目的。咒语共包括三种至一百零八种真言,一般都要以三、七或一百零八的倍数来念诵。

至于咒语的神秘性,这是人类文化史上非常有趣,而且有案可查的事实,如在印度的古书《梵书》和《夜柔吠陀》等中都有无意义的咒语,像中国、印度、埃及、古巴比伦等具有悠久历史、灿烂文化的文明古国,都能追寻到咒语与其原始的语言、文字,有着十分密切的关系。甚至,还有人认为其历史重要性,也早在文字语言之前。但因为人类有了实用文字的进步之后,对于音声的研究,除了应用在文字语言的结构之外,便把有关音声的神秘部分,轻轻地留给巫师们作为巫术的神奇运用了。由此,咒语成了宗教的内容。尤其佛教的密宗,还比较有系统地保留了印度神秘咒语的传说,特别形成了“密教”的中心。

密教如此重视声音的神秘功能,难道声音本身真具有某种神秘作用吗?或许这是真的。综合东西两方的学问知识,人类的文化虽然有了上下五千年的历史成就,但对于声音的神秘功能,直至目前为止,仍然没有穷其究竟。古今中外所有的声音之学,也只是为了文字言语上的应用而加以研究,并未真能做到更进一步的探讨。在物理学上,虽然对“声学”如同“光学”似的,已经有了超过前人的成就,但是也只限定在传播人类文化、思想、情感等方面。而且最新的研究课题,已涉及对银河系统的音波的研究,但却没有人探讨声音与宇宙万物生命的联系。尽管如此,比较过去,进步还是有的,在人类的知识范围里,总算已经知道宇宙里还有许多人类用自己的耳朵绝对无法听见的声音存在。例如频率过高与频率太低的音波,人们就无法听到,这已是大家知道的事实。

对于声波的原理,《金刚瑜伽母拳法》[1]指出:声波的特点首先是具有穿透性,它的速度为每秒钟332米,固体、液体和气体都可以穿过。在遇到密度较大的障碍时,有折射性,根据不同的密度,相应改变它的传播方向。声波的速度与介质的性质和温度有关,当温度升高(或下降)一度时,则声速每秒增大(或减少)0.6米。

声波的辐射是带频率性的,频率高,能量就大。声压的大小,也反映出声调的大小,当声音超过某一最大值时,在耳中就会引起触痛感。根据声音的性质,通常分为噪音和乐音两种,噪音听起来很不舒服,往往使人血压升高,听觉受损。

根据声波的特点对疾病进行治疗,必须与气功的原理,如意念、呼吸、手法以及中医的迎随补泻之法,进行很好的结合,才能取得良好的效果。

因此,利用声波的穿透性、折射性,带动内气行走而达到意到、气到、声到,以意领气,以气催声,声气结合在一起,形成一种混合气流,可治疗疾病。这种疗法为藏密气功所特有,而不同于一般气功的单一性。

这种混合气流,因有很高的超声频率,故气流速度快,穿透性较强。又因气温的变化,其热传导的热能,极易从低温向高温转移,也增加了气流的流动性,所以都对医疗有较好的作用。

混合气流的密度较大,声气结合,排出的浊气较多,相应的能保持一定的清气,减少耗氧量,所以,在给别人发放外气治疗时,也可以避免过多消耗自己的体力。不过,藏密不主张外气治病,而以自我锻炼为根本之道。

宇宙间的生命、植物、矿物等都与声波有某种关联,这就是声音的奥秘。其中特音便是利用一种特别的音符,震动身体内部的气脉,使它发出生命的潜能,从而具备超越惯有现象的作用,以进入神妙的领域,乃至启发神通和高度的智慧。藏传密宗上师教导

① 兰仲叫编著:《金刚瑜伽母拳法》,黑龙江人民出版社,1983。

徒弟时，就因徒弟的个性、特质和习性的不同，秘密传授一种相应的特音。徒弟因信起敬，因敬起信，一心受持，而直接进入三摩地（甚深禅定）。

宇宙万物都有或高或低，或锐或钝的并带有振动的声音，某种振动数就是声音的频率，人类就是生活在这种充满声音频率的世界之中。对于藏密修持者来说，有所谓听音法门，通过这种专门训练之后，到某一刹那间，这时万物中的声音都变成一种最原始的单音，从而使修持者进入一种于空寂的境地。故藏密修持者在修习静坐时，使用特音就能帮助他进入静心的禅定之中。什么人应该持用什么特音，最好由上师亲自传授，如无上师，可以随着个人适应的频率，去找出自己的特音，持之一心不乱，同样获得应有的效果。

在“语密”的特音中重要的是唵、阿、吽三字，最常见的则为唵、嘛、呢、叭、咪、吽六字真言。

在选用特音时，单字或多字音，随自己喜爱，任选一种，作为自己的特音；也可以静坐下来，闭目，随便挑选一种，在心中念，念念之中，如果心智渐渐向内进入，自感宁静安详，这个特音就是自己的特音。如果在念念之中，自感烦躁不安，则对此特音可马上舍弃不用。当选定特音之后，早晚各静坐二三十分钟，如果入静快捷，心智顺畅，则用此音受持一生，不用更改。如果持此特音一日，意念纷飞，可在隔日另挑一个受持。平常试验三个到四个特音，就会知道什么特音最合适于自己。因为，每一个人都有朝向圆满心安之境的自我调节功能。何况以上所列的特音，都是配合东方人体质，一再实验而印证有效者。因此，只要心生恭敬，任挑三个，总会有一个是最好的，持之一心不乱，自有良好效应。

在初学特音的人当中，有些人念诵特音时，是先用嘴轻唱出声音来，唱来唱去，渐渐地不唱而唱，虽唱无声，久而久之，自然进入宁静境界；但另有一些人只要用心意去念，用耳根摄音，不必念出声音来，一下子就入静了。自己是属于发出声音型的，或是不发出声音型的，只有去试一试便知道。哪一种情况较佳就选用哪一种。但是，过了一段时间之后，由于波动已经调和了，声音就会逐渐消失，此时便无声胜有声了。以上介绍只针对那些没有拜师指点而自习咒语的修持者。

总而言之，藏传密宗所倡导的“三密”之一的“语密”，就是藏密信徒所念诵的秘咒。由于信仰，由于尊敬修法的观念，藏传密宗认为人世间的文字言语，都是虚妄不实、变动不拘的假法，只有佛、菩萨等神秘的咒语，才是真实不虚、通于人天之间极为奥秘的至理名言。

就藏密念诵咒语的修持方法而言，它是利用一种特别的音符，震动身体内部的气脉，使它发出生命的潜能，以超越惯有的现象，进入极其神妙的领域，启发神通与高度的智慧等。

为了加深人们对藏密“语密”的认识，这里特对神咒“唵”（ཨོཾ）“阿”（ཨཿ）“吽”（ཧཱུྃ）作一具体介绍：

根据《藏密气功》，常人一生的生化进程是内气由高能谱向低能谱的流动。这种有序的气流与生物体有序结构间的相互转化，形成人类的自然衰老，气功家称之为“顺则凡”。

藏密功法促使人体内气从低能转向高能，从低频升到高频，这就是“逆则圣”的修持。藏密气功所以被称为高能气功，还在于练功者在临终时能以突变方式，使自己在激烈生化反应里，任身体结构中每个生物分子所贮存的内气，于瞬间全部释放出来，藏密称之为“虹化”。在西藏正史、野史中均有此功象的很多记录，虹化是修持有成就的大师们在愉快、先觉、自控中进行的。这些修持是内气由低能向高能、低频向高频的逆行，是人体精、气、神不断升华的过程。

藏密修持很早就把复杂的动态的世界分成两个层次来探讨，即缘起态（物态）与性空态（场态）。同时，认为人体小宇宙也应该有对应的两态，即固态身与场态身这两种对应形式。场态就是人体自身能量场的有序化，并与宇宙能量场完全统一，以实现宇宙能量场对自身能量场的调整，并产生自身能量场与宇宙能量场的同频、同幅、同向的全共振。因而，藏密气功可以说是一种通过练功达到控制生命两态相互转化的学问。

藏密从气功及生控学的角度出发，发现在众多特音中有三个音频呼号（唵、阿、吽）最重要。藏密将“唵”“阿”“吽”称为“三字明”或金刚颂，甚至被称为“三字总持”（即总概括、总指示、总密码之意），其意义就在于对无限长时间和无限大光明的呼唤。

藏密强调从中脉里的顶、喉、心三脉轮来发出相应的唵、阿、吽呼号，以作为日常功课。修持者在每天练功前都必须风雨无阻地进行这一训练。如果是一位修习大圆满功法的修持者，他一开始必须按规定至少念足六十万遍唵、阿、吽作为一个初步有序化的功程。可见，这三个字实质上是调整人体内气，以达到与宇宙元气共振的音频，是一种层次高超而做法简易的功法。

实际上“唵”“阿”“吽”三字，是印度梵文声母的总纲。因此，只用此三个字的发音，组合成为一个咒语，便是普贤如来的三字根本咒了。普贤是普遍而贤善地充满一切处所、无时无处不存在的意思。

“唵”，是宇宙原始生命能量的根本音，它含有无穷、无尽的功能。就人的身体而言，它是头顶内部的声音。和人们掩盖耳朵时，自己所听到心脏与心脉流动的声音相近。所以，凡是念诵唵字部发音的咒语，必须要懂得发音的妙用。就以最低效果来说，它可以使头脑清醒，精神振发。假若伤风感冒，连续不断地念此字音，可以使头部发汗，得到不药而愈的效果。

“阿”，是宇宙开辟、万有生命生发的根本音。它具有无量、无际的功能。同时，“阿”字是开口音，是世间一切生命开始散发的声音。例如，我国汉地佛教净土宗所念诵的“阿弥陀佛”，便是属于密宗“阿”部的开口音。也可以说，它是“莲花部”的基本声密。如果掌握了“阿”部音的妙用，就可以打开身体内脏的脉结，同时可以清理腑脏之间的各种宿疾。真能了解而合法修习，久而久之，自然可以体会到内脏气脉震动的效果。

“吽”,是万有生命潜藏生发的根本音。也就是说:“唵”字是形而上天部的声音;“吽”字则是物理世间的地部的声音;“阿”字是人部的声音,是人与动物生命之间的开口音。就人体而言,“吽”是丹田的音声。如果懂得以“吽”部音来念诵,可以震开脉结,启发新的生机。最低限度,也可以达到健康长寿的效果。例如东密、藏密共同所传的观世音菩萨的六字大明咒:“唵、嘛、呢、叭、咪、吽”,便概括了“唵”字与“吽”字的咒身,至于其中“嘛、呢、叭、咪”四字之音,都是“阿”部音的变化妙用。

总之,有关密教咒语唵、阿、吽音声的神秘作用,以及咒语的音声与人体的关系,的确不是片言只语可尽其妙的,而且以上所说念诵方法的巧妙,也无法以文字表达清它的究竟,一切均须自己潜心钻研,同时乞求明师的教导,以身体力行加以求证的结果,或者可以了解它的奥妙于万一。

最后谈谈藏密语密中“吽、哈、嘿”的发声法,向那些对藏密语密感兴趣的人士提供点方便。

根据《金刚瑜伽母拳法》人身有三宝,即精、气、神。藏密语密中也有代表精、气、神的三声,即“吽”(hōng)、“哈”(hā)、“嘿”(hēi),这三声也是语密发声法的基础。“吽”,代表精;“哈”,代表气;“嘿”,代表神。通过这三声的经常锻炼,可达到精神充沛、内气顺达,而后发声有力,然后再作其他的发声,就会感到从容有余了。“吽”“哈”“嘿”三声的要点和方法如下:

“吽”,代表精之声。精是生命的物质基础。平时五脏六腑的精气归源于肾,肾者藏精之处也,在声为呻,在音为羽,元气之根,精神之舍。发此声是走足少阴肾经,起自涌泉,上发自气穴,贯肝膈,入肺中,经喉咙,自口腔出。其口型是聚口喉音,轰声如雷贯耳,发声最后贯于耳部,其声低而沉,实而有力,可率领诸声,贯通各部。这种发声法叫做“须弥山飞拳法”,其具体方法是两手握拳,仰置两胯,头目向右上方,从喉间发出“吽”声。二十声相连,前十声大,后十声小。

头目转向左上方看,从喉间发出“吽”声,二十声相连,前十声大,后十声小。

头目转向右上方看,从喉间发出“吽”声,二十声相连,前十声大,后十声小。

“哈”,代表气之声。气为身之主,生死之路头,“哈”气如云,有云开见日之势,是宜散不宜聚,散心肺之邪火,去胸中之积郁。此声起自气海穴(脐下五厘米),沿任脉上升,经膻中、天突,自口腔发出。口型为开口喉音,舌下落于口床,以心气引动肺气、胃气及其他脏气。这种发声法叫做“狮子噬拳法”,其具体方法是左手从左膝抚升至左乳根,左臂拍肋一次,以拇指掩耳,食指掩目,中指掩鼻,无名指、小指掩口,从右鼻孔出气,要长、远、慢,然后拍肋一次,左手握拳,俯置左胯。

右手从右膝抚升至右乳根,右臂拍肋一次,以拇指掩耳,食指掩目,中指掩鼻,无名指、小指掩口,从左鼻孔出气,要长、远、慢,拍肋一次,右手握拳,俯置右胯。

右拳向右方展手,发出“哈”声,九声相连。收回右拳,仰置右胯。

左拳向左方展手,发出“哈”声,九声相连。收回左拳,仰置左胯。

以右拳向前方展手,发出“哈”声,九声相连。

“嘿”,是代表神之声,此声自后丹田命门发出,沿督脉上升,直通头顶百会,所谓元神出窍处。藏密有开顶法,即连发此声,谓之“叫开天门”。打开天门之后,一股清灵之气,上冲云霄,接引天空之气直贯周身,感到通体轻松,愉快无比,有所谓“遨游世界”之感,即庄子说的“乘云气,御飞龙,而游乎四海之外”的神思。

此声发音的口型是微开口喉声,为上冲音,其声尖脆上拔,头顶有发麻发凉之感。这种发声法叫做“中脉提拳法”。其具体方法是两拳绕身后,以拳背贴身后肾俞穴,向右“嘿”三声:“嘿、嘿、嘿”;

然后转向左"嘿"三声:"嘿、嘿、嘿";再向前"嘿"一声:"嘿"! 最后收功,一放,二收,三停。如此连续做三次,即告结束。

三、意　密

意密为藏传密宗"三密"之一,而且是其中最主要的一环。因为在修持密法的过程中,其身密和语密都凭借意密才能发挥作用。而意密是运用意念去观想,所以意密之密主要在于观想。如果讲得通俗些,观想就是冥想,就是想象。观想的对象很丰富、广泛,且十分细微,包括了宇宙、人间和自身等一切事物,充满了庄严、华丽、神奇、五彩缤纷的光和色,而且千变万化。当然,万变不离其宗,完全出于密教的经典与教义,符合于密教的宇宙观和人体观。

藏密宇宙观的重要特点是将宇宙人格化,并认为宇宙就是大日如来,以如来的表象来表现宇宙,认为万物都是大日如来的本质属性,也即万物之总体皆为大日如来,而我本身也是大日如来,观想我和大日如来为一体。

藏传密宗还把自然界的地、火、水、风、空称为"五大",用五个梵文字母或藏文字母来象征这"五大"。其五字严身观就是把地、火、水、风、空分别观于自身的腰下、脐轮、心上、眉间、额顶五处,使修持者自己与宇宙,以及佛菩萨产生一种体感。

藏传密宗把观想成就的方法,划分为两部分,初由观想成就开始,作为藏密修法的"生起次第",再由观想成就返还于"性空自在",达到藏密修持的"圆满次第"。从而不难看出观想不仅在三密中起主导作用,而且在整个藏密修法中也占有重要地位。

在藏密的修持中,最难入门的也是观想。初学者如何在一念之间做到观想成就,的确是个大问题。因此,对一些初学者来讲,首先还得靠仔细观摩佛菩萨的图像及其他有关图像实物等,求得想象或印象;或者在观想时进行细致的由个别、局部而到全体的组合,比如,先观想佛菩萨的眼、鼻、口、耳,而后把面容组合起来;或者观想由模糊而淡出,而至逼真。

但要明白一点,观想修法并不是为观想而观想,观想只是达到心空,达到入定,达到天人合一的手段。观想是一种念力,观想能产生禅定力,观想得深入,观想得极致,就能入定。观想的过程就是凝神,身心皆空,融合和变身。观想首先要凝神,即精神集中,将所有杂念收摄成一念,借用观想达到以念止念。止念才能观空,身空心空而一切皆空,这样一刹那就会有大自然的灵力流入体内,这叫做"入我";一刹那我体融入宇宙虚空,这叫做"我入"。融合就是小宇宙(小我)与大宇宙(大我)合一,也就是所谓人天合一。融合之后就产生清净和光明,因为心空常寂之时就是真性光明之际。这种境界就是三密清净,就是所谓入定。

按照藏传密宗仪轨,修持者在修法开始时必须观想根本上师,所谓根本上师是修持者为了指导或传授密法而特地敬拜的密宗大师,这种观想叫做上师相应法。藏密最讲究传承师授,对根本上师修持者必须恭敬。观想根本上师的方法,一般是观想根本上师在对面空中,再移到头顶面前放光照定修持者,渐渐上师缩小成一粒米大小之光点,移入修持者的顶窍,顺着中脉降于心中,坐在修持者心中莲花之上。然后再观想这一粒米大的上师,慢慢增大如修持者的身体一样大为止,上师放光就是修持者放光,修持者与上师完全融合为一,就是说修持者"变"为根本上师。

观想本尊佛的法门,是藏密的又一重要特色。按仪轨,修习藏密的人都需选定自己的本尊佛,这种选择完全依着修持者的心性和投缘而定。所谓本尊佛是藏传密宗按其修炼需求,从菩萨以上的神佛中选择出来充当至尊的神佛。修持者结本尊手印,念本尊真言,观想本尊于对面虚空,放光罩住自己,再移住在自己头顶之上,放大光明,光中流出甘露水,充满自己全身,黑气从全身诸孔排出,随着也像观想根本上师一样,最后本尊完全与修持者融合为一,修持者就"变身"成为本尊。藏密的最大原理就是修持者"你就是本尊,你就是佛”。

五相成身观也是藏密的重要观想法之一。这种观想法是把心化为具体的东西,例如月轮或种籽字等佛和法的象征,并专心加以观察。五相成身观的五相是:A、通达本心,即观察自己的心,把心集中于一处,将自己胸部视为月轮;B、修菩提心,是观想月轮的心,生出菩提心,菩提心就是求取成佛的心;C、成金刚心,为了使内心更加坚强,在月轮中观想金刚;D、证金刚身,把观想月轮犹若五股金刚那么坚强牢固,以使本尊佛驻进自己身中;E、佛身圆满,是经过以上四个阶段的修习,修持者的身体和佛的身体融合为一。

观想月轮和文字,其方法甚多,还可观想本尊佛心上有圆明月轮,其中有本尊佛真言种籽字,循环右转。种籽字即本尊佛说法的标帜。观想从本尊心月轮中一一流出,如纯净的乳汁,如一串明珠,也如同光鬘,不间断地从修持者的顶或口而流入身中,充盈浃洽,有如光明甘露,灌洒全身。又可观想修持者所诵真言,由本尊佛的足下进入,现于本尊佛的心月轮中,而后又流出,灌入修持者心中,如是循环,相继不断。此外,更有阿字观、吽字观等等。所有这些,不过是使修持者通过观想本尊佛、月轮、莲花、文字等形象,而与宇宙联成一气,合为一体。以上可参见《密宗秘法》。

事实上,意密正是通过观想,运用“转识成智”的原理,引发意识潜能而达到超然物外的境界。先由意识的一念专精的观想开始,再渐次地转变固有的习气,构成自我超然现实的精神世界。换句话说,藏密身、语、意三密的修持,特别是观想的修持,是为了入定,梵语称为三摩地,又称三昧、三昧地。入定是佛教密法修持的最高法门和最高境界。藏密一切法的目的就在于入定。

第五章 藏密人佛合一法

人佛合一法，在藏传密宗中被称为本尊法，而本尊则是藏传佛教众多神佛菩萨中被赋予特异功能的一种神佛，也是藏传密宗所特有的两大类（本尊和护法）神佛之一。

根据藏传密宗经典，任何佛或菩萨均可成为本尊（神），至于佛和菩萨的差别，简单说来，佛，尤其是大乘佛教中的佛，其地位异常崇高，比如，释迦牟尼佛已经升位到佛教天国里的“色究竟天”，似乎只具有某些抽象的最高级的德性，而难以与世俗的信徒接近，但作为佛教天国里地位最高的佛，他又具备变化或化身为菩萨的功能。菩萨是梵文 Bodhisattva 音译的略称，全称为“菩提萨埵”，其意思是“觉有情”“道众生”“道心众生”等，菩萨在佛教天国里的地位仅次于佛，据说释迦牟尼未成佛之前，也曾以菩萨为称号。菩萨因为具有放弃了涅槃之乐以留在世界上帮助解脱其他众生而使世俗信徒感到亲切和对之有迫切需求。所以，人们对菩萨的信仰超过佛教中的任何神佛。

本尊（神）就是藏传密宗按其修炼需要，从包括菩萨在内的佛教众多神佛中选择出来的至尊神，他们在修炼密法的过程中起着很重要的作用，每位修持密法的人都必须拜一尊或几尊本尊神。换句话说，藏传密宗信徒在修炼密法时一定要选择一尊佛或菩萨作为依托，这种选择完全依凭修炼者心性和投缘而定，如此选择出来的佛或菩萨就被尊称为本尊(神)。

藏传密宗修持者在选出本尊之后,就可以修炼本尊法,其大概修炼方法:修持者手结本尊手印,口念本尊真言,观想本尊于自己对面虚空,并放光罩住自己,再移到自己头顶之上,放大光明,与自己融合为一。如果修持者将金刚萨埵作为自己的本尊(神),修持者在进行修炼时,首先要在金刚萨埵像前广设供养品,之后,念诵皈依经偈:皈依师、皈依佛、皈依法、皈依僧(诵七遍),皈依薄伽梵金刚萨埵圣众及诸眷属,皈依守护正法具智眼者最胜诸怙主(诵三遍)。其次,念诵三遍皈依发心经偈:诸佛正法众中尊,直至菩提我皈依。我修施等诸资粮,为利众生愿成佛。其次,念诵三遍发殊胜心经:为饶益一切慈母有情,愿行圆满觉位,是故受持金刚萨埵世尊甚深修法。其次,修持者进入金刚萨埵本尊观,先念咒语:唵、舒那雅达、加纳、拔杂娑拔哇、阿玛敦杭。藏语即༄༅ །ཨོཾ་ཤཱུ་ནྱ་ཏཱ་ཛྙཱ་བཛྲ་སྭ་བྷཱ་ཝ་ཨ་ཏྨ་ཀོ྅ཧཾ། །

然后观想空性(如同虚空一般),在空性中产生一个阿(ཨ)字,ཨ字变为月轮,月轮上有白色吽(ཧཱུྃ)字,ཧཱུྃ字放光,使众生有情之烦恼及一切罪障一干二净。当光收入时,修持者自己变成金刚萨埵,全身放光成为白色,一面二臂,右手持金刚杵当心,左手执铃置胯骨间,足结金刚萨埵跏趺坐,绫绢天衣,众宝庄严,安坐莲花月轮座上,后有月光背景。复由心间月轮上面,白色ཧཱུྃ字放光,奉请智慧尊、上师佛菩萨及无量圣众,安住面前空中。其次,尽力设供修礼并诵经偈:顶礼、供养及忏悔,随喜、劝请与启白,我以所修诸善根,一切回向大菩提。同时与智慧尊入三昧耶尊无二无别。其次,修持者观想自己心间的ཧཱུྃ字周边有百字咒鬘围绕,此时心不能散乱,而要念诵百字咒:唵、拔杂萨埵、萨玛雅、麻努巴拉雅、拔杂萨埵、得努巴都夏、支卓敏巴哇、苏多雪敏巴哇、苏布雪敏巴哇、阿努热多敏巴哇、萨巴苏得墨查雅匝、萨巴噶玛苏查敏、咨当西央敦日吽、哈哈哈哈湖、巴噶哇那、萨巴达塔噶达、巴杂玛敏木匝、拔杂巴哇、玛哈萨玛雅、萨玛阿吽帕。藏文即༄༅། །ཨོཾ་བཛྲ་ས་ཏྭ། ས་མ་ཡ། མ་ནུ་པཱ་ལ་ཡ།

བཛྲ་ས་ཏྭ། ཏེ་ནོ་པ་ཏིཥྛ། དྲྀ་ཌྷོ་མེ་བྷ་ཝ། སུ་ཏོ་ཥྱོ་མེ་བྷ་ཝ ། སུ་པོ་ཥྱོ་མེ་བྷ་ཝ། ཨ་ནུ་ར་ཀྟོ་མེ་བྷ་ཝ། སརྦ་སིདྡྷི་མྨེ་པྲ་ཡ་ཙྪ། སརྦ་ཀརྨ་སུ་ཙ་མེ། ཙི་ཏྟཾ་ཤྲི་ཡཾ་ཀུ་རུ་ཧཱུྃ། ཧ་ཧ་ཧ་ཧ་ཧོཿ། བྷ་ག་ཝ་ཏ་ན། ཐ་ཏ་ཐཱ་ག་ཏ། བཛྲ་མ་མེ་མུ་ཉྩ། བཛྲ་བྷ་ཝ། མཧ་ས་མ་ཡ། ས་ཏྭ་ཨཱཿཧཱུྃཕཊ། ।其次，修持者进行祈愿：唯愿本尊加持，令我所有违犯三昧耶戒等，一切罪障，悉皆清净。最后结束离开座位时还要念诵一段祈愿词：无始所积诸恶业，现生高举等习气，三种戒行有阙犯，悉皆至诚而忏悔。惟愿父母诸有情，恒常受用众法乐，速得一切种智果，诸愿如意获成就。这是藏传密宗众多本尊法中金刚萨埵本尊（神）法的简易修持仪轨。由此可见，本尊（神）在每位修持者修炼密法的过程中发挥重要作用，因为每个本尊（神）都有自己特殊的手印或姿势，以及咒语，修持者可依照本尊（神）的手印或姿势，以及咒语进入三昧耶甚深禅定之中。换句话说，修持者要将自己的身、语、意同本尊（神）的身、语、意一致，即修持者在修炼中将自己的一切言行举止均与本尊（神）一模一样。如此，修持者就会获得“本尊即我，我即本尊”的人佛合一之特异功法。

一、阿弥陀佛本尊修习法

藏传佛教认为，六道之中得人身难，既得人身而能修习佛道更难，在生死轮回中得解脱则是难中之难。因为六道轮回中各道有各自的苦处，自天道、人道、阿修罗道，以及畜生、饿鬼、地狱等都有自己致命的弱点（苦），这就是获得解脱的最大障碍，而这种障碍只有在人道修习佛法、发菩提心才能消除，故在六道轮回中人道最为殊胜。

佛教虽然可以分为“三乘（小乘、大乘、金刚）二门（显门、密门）”，但是主要在于显宗与密宗之上，显宗为外门，密宗为内门。如从外门进入，抵达彼岸或解脱，需要走漫长的历程，花费数代人的精力；而从内门进入，抵达彼岸或解脱，其速度十分快捷，只需花费一生时间,即所谓“即身成佛”。因此,藏传密宗多采用从内门进入的途径。但走这种途径仅靠修持者自身的力量是无法获得成就的,还必须凭借外部力量,如人佛合一法,即本尊修习法便是借助外部力量的一种重要方法。

阿弥陀佛本尊修习法,是藏传密宗的人佛合一法,也就是所谓本尊观想法。修炼阿弥陀佛本尊修习法,修持者先要在清洁的佛堂中供宗喀巴法图一幅(此图中基本上具备藏传密宗里的主要佛、菩萨,以及本尊(神)和护法神),此图下面正中供奉传授密法的根本上师(或称金刚上师,藏文即རྡོ་རྗེ་སློབ་དཔོན་)之像,以便瞻礼作观,上师像之右边供奉长寿佛,左边供奉阿弥陀佛或供宗喀巴大师像,每个像的背面画藏文ཨོཾ་ཨཱཿཧཱུྃ།(即唵、阿、吽)。对这三字明咒最好先请一位密宗大师或大活佛进行加持开光。随供品主要有香花、灯、米、净水等。这是设立供品阶段,之后,修持者如果是一位受过灌顶的人,他先要向上师及佛教三宝礼敬三拜,然后手执铃杵,摇铃念诵加持供养咒三遍,并用宝瓶中的甘露(净水)向供品上轻洒,洒甘露的同时口念唵、阿、吽(ཨོཾ་ཨཱཿཧཱུྃ།)三遍,还要如同前面向上师及佛教三宝礼敬。如果修持者没有受过灌顶,则不能手持铃杵,而要点燃三枝净香,在供品上摇转三次,念诵三遍唵、阿、吽。然后,观想上师及三宝坛场(或坛城),个个放光照我,我同六道父母等,一齐礼敬作拜。先虚心合掌,置于头顶,观我顶上有藏文白色ཨོཾ(唵)字成就,诸多佛菩萨及本尊顶上也都放白色光芒,照我及众生,一切身业皆悉清净。其次,合掌置于喉际,观我喉际有藏文红色ཨཱཿ(阿)字成就,诸多佛菩萨及本尊喉际也都放红色光芒,照我及众生,一切语业皆悉清净。其次,合掌置于胸前,观我胸中有藏文蓝色ཧཱུྃ(吽)字成就,诸多佛菩萨及本尊胸中也都放蓝色光芒,照我及众生,一切意业皆悉清净,这样,随观随念三字明咒。与此同时,向诸佛菩萨及本尊(神)以五体投地地磕拜一次作为礼敬,如可能的话,磕拜的次数愈多愈好。

之后，修持者每日入坛，先观想上师头顶上有ཨོཾ(白色唵)字，喉际有“ཨཿ”(红色阿)字，胸中有ཧཱུྃ(蓝色吽)字，即三处三字放出不同颜色的光芒，照入修持者自己的三处(头顶、喉际、胸中)，这时念诵纳摩金刚上师(即传法根本上师)，每念一遍要向上师(像)磕拜一次，磕拜次数由磕拜者自己定。然后，修持者可以入座，开始进行正式的修炼阶段，专心致志地观想金刚上师在我对面虚空，如前放光，同时念诵四皈依经三遍。之后，手持念珠接着念诵四皈依经若干遍或上千遍。四皈依经为：皈依上师(བླ་མ་ལ་སྐྱབས་སུ་མཆིའོ།喇嘛拉交苏却)、皈依佛(སངས་རྒྱས་ལ་སྐྱབས་སུ་མཆིའོ། 桑杰拉交苏却)、皈依法(ཆོས་ལ་སྐྱབས་སུ་མཆིའོ།却拉交苏却)、皈依僧(དགེ་འདུན་ལ་སྐྱབས་སུ་མཆིའོ།根敦拉交苏却)。

念诵四皈依经的时候，修持者观想金刚上师及佛教三宝、诸本尊等共同放出五色光芒与甘露(一种净水)，并注入我及众生之顶，灌满全身，我及众生之一切恶业重罪，悉皆化为黑气黑水，从毛孔中流出；一切疾病，化为红黄水，一切魔障，化为蜈蚣蝎子等，从大小便流出，入于我座下六牙大红象口中，由它吞食尽净。至此修持者身心安轻，福慧增长。从此修持者已皈依上师及三宝，永不退转，其加持之力，永不散失。其次，修持者念诵五戒偈、发菩提心偈，以及菩萨戒偈等。然后，修持者进入发菩提心观阶段，即修持者观想自己所有一切功德，都化为白光，由我右鼻孔而出，从一切众生左鼻孔进入，使有情众生的一切业障垢染，都会自然消灭清净；使有情众生所有愿望需求，都能如意、圆满地实现或得到。有情众生的罪业魔障及所有一切苦厄都化为黑气，从他们的右鼻而出，进入我左鼻孔中。无论何时何事，首先想到自己，并妄称为“我”，所以，长期受到生死轮回的大苦，今将功德回向众生，众生之业(即黑气)都进入我身，众生之业力，如同霹雳将我(或我心)打碎，当没有我心，即得无我，无我则生死大苦已灭。修持者每天早晨都如此修炼，如观想白光出，黑气入，其次数若干遍或二十一遍。

这种彼此循环的观想法，即是发菩提心，也可谓菩提道。

其次，修持者念诵三遍菩提净戒咒，其咒为：唵、洒哇、达塔嘎打、嘎雅哇、嘎资达、班杂扎纳麦那、洒哇达塔嘎打、班杂把打、本达南、嘎若米。

之后，念诵八百或一千遍绿度母咒，其咒为：唵达日、都达日、都日娑哈！藏文为：༄༅། །ཨོཾ་ཏཱ་རེ་ཏུ་ཏྟཱ་རེ་ཏུ་རེ་སྭཱ་ཧཱ། །，接着可念诵八百或一千遍阿弥陀佛心咒，其咒为：唵、班玛、达热什、娑哈！藏文为：ཨོཾ་པདྨ་དྷ་ར་ཧྲཱིཿསྭཱ་ཧཱ། །。修持者坚持念诵此咒，会得到往生极乐世界的福德，并可超度一切亡者。

其次，修持者发愿回向。愿文是："上师三宝加持力，愿我速成无上道。功德回施诸众，皆共往生极乐国"，诵念发愿回向文完毕之后，又开始礼敬诸佛、菩萨、本尊及上师，然后可退出座位。

在专一修习阿弥陀佛本尊法时，修持者入座后可直接观想阿弥陀佛本尊（神），先观想自己前面空中有八孔雀，其顶戴一红白色莲花宝座，座上有月轮，月轮上端坐阿弥陀佛，两旁有文殊、弥勒、观音等八大菩萨及十方诸佛、菩萨、金刚、声闻、缘觉护法诸天等在阿弥陀佛前后围绕。对此，修持者念诵四皈依、四无量心、发菩提心、发愿往生等经文。诵毕，修持者手结法界定印，即二无名指相背立，次二中指平伸相叉，二小指平伸相叉（均右在外），次以二食指钩二中指（右食钩左中，左食钩右中），以二大指按二小指之端（右大按左小，左大按右小）；身以端坐，即金刚跏趺坐（全跏趺坐或半跏趺坐即可）；观自身通体透明，净如玻璃，并想自身遍体有八门：顶、耳、鼻、眼、口、脐、大便处、小便处，此八门均以白光闭之。

之后，观想自己头顶上有八狮子宝座，座上有莲花，莲花上有月轮，月轮上有阿弥陀佛，其身呈现珊瑚色，赫然如同十万日轮之光芒照耀，其相貌极为庄严，三衣披体，外衣黄而内衣红，手结法界定印，印上有钵，钵中盛满甘露（净水），身为弥勒坐（即两腿屈平向前，如平常坐椅式）。接着修持者观想一切诸佛之法，聚集于阿弥陀佛一身之上，自己头顶之ཨོཾ（白色唵）字、喉际ཨཱཿ（红色阿）字、胸中ཧཱུྃ(蓝色吽)字,即三字同放光芒,召请法身本土之阿弥陀佛及其眷属来入顶上的阿弥陀佛身中。至此念诵阿弥陀佛心咒八百或一千遍,此咒见上述。

以上仅是阿弥陀佛作为本尊的简单修习过程,修持者每天如此坚持修炼,日久会产生不可思议之功效。至于阿弥陀佛本尊法的整个修习过程及其细节,极为繁杂,非专业的一般读者很难理解或掌握,故在此不赘。

二、象征的奥妙

藏传密宗的本尊法是采用一种象征手段的宗教修持功法,而其中使用的象征方式又牵涉到了一种奥义的理论。比如,那些被用于向其他人传授一种知识的象征和为深入到人类意识最深奥领域中所必需的象征。藏传密宗本尊法的象征从作为因施教的需要而设想出来的直接意图的图像、形状和物品开始,直到某种完全不同的东西,即明显具有生命力的象征物。比如,在藏传密宗胜乐金刚(རྡོ་རྗེ་བདེ་མཆོག)本尊法中,描绘胜乐金刚时,其背景是火,象征任何欲望所产生的东西都在此处会焚烧得一干二净;胜乐金刚站在莲花座上,象征高出于无常的世界,就像莲花出污泥而不染;莲花之上有太阳,象征空,即心的光明境界。胜乐金刚有四个脸:白脸属息灾,黄脸属增益,红脸属钩召,蓝脸属降伏。每个脸上有三只眼,照顾一切有情,在头顶左上方,有半月白色,象征人类的幸福。在每个脸的上方,有五头骨作冠,身着虎皮,两者都象征着勇武。头顶上是双金刚,作为两法完成的象征。身体是蓝色的,因为胜乐金刚属于神佛的金刚类,其装饰是五十个人头和人骨念珠,两者象征着不永久性。

胜乐金刚有十二只手臂,象征十二个真理,是用来克服十二种缘起的约束。第一双手臂拥抱他的明妃,右手持金刚,左手持铃。

第二双手臂张开表示象皮，象征无明已被消灭。第三双手，右手持斧，左手持盛满血的人头骨，一切武器象征作恶和无明都被毁灭，而血则象征快乐。第四双手，右手持金刚柄月形刀，左手拿一端是钩一端是金刚套索的器物。第五双手，右手持三叉戟，左手持玛哈布拉玛（大梵天）的四个头。第六双手，右手持手鼓，左手持人骨棒，其上端有一个金刚、一个头骨、两个人头（一黑一红），下端有一个花瓶和莲花。头骨和两个人头象征三个脉以与人体一千七百二十小动脉对比；花瓶象征任何耗费的东西都在此处。

胜乐金刚有两条腿，右腿伸着，象征教义已经传播开了；左腿则弯着，象征对快乐的接受。这两条腿同时又象征着方便与智慧。在右脚下是趴伏着的恐怖者（藏语称འཇིགས་བྱེད།久谢），其两只手拿棒，第三只手拿手鼓，第四只手拿三叉戟。降伏了他就等于降伏了愤怒。在左脚下是时间符号女（藏语称དུས་མཚན་མ།都参玛），她仰面躺着，两只手拿着棒，第三只手拿一人头骨做成的碗，第四只手着人骨杖。这时胜乐金刚将她踩在脚下，象征着将一切色欲完全控制住了。

胜乐金刚的明妃是金刚帕姆（藏语称རྡོ་རྗེ་ཕག་མོ།多杰帕姆），红脸，有三只眼。她的右手拿着月形刀，以便杀死一切恶者，并钩住一切善者；左手拿着人头骨做成的盛满血的碗，作为快乐以献给胜乐金刚。她以五十个人头作装饰，则象征佛教经典的要义；她还以人骨念珠作装饰，象征获得六种修道方法，即布施、持戒、忍辱、精进、禅定和智慧。

通过以上列举，我们对藏传密宗本尊法中的象征，有一个比较深刻的了解。值得说明的是，在藏传密宗的坛城里设立或绘画的诸多神佛，则形成了一个特别的性质，因为他们具有了一种不死的活生灵的所有表象，这样就很难说这些生灵是真实的或仅仅是象征物。如果这些充满生命力的神属于有关象征物，而不是属于如同山神和水神那样的“真实神”的万神殿，那么这一切就会变得即使不完全清楚，至少也是可理解的现象了，但在一种神秘的背景中,“真”与“非真”之间的区别永远不太清楚,也可能并不具有多大意义,因为,如果一切都被认为是心的造化,那么想象、梦境和有形物则表现得彼此之间十分相似。如果换句话讲,一旦当我们接受了整个宇宙都是心造物的观点时,我们就会不可避免地承认具有一种心的一切众生都参与了创造行为。在藏密经书中阐述得比较深刻的诠释是这些神祇确实是崇拜他们的人之心造物。即使出现的众多神祇是在未受任何召请便自动呈现,并以一种完全自主的方式行事时也如此。虽然他们如同生灵一般拥有颜色、形状和运动,但是这都是一些纯粹概念性的实体。因此,我们可以说藏密坛城中的诸多神佛都是沟通一种超常的意识境界与正常的意识境界之间的手段。从这个角度看,藏传密宗是一种有力地控制产生比概念思想更为深刻的意识境界的科学。

虽然许多藏密修持者明显在他们的修炼初期并不把本尊(神)视为自己心的投射物,他们的金刚上师可能会认为在刚开始时无须揭示这一事实,但是本尊(神)事实上是内心的奇特神通力,修持者由于它而戳穿自我之幻,并达到觉悟。那些感觉水平比较高的修持者非常清楚地知道本尊(神)并不是一尊与崇拜他的人分开的神,而这一切仅会帮助他们按常规行事。如果不使用象征物,那么任何人都无法设想法身的性质以及其他似乎很高的奥义,甚至无法设想这些象征物不是所缘物而是名称。

本尊(神)的功能是藏传密宗的深刻奥义之一。修炼藏密的人在第一次接受灌顶仪轨时,其金刚上师将会在坛城中的诸多慈祥或恐怖之神中为他选择一尊本尊(神)。召请本尊(神)是藏传密宗修持者为迅速灭除自我并与本尊(神)结合出现神通力而采用的一种方法。无论其力量是神的,还是纯粹心理的,都不会影响所获得的实际成效。就具体而言,本尊(神)是被修持者在其修炼过程中用来作为自己的良师益友的一种神祇。比如,当一名修持者在接受灌顶仪轨进入修炼之道时,其金刚上师就为他选择一尊完全符合其个性的本尊(神),如果修持者具有一种食欲暴躁的性格,那么他的本尊(神)的形象应该以恐怖狰狞的形象出现;如果修持者是一位温和而容易接受女色支配或在伦理上需要支持的人,那么给他选择一尊以女性形象出现的本尊(神),如二十一位度母中的任何一尊。对于每一位进入修炼过程的修持者来说,本尊(神)的支持或作用是很明显的。于修持者最有益和最适宜的是由他们的心及感觉可以觉察到的形状之欲来掩盖其真实目的,这一切将在修炼达到一定阶段时自然消失。也就是说修持者可以通过自己心中最崇奉的本尊(神)而把无节制的贪和欲改造成为没有污点、最为纯洁的崇拜。因此,藏传密宗修持者学会以智慧力、慈悲力和解脱力的角度窥视一种可见形状出现时,本尊(神)的作用将会失去。这是一种细微而高深的观察方式,只有那些在藏传密宗上有一定修炼造诣的修持者才能体验或分享。

三、心与光明

心与光明是藏传密宗特别在本尊法中涉及最多的两个重要概念。如何认识和掌握心与光明是摆在每个藏密初学者面前的首要问题,也是藏传密宗中不可回避,必须掌握的一个关键问题。

实际上这里提出的心与光明,是藏传密宗修持者追求的一种目标或目的。比如,藏传密宗无上瑜伽部认为,修炼人体中的气脉以及其他各种瑜伽的目的,则远远超出生死这两大人生关头,而在于证见人体中最细风心或心性“光明”。最细风心,在无上瑜伽部中又称“本来身心”,被认为潜在于细身心层下(在藏传密宗中将人身分为粗身和细身两大部分),为生死涅槃、世间出世间一切法之本性。最细风,在藏传密宗中又被称为“智慧气”、“不坏气”、“光明气”,实际上是指藏密中的所谓“离戏明点”之运动,也就是说最细风聚集而成为离戏明点。在没有修炼过藏密的一般凡夫身中,最细风依凭脉中的不坏明点而潜藏着,它是全身一切气的本源。

而不坏明点则与藏有无明烦恼种子的阿赖耶识和合,住藏在中脉之中,以心轮为本位,其内蕴藏最细风心。这在藏传密宗中称:在凡夫肉团心中住于本觉光明,即名曰“菩提心”。从现代物理学的观点看,最细风可理解为某种超越智慧本身的至极细微的能或场。

光明在藏传密宗的无上瑜伽部中也成为重要义理之一,认为与最细风一体不二的最细心,本来心,其最为根本者称“光明”。光明在无上瑜伽体系中,其意思是指心未被忘念遮蔽时的本来具有的觉性,即相当于显教所言的“心体”“心性”“心地”等。可以说,心性的本质是光明,因为心性呈露时会产生光明辉耀,故心性即光明。无上瑜伽还强调印中最极为光明印。因此,心不仅仅是一种精神力量,它也是一种光明。而这种光明在藏传密宗看来,又是一种气,是心与气相“重叠”的呈现。因为气是由五种光线交织而形成,它的存在可以使修持者的心在变成智慧的同时,也就变成了一种金刚身。这种金刚身在本质上是由智慧(五智)组织而成,它代表着存在的极端状态。出现这种变化的缘由是在气中潜藏着一种处于萌芽状态的闪光(泉)。

在性质上与心相同的光明可以用主客观两种不同的观点来阐述,从主观的角度看,光明则超越所有客观事实而与有意识的主观之空产生联系,即“心神无二”;从客观的角度看,光明就是空本身(空性),即不能变成思想的内容。在心与光明的关系上,藏传佛教各派均有自己的看法,比如 些派认为,光明是思想(心)之力量的典型特征(性相),而空则形成了其本质。因为空不能脱离光明,同时光明也不能离开空。光明与空的吻合代表了纯粹非客观性的一种无法表达的阶段,它构成了心的极端状态。

对于心与光明的关系以及它们的实质等的一系列阐释,实际上是一种宗教感受。在藏传密宗的修炼过程中,修持者会产生一种幻觉,又通过这种幻觉给心赋予了光明,从此心具有了重大意义,而光明也成为一切事物之本源并存在于人身之中。藏传密宗中,这种原来是纯洁的和无分别的心或光明就变成了一种有色的光明，白色或是黑色，由此而迸发出了成对的或不成对的造物。值得说明的是，对于心或光明的掌握或修炼，是藏传密宗的最高大法，也是藏密中最不易把握的甚深密法。为此，在修炼藏传密宗时，其修持者必须拜一位金刚上师或根本上师来具体指导修习程序或仪轨，否则，会眼花缭乱、不知所措，如同气功上说的“走火入魔”，没有任何效果。

在此需要补充的是，藏传密宗无上瑜伽部还将光明分为根光明、道光明和果光明，现分述如下：

A. 根光明

根光明，又称“根本光明”或“母光明”，其中又分实际光明、死亡光明、睡眠光明等多种光明。藏传密宗认为，根光明本来就潜伏在众生的根身之中，不管其人是否修法证觉，在特定的时刻总会自然显现。

实际光明，又称理光明，是指有情众生之心本来具有的本性。如经云：“所谓此心之真体，诸法之实相，不二不异之真空，当彼已得受于无上清净大安乐境时，即获证于超乎一切之法者，是即根本净光也。”[①]实际光明就是佛教显宗中所说的“本觉”或“正因佛性”。

死亡光明，是指人临终之际至死后未生之间，即“中阴”期间自然显露的一种心的状态。《密宗道次第广论》中指出；“谓众生生命之形成，是从自性光明生无明，由无明生空，从空依次生风、火、水、地四大，由四大集起色身，当人临命终之际，神、识、气与四大肉身分离，逆出生的次第而渐次收摄：地界入水中，水界入火中，火亦入风界，风界入心中，心入于心所，心所入无明，此入光明中，如是三有灭。当心识乍脱离四大肉身的束缚时，一切藉四大而生的粗细妄念失其所依，得以暂时止息，从而呈露出未受妄念遮蔽时的心地

① 引自《明行道久成新法》。

光明。伴随四大的依次收摄，及周身气向中脉、心轮内凝缩，在主观心识中现为种种光亮境相，最后呈现心光明，这一过程一般说为“临死八相”。① 藏传密宗根据死亡光明的自然显现或原理，建立了“中阴成就法”。其修习过程则是体验或认识光明，经常修持不怠，纵使生前没能解脱，当临死及死后即死亡光明显现时，予以认识，自心与光明融为一体，把持不失，便会于此时证得法身，从而解脱生死；又说修习气脉明点，当气入住并融于中脉之中时，也会依次显现如同上述临死之八相，见证光明。详见藏密“中阴成就法”。

B. **道光明**

道光明，又称“子光明”，是指修持者在修炼过程中，由瑜伽调心所知见体证的光明。根据所修习的密法及其见证光明的层次，道光明又可分为通义光明、密义光明、觉受光明、眠薄光明、眠重光明、喻光明、实义光明等多种。

通过瑜伽修习，了达心性本来无生，与佛教显宗尤其中观派关于心性的见地相一致者，则称为“通义光明”，通义则是显密共通之意。由修习密法生起、圆满二次第，以及双运道、睡眠禅定等所体认的光明，则是“密义光明”。依法修习禅定，修定达到了知光明、领受澄湛之心光，可称“觉受光明”。依凭觉受修习睡眠禅定，在睡梦中能够灭除昏昧，保持心性明空，然梦中尚出现粗细尘境，这是所谓的“眠薄光明”。由于功力的增进而在睡梦中只显现光明并恒久保持，这是“眠重光明”。

根据身心不二的原理，从修身入手，如修习宝瓶气、金刚等等气功，渐渐将气入住于中脉，于所生寂静禅定之离念心上，尤其在内见如月之光后所体认的光明，可称为“喻光明”。或修习拙火定、双运道而产生的最胜空乐不二的觉受上体认的光明，以空乐为喻，也可称作“喻光明”。不仅将气入、住、融于中脉，临死八相完全显

① 《密宗道次第广论》卷二二。

现,而且最后所呈露的如同黎明晴空相上所证见的光明,这才是真正的心光明,称为“实义光明”。根据无上瑜伽的原理,修持者先进入密教菩萨初地,然后依次光明修习,便可直证究竟佛果。

C. **果光明**

果光明具有不可思议的功德妙用,能使修持者永离生死之苦海,证入常乐我净的涅槃境界,成就庄严净土,可发广大神通力,能使自己分身无数,度化一切有情众生。具体而言,修习瑜伽而得大成就后,使所修根光明与道光明完全契合无间,并证得密教菩萨道之第十三地,即金刚持地,此刻已是即将成佛之时,至此其光明完全开发,穷彻心源,这时所证光明则是“果光明”。由此可见,无上瑜伽以穷证光明为解脱成佛的秘要。

藏传密宗无上瑜伽部认为,修持者见证光明时,其气必然入住融于中脉之中,使凡夫的业气化为智慧之气而进入智慧脉道,打开心轮上缠缚遮盖本性光明的脉结,原有的心光于是迸发出来。这是因为光明、最细心、最细风以及离戏明点的自性都是一致的,可谓一体不二。所以说圆证光明时,不但证得以最细风或离戏明点为体、量等宇宙,不生不灭之法身,而且肉体四大(地、水、火、风)也融入光明中而发生物质结构的变化,最后成为“虹光身”。因而见证光明、成就佛果便成为瑜伽修持者追求的最高目标。

总而言之,以上提到的心与光明的关系,如同太阳与太阳的光。但按照无上瑜伽部的观点,每个人体中所固有的心是指光明或本质的空。因为光明与空二者不能彼此分离,它们结合在一个统一的整体之中。这样瑜伽修持者才有了见证光明的修习之道,从修习次第的角度看,见证光明相当于生起次第,而修习空性则相当于圆满次第。如此不停地反复修炼,智慧才能得以实现。另外,在修炼过程中,光明与空可分别代表化身和法身。由于如此修习或感受,便产生了代表着心的发光本质。但是,又由于心的真正实质超越了一切二重性,而表现出的一切均为幻想或变幻。这从一个侧面说明了光与空的一致性。

藏传密宗的心与光明这种教理,在藏密信徒看来,可以使他们获得菩提心,因为这种教理意味着一种天生的潜在力量。从而说明人的心实际上是一种空,也就是说人的心是一种没有内容的最纯洁的智慧。为了获得这种状态,藏传密宗修持者需要付出很长时间的修习或冥想。上述人佛合一法即本尊法就是争取这种状态而不断净化心灵的过程。反之,修习本尊法也要掌握心与光明这种教理,因为心与光明这一教理在本尊法中可充当一种方法、手段或途径。

第六章　藏密神圣礼仪

宗教礼仪不仅是宗教行为的程式化和规范化,而且具有独特的功能。因为“宗教礼仪的形成和发展,无论对于宗教本身,还是对于宗教所依存的社会都有重要的影响和作用。由于宗教礼仪乃是宗教信念之外在形式上的象征性形式,这就增强了信仰者的宗教感情,加深了他们对宗教的兴趣,从而强化了对宗教的信仰。”①从另一角度去观察,宗教礼仪可以使人接近神,也就是说宗教礼仪能搭成一条沟通由神到人或由人到神的道路。因此,宗教礼仪具有促进人转化为神或神化身为人的功能。这样一来,神人之间可以直接对话并作出应答。比如作祈祷时,单是来自人的方面的祈祷,不能叫做真正的祈祷,在祈祷中应该听到来自神的方面的回答,而且人要知晓神的意旨,从这个意义上说,宗教礼仪应该是一种接受神的启示和佛的慈悲的方式,是一种聆听的方式。正是“在原始社会中,宗教生活使人类的生活和行为围绕着神圣的信仰而规范化,终于成为一种强有力的社会控制,原始宗教最大的特点是它的巨大的社会组织力量,它把个体组织进一步稳定在以图腾制为标志的宗教集团中,共同反抗着苦难和死亡。”②可见,宗教礼仪

① 吕大吉主编:《宗教学通沦》,305页,中国社会科学出版社,1987。

② 朱狄:《原始文化研究》,9页,三联书店,1988。

充当了人们特别是广大信徒自我控制的工具。

藏传佛教在重视显宗(理论学习)的同时,尤其强调密宗(实践修炼)的重要性。因此,作为宗教实践必须遵循的宗教礼仪就被藏传佛教更加注重起来,并在长期的实践过程中创造出符合自己宗教信念的一整套千姿百态的宗教礼仪。

由于藏传佛教具备全面系统的宗教礼仪,在举行每一宗教活动时都要按照具体规定的宗教礼仪进行。比如每年、每月,甚至每日都有不同的宗教礼仪。就拿寺院里长住的僧尼而言,他们除了参加宗教活动时需要严格按宗教礼仪行事外,还在吃、住、行,以及穿戴上也要符合宗教礼仪中所制定的规则和要求。因此,藏传佛教礼仪,从内容到形式,丰富多彩而极为庞杂,而藏密礼仪又是藏传佛教整个礼仪的重要组成部分,其种类也十分繁多,在有限的篇幅内不可完全、系统的叙述。下面只选择与修持密法极为密切的三种藏密礼仪作简单介绍,意在以一斑窥其全豹。

一、接受神力——威仪

藏密威仪是藏传佛教礼仪中较明显区别于其他佛教礼仪而独树一帜的一种宗教礼仪。而藏密威仪中又以灌顶威仪最具特色。因此,首先将灌顶威仪作具体介绍:

灌顶威仪在藏密中发挥着特殊的作用。因为它包含着“授予神力”的神秘意义。从严格意义上讲,藏密信徒或修炼者在诵咒以至供养设坛等种种修行仪式上都有一定规范,不得任意妄为外,还必须经由传法师金刚上师给受法人举行“灌顶威仪”,传授密法,然后修炼者才能正式进入密教的修炼阶段。

所谓的灌顶威仪,简言之,就是用圣水浇灌受法人的头顶,这种以圣水浇灌头顶的作法与基督教的洗礼以及为君主加冕的印度教礼仪在形式上极其相似。但藏密的灌顶威仪则具有特殊的功能，它能祛除修持者无始以来身心的无明烦恼之垢秽，引出本来具有的自性清净心，同时还给修持者授予真言、秘印、秘意（明）。修持者如获得这些秘诀，就可大大缩短修行成道的期限，可以即身成佛。藏密修持者也有这样的感觉，经灌顶后一种神通力便进入他们的心中而且永固地停留在那里。可见，灌顶的意义在于开发佛性，正如“一切众生皆具佛性”，只是因为凡夫与佛的分别在于佛性的显露与否罢了。

根据佛教经典，在释迦牟尼取得最后身（佛身）前，已是十地菩萨，经灌顶后成佛，而以化身示现人世。这种示现已是佛的示现，由此得知，释迦牟尼也是经过灌顶后才成为佛陀的。

另据大乘佛经，菩萨修行到达第九地时，十方诸佛为其灌顶，以手摩顶，祝其“入诸佛界”，但并未形成一种现实的礼仪。佛教发展至密宗阶段，才把灌顶礼仪化。后来灌顶在藏密中得到发扬光大，藏密视灌顶为最庄严、最神圣的宗教礼仪。藏密还强调未受灌顶者，不得听闻受学密法，更不可擅自阅读密教经典，否则，即使依法修习也不可能有所成就，甚至还有“盗法”之罪，死后会堕入地狱。正如宗喀巴大师在《密宗道次第广论》中所讲：“欲成闻修大密之器，要得清净灌顶，是故灌顶即是成就根本，若无灌顶，纵能了达教义精进修习，终不能得殊胜悉地（成就），非但有不得大悉地之失，纵得诸小悉地师资亦俱堕那洛迦（地狱）。”由此可知，修炼藏密必须经过灌顶这一关。

按一般传统规则，为密法修持者举行灌顶仪式时，首先要请一位金刚上师或根本上师作为仪式主持人，修持者向这位金刚上师宣誓保证：立志修习密法，永不向外人泄露，否则，愿承受佛的惩罚。灌顶仪式必须在庄严的曼陀罗前举行，第一步，受灌顶的密法修持者采取沐浴等方式清洁身体，并依照密宗礼仪身着崭新的僧衣。其次，金刚上师用一个盛满圣水的宝瓶，向受灌顶者的头顶上洒少许圣水，之后，再用一个盛满青稞酒的噶巴拉（用人头盖骨做成的碗），让受灌顶者喝几口。至此灌顶仪式算基本完成。

灌顶仪式完成之后，金刚上师根据密宗修持者的性格、生理等特点，为他选择一尊本尊（神），还要传授如何修习本尊法，以及设立坛城或曼陀罗等密宗仪轨。然后，除了灌顶等特殊仪轨必须由金刚上师主持、指导外，密宗修持者可以自行修习密法。

自行修习密法时，修持者首先要清净坛城，即选择一处寂静的场所，设立坛城，安置佛像、经卷和佛塔（以小铜塔于佛像前供养，此塔如法装藏，不可供空塔），此三种供品代表佛、法、僧三宝，也是身、口、意三密的表意，三者缺一不可。坛城布置要求井然，每日必须清扫干净。这样，使人肃然起敬，乐于久坐静虑。为庄严坛城，则以白土或白米作卍形绘制在坛城正前方地面。在修持者的座位上铺厚垫，其座后背须高二寸许，如此，修持者练功时气脉平安顺畅。其供品用具也有讲究，如所有供具以金、银、赤铜为最佳，大小可随意，但不能小或大到极限，就拿供圣水的碗来说，一般以能盛一二两为标准。供献圣水以七碗为一份，多可上千。所谓八供包括阏伽、濯足水、妙华、烧香、明灯、涂香、饮食、音乐，如果修持者没有条件或能力供养八供，可以圣水替代。七碗圣水，再以一枚海螺或铃替代，合为八供。圣水必须清洁，每日换一次净水，并念诵“ཨོཾ་ཨཱཿཧཱུྃ”（唵、阿、吽）加持净水，成为甘露之后再倒入碗中，这就是所谓的圣水。碗中圣水既不能过满又不得过浅，量必须适度。否则，过满感一切无厌足果，过浅感悭吝心增长及诸事不称心果。圣水碗要排正，不可偏斜，如圣水碗偏斜，感心不正果；圣水碗相距过疏，感不与大德相近果；过密感常与上师相近，觉察上师习气过失，不见上师功德果。圣水供完后，到晚间将碗中圣水倒入净水桶中，倒时自左至右、向内勿外，同时作观诸佛福德智慧、一切悉地皆摄入自己身内，如向外则感贫乏果。将倒入桶中的圣水可用于洗脸或手，或洒于干净的地方。

密宗修持者除了供献八供之外，还要加供朵麻（གཏོར་མ། 汉意为食子），它是用炒熟的面掺加三白（牛乳等）三甜（白糖、红糖和蜂蜜），并加少许六香（草药、花等），糅成三份食子，其食子形式，随各法不同或由上师传授定制。之后，食子正中一份供本尊，右边的供护法神，左边的供地神。同时准备一个净水壶，壶上插孔雀羽毛，凡加持供品食子时，一面念诵咒语，一面用孔雀羽毛浸净壶内之净水，向食子上面挥洒，消除食子上的邪魔。如按无上瑜伽密法，则须准备一个天灵盖，即人头盖骨制成的形状似碗的供具，还要准备铃和杵，以及一个小手鼓。从无上瑜伽的角度看，这些法器或供品是每一位修持密法的人必不可少的法器。由此可知，藏传密宗的礼仪不仅丰富多彩，而且每一项、每一种礼仪都有各自不同的严格规定，修习者必须严肃认真地对待，从而说明了修持藏密并非一件容易的事情。

另外，在举行灌顶威仪时，密宗修持者将从他的金刚上师那里接受一个新名，这是修持者用于修炼密宗的法名。密宗修持者在完成近两年的加行修持之后，他不再是一位纯粹的弟子或信徒，而是一位名副其实的密宗修持者。但是近两年的修习只是基础性的训练，如果修炼成为一名真正的金刚上师或根本上师，密宗修持者需要花费二十多年的艰辛修习过程，在这漫长的时间过程中尚须敬请金刚上师举行多次灌顶威仪，每次举行灌顶威仪之后，金刚上师对修持者还要“授记”，即金刚上师向修持者传授今后可允许研读的秘密经文。这一仪轨要在连续一个星期内每天持续近八小时，随着金刚上师的“授记”而开始的口传具有特别重大的意义，而且这种口传也能够持续数年或更为长久。

作为一名密宗修持者在他的密法修炼过程中需要接受多次不同的灌顶，如瓶灌、密灌、智慧灌顶和名词灌顶。这是密宗修持者从初入密门到最高密法，即依照密宗次第步步提升时所要进行的不同级别的灌顶，因为不同级别或不同形式的灌顶具有不同的功能。比如，瓶灌是消除初入藏密者的那种坚固执著的凡夫心理，第一次开发修持者的佛性。瓶灌又包括五种灌顶，五种灌顶完成之后，可以进入“生起次第”的修习阶段，这也是修习无上瑜伽密的初期阶段。生起次第的主要修持方法是观想，观想佛身尤其是本尊形象。如果从藏密的角度讲,密宗修持者观想本尊(神)时,有粗、细两种生起次第,也就是说修持者最初粗观本尊的大致形象,然后细观本尊的每一标志。如此观想直至本尊形象像幻影一般出现在修持者的面前或梦境之中,这时修持者如同见到了真实的本尊(神),可与他直接对话,最后将自己的身、口、意修成和本尊的身、口、意完全一致,即合而为一。这是一种运用意念的观想法,在密宗中属于难度较大的修持,其观想的目的在于达到心空,获得神与人的合一无二。至此完成了无上瑜伽密的初级阶段的修持任务。

密灌是第二级灌顶,经过密灌之后,修持者能够掌握脉、气、明点的修习方法。密灌也是对修持者如来藏(佛性)的进一步开发,从此修持者可进入"圆满次第"的修习阶段。圆满次第是藏传密宗最后、最高的修习次第,其修习方法主要以脉、气、明点的修持而获得成就,即成就报身佛位。

智慧灌顶是第三级灌顶,这一灌顶的作用在于对前一级密灌的进一步发挥,也就是藏密"双身法"的修习。藏传密宗认为,以男性的脉表义"方便",男性的气表义"智慧";以女性的脉表义"智慧",女性的气表义"方便",倘若男女双方均经过第一、二级灌顶而获得成就者,在第三次智慧灌顶时,可发挥脉、气、明点的功能,由二性脉与脉的相触,气与气的相合,明点与明点的相融,即智慧与方便的双运,这样可收彼此互利之效果,迅速获得最高成就。

名词灌顶,是第四级灌顶,也是最后、最高的一级灌顶。在这一灌顶阶段,修持者距离藏密的极果,只有一尘之隔。因为处于这一阶段的修持者已经是肉身的圣者,而不是待悟的凡夫。其修习途径在藏传佛教宁玛派中称为"大圆满"、噶举派中称为"大手印",而名词灌顶则是格鲁派命名的称谓。

简而言之,每级灌顶都为修持者带来福德,诸如清除疑难、传授法力、允许进入教义或修持的角色、允许修持者以特殊的方式祈求坛城中的神佛等,而且,举行过灌顶威仪的修持者都清楚地懂得每尊神佛那真实的身份。实际上,每一种特殊的灌顶威仪,其具体目的恰恰在于为密宗修持者清除烦恼和传授神通力。

二、心诚则灵——磕长头

磕长头，是藏传佛教礼仪中普及面最广的一种十分有益的“礼拜”。藏族信徒以磕拜长头（简称“磕长头”）所著称，在藏族地区，无论男女信徒每天都要在百忙中抽出一定时间作磕长头的礼拜。由于做这种礼拜会给人们带来身心安康，古往今来一直很盛行。藏密对这一礼拜也非常重视，并纳入自己的修持范围，如《佛教禅学与东方文明》记载：“藏密瑜伽行者在修气脉明点时，还强调须打拳、行大礼拜（磕长头），以活动肢体，流通气血，打开脉结，散化明点。大礼拜时，观想三字总持咒在中脉内升降，有的礼拜者一拜就是几个小时，这种配合观想升降气、明点的全身运动，无疑有体操及气功动功强身之效。”

但需要提出的是，藏密中的大礼拜磕长头比普通的磕长头严格和复杂，详见本书第八章第三小题。

在修持藏密时所要进行的磕长头，实际上是一种大礼拜的形式。从严格意义上讲，磕长头这种大礼拜属于藏密如行道的范畴。藏密修持者要在自己的金刚上师和坛城中的佛像面前磕拜长头，一般情况下每次磕三次长头即可，但有时多达几百、几千甚至上万次。磕长头在藏密修持中已成为所有仪轨的开始和结尾的组成部分，因此，英国人布洛菲尔德在他的《西藏佛教密宗》一书中指出：“伴随磕长头的祈愿语和现观成了一种真正的虔诚修持，无论大家在哪里完成这种修持都完全一样，祈愿语一般都是：‘我是某某人，以众生之名义和完全自愿地奉献我的身、语、意，我跪在上师和三皈依面前’。信徒在发这些愿的时候会现观或意见到与在皈依时召请的神相同的一大批神灵。出自他们那闪烁光芒的外形的光线陷入了十方为六道众生提供帮助和安慰，并进入信徒自己那已变成发光的水晶体的身体中去。在这样的背景下,三皈依是对闪闪发光的空之人格化,并寻求与之神秘地结合起来的媒介。随着大家的修持向前发展,现观变得越来越清楚和详细了。

“磕长头授予了相当数量的恩德。在体位方面,它恢复了每天在三昧现观中度过很长时间对身体造成的不利影响。这就是为什么某些信徒终身一直坚持这种仪轨的原因。对于身强力壮的藏族人来说,每日磕四百个长头者并不罕见。毫无疑问,古代的那些创造了这些修持法的佛教徒头脑中就具有这种恢复体力的作用。然后就是这种行为的象征性谦卑,它为结束自我之幻作出贡献。因为谦卑是傲慢之后果,而傲慢又是自我的主要精神食粮。”

以上所说的磕长头属于藏密中的大礼拜,可谓正统的磕长头法。其要求比较严格,所礼拜的对象除佛教三宝外,还有更重要的金刚上师。因此,只有数量有限的修持藏密功法的弟子行这种礼仪。

但另外流行着一种简便易行的磕长头法,由于它没有时间、地点、对象等条件的限制,深受藏族广大信徒的青睐,并拥有众多的信徒。因此,这一磕长头法可叫做普通的磕长头法。

这种普通的磕长头法,其动作依旧与正统的磕长头法一致,行者站立后将双手合十并置于头顶,紧接将手印置于喉际,再置于心际,然后散印,俯身双手着地,向前平伸推出,即五体均着地,又再合掌于顶,后起身立正。如此循环,多多益善。作此礼拜时,可以默念或出声诵六字真言等圣咒或赞颂词。这种礼拜既有信仰的一面,又有健身的一面,做这种礼拜,可谓一举两得。正如上面指出的那样,这种大礼拜法是藏密气功的一种动功,它以礼拜的方式,反复性地做五体投地的全身运动,有强身健体的作用。[1]

由于普通的磕长头法没有个体的条条框框限制,随时随地人人可做。所以,在藏族地区,只要留心,随处可看到人们在磕长头

① 可参见《藏密气功宝典》,山西科学技术出版社,1991。

的各种情景。“进入拉萨市区,老远就看见寺庙的金顶光芒四射,旁边是金光闪闪的法轮。这些最雄伟壮观、富丽堂皇的建筑坐落在市中心、闹市区或‘风水好’的山坡上。走近寺庙便可听到喇嘛的诵经声;各寺门口和佛像前都有虔诚的信徒将整个身体贴在地面‘磕长头’,有的三步一匍匐;有的在耳旁放上一堆石子,磕一个头拨过一个石子(以计数——编注)。……寺庙的石砌地面被香客们磨得锃光透亮。”这是一位北京的记者在西藏拉萨市内所看到的藏族佛教信徒在磕长头的情形。①

另外在《西藏万里行》中还有一段磕长头的描写:

拉萨市中心的大昭寺,香火最旺。上万盏酥油灯将佛殿映照成为一个神秘的世界,佛钟当当,香烟袅袅。寺内从清晨到晚上挤满了顶礼膜拜的香客。晚八点寺门关后,依然有许多人在门前磕头。一千多年来,寺门前的石板地被磕头者的双手磨出了一道道光滑的石槽。在环绕寺庙的八角街上,早晨、中午和傍晚,转经的信徒们集结成的人流,就像一个大法轮套着大昭寺旋转,很是壮观。转经者一边手摇经轮,一边口中念佛,首尾相接地绕行。

一天傍晚,我们看到八个来自昌都的喇嘛,光着上身,身背佛盒,在围绕大昭寺磕“长头”。“长头”也叫“等身头”,就是先双手合十,高举过头,双膝跪地,然后手擦地向前伸,全身都趴倒在地,甚至连前额也磕到地面,真所谓“五体投地”。就这样以身体量地皮,因此叫“等身头”。这八个喇嘛尤其虔诚,面向前进方向磕“等身头”后,改为垂直于前进方向磕“等身头”。人的身材横不过一尺有余,这样横着一尺一尺地量地皮,绕一圈大昭寺该花多少时间!

以上只是描述了千千万万藏族人磕长头的一个侧面,因为绝大多数藏族人喜欢在自己的住所磕长头,这样,一来时间上可以自由安排;二来比较安静,能够全身心地投入到磕长头的无限憧憬之中。

---

① 详见《西藏万里行》一书。

比如，笔者小时候在家乡时，邻居中有一位体弱多病的老妇人，她每天晚上睡觉前必须在自家屋内，朝屋中央设立的佛龛磕一百个长头，这样每天不间断地长期坚持下来，她那病弱的身体逐渐康复。从此磕长头给我留下一个好印象。后来，笔者由于工作需要，从北京进藏住在圣城拉萨，恰好对面邻居中也有一位藏族老妇人，他们住在一个四合院，笔者住二层楼房。有时起床早一点就有机会看到邻居老妇人在自家院内磕长头，看来她习惯在早晨磕长头。这位老妇人不仅身体很健壮，而且每天面带慈祥的微笑。由此，我又联想到青海家乡的那位磕长头的老妇人。

通过以上所举实例，可以反映几点情况：第一，磕长头是一项不分僧俗、男女老少，人人可行的藏传佛教的大礼拜；第二，大多数藏族信徒磕长头主要是出于宗教信仰的目的，而不是为了单纯的健身。当然也有一些人具兼而有之的想法，特别是那些体弱多病的藏族信徒，多采取磕长头的方法来祛病健身，病痊愈后，自然会归功于得到佛教三宝的保佑。目前，藏族信徒在长期的实践中，已经体验到磕长头能够医治慢性胃病的奥秘。广大读者，如有兴趣，不妨试一试。如果确实有极佳效果，何乐而不为呢？

总之，磕长头除了宗教信仰上的深远意义外，它更是一种锻炼身心安康的运动，应推广于人民大众，受益于人民大众。这样，磕长头才能真正成为人类社会的一种有益的精神食粮。

另外，借此值得提及的是，藏传佛教提倡广大信徒开展“转经”活动。“转经”，顾名思义，就是围绕一座寺院、一座佛塔、一座佛殿、一座神山等，从左向右转一圈或几圈，甚至上百上千圈。这就是大致意义上的转经，而且，藏传佛教对“转经”还赋予特殊的功能或含义，从而“转经”不仅简便宜行，人人能够做到，而且功德无量，深受广大信徒的喜爱。为此，转经在藏传佛教中成为普及面最广的一种特别礼仪。如果稍微一留心，就会发现藏传佛教的每座寺院都有特定的转经路，而且不少寺院还在转经路配备经轮（或经筒），广大信徒一边走一边用手将不同规格的经轮转动一下，其功德又加倍增长，因为每个经轮内都装有一定数量的经咒。众所周知，藏传佛教对密宗真言咒语的功能极为重视，故经轮内的经咒大都以六字真言为其主要内容。广大信徒每转动一个经轮就等于念诵了数百遍经轮内的经咒，其功德就在于此。目前，在藏族地区规模最大、路程最远、人数最多的正规转经路就形成于西藏的圣城拉萨。这一转经路从大昭寺外围作为起点，最后又在大昭寺门前结束，将拉萨药王山、布达拉宫、小昭寺、下密院、尼姑庵等许多圣迹都纳入转经路之内。徒步转经一圈需要两三个小时，但每天都有络绎不绝的转经信徒，以早晚最多，每遇藏传佛教的大小宗教节日，转经人数更是猛增，其规模可谓空前。

三、舍己为人——发菩提心

菩提心，是藏传佛教的核心内容，也是藏传密宗极力提倡的主导思想，遂成为一门人人皆知的高深礼仪。“菩提心”意为“觉”，“心”则同时指思想与心之意思。因此整个词在字面上可以理解为“觉心”。但解释仪轨名称的最佳方式则是“实现一种由佛陀的智慧和菩萨对众生的慈悲形成的心之状”。其中第一阶段在于培养大家所说的“四无量”或“四梵住”，这就是一慈二悲三喜四舍。

著名佛学家赵朴初先生在他的《佛教常识答问》一书中指出：“志愿自度度他、自觉觉他，叫做发大心，又叫做发菩提心。初发大心的人固然也可以称为菩萨，但没有得到实证以前仍然是在凡夫的地位。发了大心，依照戒定慧三学修习，实行六度四摄，经过无数的生死，最后才能成为佛果，其间有三贤十地五十二位等阶梯。文殊师利等是居于菩萨的极地的，是等觉位菩萨。大乘经典特别称道文殊师利大智、普贤的大行、观世音的大悲、地藏的大愿，所以这四大菩萨特别受到教徒的崇敬。我国五台山被认为是文殊师利的道场、峨眉山是普贤的道场、普陀山是观世音的道场、九华山是地藏的道场，称为四大名山。由此可以看出四大菩萨在我国佛教徒心目中的重要地位。”虽然发菩提心的最终果位是佛果，但更关键更困难的乃是获取菩萨位并修菩萨行。因此未来的修持者在其修持中首先要发菩萨愿，保证极力全心全意地达到觉的同时，只要其他生灵还在生死轮回的“苦海”中挣扎，自己就不能进入涅槃，仍要留在菩萨位，继续“以智上求菩提，用悲下救众生”。

可是菩萨地不太容易获得，因为它要求对六道众生都具有无限的慈悲。修持者在发菩萨愿之前，应该下决心获得六度。首先是布施，在此背景下意味着信徒为实现其大愿而要完全放弃自我。其二为持戒，这不仅仅有其弃恶和不伤害他人的常义，而且还具有密教的特殊意义，即任何失败的思想都应该如同不道德一般而被抛弃，因为它会引起对修持者清净佛性的怀疑。其三为忍耐，它允许修持者忍受任何辱骂或任何挫折失败，而又不会因此而使其慈悲或其安全感受到减少。接着是精进，它可以同时克服障碍和麻木迟让。其五是禅定，它会继续趋向圆满。最后是智慧。在清除了不净的废物（执著和厌恶）时，修持者应靠智慧度来清理其心以便向智慧的进入开放。解决了这些问题之后，修持者便可跪拜在圣像或三宝之前，虔诚地发愿将其本世本生和所有的来世都用于解脱众生。

至于如何发菩提心，在一部藏传佛教宁玛派的经书里有一段论述：修持者首先想到其朋友和敌人，指出了如果善于行事的话，敌人是可以变成一种福源的；而朋友也可以变成进步的障碍，因为对他们的无限爱可能会引来未来的转世，修持者以联想到一两个人而开始，然后逐渐将其感想发展到包括世间一切众生，同时也培育一种对待他们的公正态度，从而使在亲密朋友和远方的熟人之间或在敌人和朋友之间的差别消失。这样一来就逐渐实现了公正。修持者接着观想世间的所有众生，以一种如同父母对待他们那些失去理智的孩子们般的充满温情的冲动，热切地追求他们个人的福利。这样一来就实现了向往以所有办法利益众生的慈爱。

其次,为了加强慈悲,修持者要观想某些被残忍打击的生灵的命运,如一名作恶者被处决前夕或一只落入屠夫那尚冒有其可悲同类之鲜血热气的手中的动物。修持者想到了这些不幸者,就如同一个母亲想到了儿子一般,心中充满了一种如此强烈的爱和怜悯,以至于几乎是不可忍受的了,修持者便会自言自语地说:啊!如果他能摆脱这种暴行该多好啊!接着修持者逐渐将其心转向那些处于其他悲惨生活条件下的人,以及那些在痛苦的环境中清除其羯磨的人。这一部分禅定三昧修持将直接导致大家在现观中亲见苦厄众生界时所达到的三昧,它越来越发展,直到无限的空。出自三昧的心会实现指向一切众生,特别是现在正享受福乐的敌人。修持者不怀有嫉妒,为他们的欢乐感到高兴,热烈地希望这种欢乐能得到增长,并能持续一段时间。在将自己观想的幸运众生的数目扩大到无限时,重新进入三昧。

当修持者第二次出现三昧时,菩提心的真正发展便开始了。信徒在强烈地希望众生都获解脱以及最后自己也实现解脱而进行祈祷时,会看到由无数在前世中曾为其父母的生灵组成的世界众生,其中包括天神、阿修罗、人类、各种畜类和鸟类、爬虫类和昆虫类以及魔怪和地狱中的生灵,即六道轮回中的所有有情众生。

修持者的心中充满了深刻的慈悲,于是便思考:在这所有的众生中,没有一个过去曾是我的父母。我现今的双亲慈爱地将我抚养人,慷慨地给予我食物和衣着。只要他们与我的前世父母始终停留在生死轮回中时,为什么我自己重解脱呢?我应该将我的心固定于最高的觉中,这样也算赶得上一尊菩萨的神圣行为了。我将不遗余力地为此而努力,一直到达再没有一种生灵仍停留于生死轮回之中。

修持者于是便念诵了一段表达其向往的经文,作为完成加行修持所作出的贡献。其经文如下:

啊!

以类似月亮在水中那倒影的虚假反映的多种面目出现，
被禁锢在生死轮回之道中的众生在游荡。
为了使他们的心停留于其自然的空——光明之中，
我身上的菩提心自四无量中诞生。

当修持者念诵完这段经文之后，他便会看到坛城中的神出现于自己的面前，然后又融合于自己的身体中。一旦当菩提心如同一道闪光而于其识中出现，三昧便会第三次出现。

为了结束仪轨，修持者可以进行修持练习帮助其他人的方式，以及在对所有实物的内在空（法）进行修持禅定，并获得般若智慧的方式。这样一来，初学者便会迅速产生菩提心。

关于修持菩提心，《佛教禅学与东方文明》中有记述：密乘认为四部密法的本尊法有相瑜伽，皆属修止，只可入“世间三昧”，成就治病、事业法、八中悉地及化身等世间法。即无上瑜伽的圆满次第，在证义光明之前亦属道前世间境界，俗谛所摄。下三部密法强调，须在有相瑜伽的定心中以智慧修观，尤其是观心而见心真实，入于无相瑜伽，方得出世间。无上部圆满次第也须在气入住融于中脉后所生心寂上观菩提心而见证义光明。

密乘瑜伽之宗旨在于止的定心中观空性而见证菩提心，这与显教止观其实同一义趣。密乘自称其法的殊胜于显教处，全要在于自观为本尊身而成就“报身”，为法身（菩提心）与报身双修、方便与智慧双运。

密乘不但强调止后修观，而且从一开始就观修空性及菩提心。下三部密法，尤其是行部法，以观修净菩提心为全部瑜伽的基础，不过其观法与显教之理论推察不同，是把众生本具菩提心具体化、形象化为一轮满月，取其圆明、清净、清凉之义为喻，作为观修对象。这种观法虽然主要运用形象思维进行观想，类似修止，实际上是以月轮相比喻菩提心，寓哲理于形相，可称特殊的修观。

格鲁派也特别强调在修气脉点所生空乐不二之定心上，以闻思慧思择,观修人法二无我义及菩提心。说明真实的无我正见及出世间智慧,必须经理性思维所得闻思慧之扶择而证得,方称无分别慧。

菩提心的这一观念正是形成佛教博大胸怀的基本因素。从藏传佛教的角度讲,只要修持者努力修持发菩提心,一定会大见成效。因为释迦牟尼也在付出无数次牺牲和经过一心一意的巨大努力之后,才获得了菩提心,于是他行的是菩萨的功德,始终不渝,这样他就逐渐积累了功德和智慧,最后终于成佛,也就是说释迦牟尼已从由眷恋尘世而产生的苦难中解脱了出来,达到了尽善尽美的安宁之境,如此安宁之境源出于称为涅槃的最终的、不可言喻的安宁。

但为了获得这一不可言喻的菩提心应深刻认识到:“我必须实现至高无上、无所不知的佛陀境界,这样我也就可以将天下芸芸众生全都从生死轮回的苦海中拯救出来,让他们都进入最终的涅槃乐土”。这一激励性的认识会产生无穷力量使有情众生对佛教产生渴望之心,并纷纷将自身的精力全部奉献给既深刻又广泛的成道之上。

为实现菩提境界而进行这实践之根源也就意味着慈善、道德、耐心、毅力、修行和智慧。进一步讲,从慈善、道德和耐心这三种品质之中产生了整个的善德之行;从修行和智慧中产生了全部的崇高智慧;而毅力引导有情众生获取整个的善德之行和全部崇高智慧。要严格遵循藏传佛教的修道之规,关键就在层层实行双重配合,也就是德行和智慧的配合,方法与知识的配合,密宗与显宗的配合,相对与绝对的配合。同时,还必须认真注意佛陀全部教义内在的道德含义,即不要伤害其他生灵,而要培育慈爱之心。从菩提心的角度看,其最终目标在于对天下所有生灵无条件地表示怜悯。这样,世界人类在菩提心的激励下,一定会自然、自愿地尽力去创造一个和平、幸福、安详、进步、文明、智慧的人间乐园!

第七章　藏密特异信仰

信仰,不仅是一种思维方式,而且是一种生活方式,它把日常生活置于永恒实体的笼罩之中。对于信仰者来说,这种信仰的行为不仅使人精力充沛,而且使人获得一种信念。这从藏传佛教的角度讲,就是信徒从一种至善的无限力量中获得最深厚的充实感。因为信仰实质上是确信这种力量能更新信徒自己的现实生活及其未来的生活环境。

宗教现象,就是以“信仰”这一人间理情或超越伦理的情绪为中心,所发展出来的东西。基于此,藏族信徒的“信仰”形态,可以说是站在藏传佛教和他们结合的观点之上,造就了丰富多彩的文化现象。其中以藏密为中心所表现出来的一些信仰形态,则具有一种神秘的文化特色。实际上,这是藏族信徒将宗教神圣存在的一种体验,变成个人宗教生活模式的特异信仰。在此仅对以藏密为中心的几种特异信仰作以下具体介绍。

一、神奇的六字真言信仰

六字真言,源于梵文,现由六个藏文字母ཨོཾ་མ་ཎི་པདྨེ་ཧཱུྃ(唵、嘛、呢、叭、咪、吽)组成,是藏传佛教密宗的一种咒语,也是一种发声法。比较正确、通用的汉语音译为:唵(wēng),嘛(mā),呢(nī),叭(beī),咪(mī),吽(hōng)。佛教密宗认为这六字属于佛教密宗莲花部,其缘起即莲花生菩萨祈往极乐世界所唱的六字圣歌,后来藏传佛教将六字真言定为观世音菩萨的明咒。

中国著名梵文专家季羡林先生对六字真言也作过一般性考证:"唵嘛呢叭咪吽,即所谓'六字真言'。原文是梵文:om mani padme hum,含义是:'唵,摩尼宝在莲花中,吽!'这是音译。关于六字真言,佛典中有不同的说法。有所谓观音菩萨的六字陀罗尼,有文殊菩萨的:唵缚鸡淡纳莫,有阿难的。上面写的这个六字真言,一般说是出自莲花生菩萨,是喇嘛教的。在西藏等喇嘛教流行的地区,非常习闻"。在此基础上对六字真言的意义还可以作如下更具体的解释:

"唵"表示佛部心,念此字时,必须身体要应于佛身,语要应于佛语,意要应于佛意,也就是说要身、语、意相应,与佛成为一体,这样才能获得成就。

"嘛呢"二字系梵文,意思是如意宝,表示宝部心,这个宝贝又叫嘛呢宝,据说它隐藏在海龙王的脑袋里,如果得到这个宝,入海就会有各种宝贝前来会聚,进山则各种珍宝也能无所不得,所以又叫"聚宝"。

"叭咪"二字意为莲花,表示莲花部心,比喻佛法像莲花一样出污泥而不染,永远纯洁。

"吽"字表示金刚部心,是祈愿成就的意思,即必须依靠佛的力量,才能得到正觉,成就一切,普度众生,最后达到佛的境界。

藏传佛教密宗又将这六字真言视为一切佛教经典的根源,循环往复不断念诵,就能消灾积德、功德圆满而成佛。因此,六字真言盛行在藏族社会之中,僧俗人士不管是劳动还是休息,甚至在睡觉前都诵念不已,于是就产生了不可思议的巨大精神力量。如果你有什么不顺心的事,那就保证你心情愉快;假如你有什么病痛和灾难，就保证你平安无事。

除了时时刻刻的念诵外，人们还将六字真言刻写、绘制出来，表示对幸福的憧憬和对观音菩萨的崇拜。在青藏高原，六字真言可以说是触目皆是，在高山之巅、深沟峡谷之旁，都可看到，似是鬼斧神工。在寺院的里里外外，在居民的屋顶上、墙壁上，牧民的帐篷周围，都有经过艺术加工的六字真言。它们虽然琳琅满目、酷似艺术装饰品，但实际上在表达人们心坎里的意念，给人以强烈的宗教震撼。

与六字真言相关的还可以列举很多，如六字真言旗、六字真言幢、六字真言桶（筒）、六字真言石刻等等，其中六字真言石刻规模宏大，影响深远，堪称六字真言之宝库。

A. 六字真言为什么会出现在西藏

根据法国学者今枝由郎所撰《敦煌藏文写本中六字真言简析》一文，六字真言最早出现在一卷梵文《大乘庄严法王经》之中。由此可知，六字真言源于印度。

至于六字真言何时传入西藏本土，《西藏王臣记》记载："拉托托日年赞国王，是吉祥普贤菩萨光明幻化而诞生的。当他在位时，雍布拉岗王宫的屋顶上，从空中降下《百拜补证忏悔经》、金塔、《佛说大乘庄严宝王经心要六字真言》、《枳达嘛呢法门》（心宝法门）等。又从空中发出声音说：'再传五代，将会知道这些经义。'由此国王虽不能认识这些经文，但依然看它是很奇特稀有的物品。于是起名为'尊严秘宝'而安放在王宫的宝库中，并虔诚供奉祈祷求福。由于这祈求的力量，国王拉托托日年赞虽已年届八十，但他却一变而为少壮青年，整整活了一百二十岁。"对此，"伦巴班智达[①]说，由于当时苯波意乐天空，遂说为从天空而降，实际是由班智达洛生措（慧心护）及译师里弟生将这些法典带到了吐蕃。藏王不识

① 藏传佛教"后弘期"时出现的一位藏族大佛学家。

经文复不知其义，因此班智达和译师也返回了印度”[1]。由此可知，吐蕃第二十七代赞普拉托托日年赞时（约公元333年），藏族地区确实获得了包括六字真言在内的一些佛教经函，但当时未出现书写、翻译、念诵、讲经等佛事活动，更何况应用六字真言这一咒语。

根据《贤者喜宴》，在松赞干布时期（7世纪中叶），迎请了印度、尼泊尔、克什米尔、汉地等大师学僧，翻译了《集密宝顶陀罗尼》、《月灯》、《宝云》、《十万般若波罗蜜多经》等佛经，此外还重点翻译了大悲观音菩萨之显密经典二十一部。这一时期不仅定为佛教真正输入吐蕃的开始，而且也可作为六字真言正式介绍给藏族人民的开端。从此以后，作为藏区保护者的观世音菩萨及其六字真言咒语的功德也在藏族人民中间广泛传播，人人崇拜和念诵。

目前，我们虽然尚未获得更多的依据来阐释六字真言的意义和使用在古代和晚期有否区别，但是，晚期的一种流传最广的解释之一则给唵嘛呢叭咪吽这组六字真言的每一音节赋予了一种摆脱轮回转生和六道的职能，从而使六字真言更加威严、神圣。

今枝由郎在《敦煌藏文写本中六字真言简析》一文中也指出：“只是从11世纪起，唵嘛呢叭咪吽这一咒语在西藏的重要性和声望才得以骤增。西藏佛法的复兴者阿底峡尊者写了一篇关于这一咒语的小品论文。娘惹·尼玛悦色（1124或1136—1204年）发现的莲花生上师的第一部传记《桑林玛遗教集》的最后一些章节里记载了六字真言咒语的功德；最后，《玛尼宝训集》这部文献巨著终于在13世纪问世，这是一部有关论述唵嘛呢叭咪吽这一咒语的文献汇编，人们一般认为这一汇编是由松赞干布写的。这就是围绕唵嘛呢叭咪吽这一咒语传说的大集本。”可见，藏族人民对六字真言有着很深刻的理解和发挥。

总之，六字真言最终在藏土这一雪域高原上找到了自己的落脚点，无论从理论上还是实践上都有了前所未有的大发展，使其真

---

① 廓诺·雄努白：《青史》（汉译本），26页，西藏人民出版社，1985。

正成为造福或净化人类精神世界的一种最奇特的精神食粮。

B. 无边无尽的功德

关于六字真言的功德，藏文史籍中均有不少记载：

> 释迦牟尼佛在竹园林中由众阿罗汉围绕静坐时，他的眉间白毫毛放射出一道彩虹般的五色光芒，射到北方雪域之地方。释迦牟尼在座位上看到这一情形，脸上现出微笑，并教喻道："北方雪域国是三世佛都未曾教化过的地方，是布满魔怪的边地，但是，将来那里的佛教会像太阳升起一样光大弘扬，有情众生将走上获得解脱的菩提道。完成这个调伏边地的善业者，应该是圣者观世音菩萨。因为从前观世音菩萨修行时，曾在一千尊佛的面前发过这样的誓愿：'我一定要把三世佛都未到过的雪域边地的难调伏的有情众生引到解脱的正道上，使这块边地成为我所调伏之地；我要像父母一样对待那里的精灵鬼怪们，我要做众生解脱的导师，驱除黑暗的明灯；我将使三世佛等一切如来佛所说的教法全部弘扬，长驻边地永久不衰；我将使该处众生有情闻三宝之名、受三宝之护佑、获得善趣之身、享受圣教正法的受用，我将以教化一切之力使众生有情成熟解脱，使雪域边地变成一个宝洲，这是我的心愿。'由于这个誓愿，三世佛未曾调伏的雪域边地，应当由观世音菩萨教化。①

这就是观世音菩萨后来为什么以藏区保护神自居的缘由，换句话说，后来藏传佛教以上述引言作为理论依据，奉观世音为普度藏土众生的主尊菩萨。

---

① 详见《西藏王统世系明鉴》等藏文史书。

释迦牟尼佛又由心间放射出一道形状像布扎日噶花[①]的白光，照耀世间，然后没入西方极乐世界的无量光佛的心间。又由无量光佛的心间放射光明，射入莲花海中，这是预示教化雪域边地的化身佛将要出世。其情形如下：

1. 极乐世界的情景

首先，简要描述一下极乐世界的完美情景：

大地像画出的平展展的棋盘，
尘世的土石在这儿连名字都未听说过；
开心醒智的神火熊熊地燃烧，
尘世的烟火在这儿连名字都未听说过；
具有八种功德的水长流不止，
尘世的水流在这儿连名字都未听说过；
用菩提宝树将大地装饰打扮，
尘世的草木在这儿根本无处立脚；
随时都有静定之食可以享用，
饥渴之苦在这儿根本未曾有过；
穿着整戒洁净的袈裟衣服，
尘世凡装在这儿从未有过；
自身就有光明把自己照耀，
太阳月亮的名字也未曾听说；
大众都懂得谦让和礼节，
从未有过战争伤害和争论；
极乐世界里充满欢乐和幸福，
根本不知道苦难灾祸是何物；
极乐世界根本没有死亡的悲痛，
连轮回流转的名称也未听说过；

① 布扎日噶为梵语，是一种白莲花。

极乐世界佛陀没有三身的区别，
有情众生的名称也从未听说；
极乐世界大众都得享金刚无量寿，
衰老死亡的事情从来未曾有过；
极乐世界人身不由四大元素组成，
疾病疼痛的名字也从未听说；
就像莲花树一样由神幻出生，
尘世的“四生”在那儿从来未曾有过。[1]

由此可见，极乐世界是针对现实人世间的种种苦难和不幸而创立起来的理想境界，也是诱导人们从事善业的明灯。从而不难理解大乘佛教徒提倡普度众生、追求共同到达彼岸世界的崇高思想。佛教中所谓的彼岸世界就是指上述极乐世界。

2. 六字真言与观世音菩萨

六字真言作为观世音菩萨的神圣咒语，在此了解观世音菩萨的由来也就显得十分重要。现将观世音菩萨降生于莲花中的一段故事作如下叙述：

在阿弥陀佛国，有位名叫桑布乔的法王，他想向佛献花，遂派遣仆役到莲花海边去采花，看见海中有一株大莲花，茎枝有轭木那么粗，莲叶有盾牌那么大，在千片莲叶的中央，有大瓮那么大的花苞放射出各种光辉。仆人回来禀告法王。法王十分惊异，于是建造了一艘大船，与随从携带各种供品，到莲花荫下供养、祝愿。此时花苞开裂成四瓣，花蕊中坐着调伏边地的神变化身。他双腿成金刚跏趺，一张脸四只手，两只手在胸前合掌，另外两只手的右手拿着白水晶念珠，左手拿着白色

① 萨迦·索南坚赞：《西藏王统世系明鉴》（藏文版），27—29 页，民族出版社，1981。

莲花朝向耳际，相貌端庄，装饰着各种珍宝，穿着绸缎做的衣服，身体的颜色如同雪山日出，左肩披黑羚羊皮，掩住乳际，梳着五束发髻，发髻上有珍宝，脸带可爱的微笑，光芒照射十方。法王与随从们都喜悦崇敬，于是用各种音乐迎请这个化身到法王的宫殿。法王在无量光佛面前祈祷说：

从莲花海的莲蕊里面，
幻化生出梳髻的化身，
色如雪山佩戴各种珍宝，
模样俊俏使人十分心爱。
这世间罕有的端庄化身，
他是继嗣我的王统的王子？
还是利益众生的神佛化身？

无量光佛回答说：

长满八瓣莲花的海洋中，
从莲花中生出化身佛子，
他是大慈大悲观音菩萨，
身色洁白如同那君陀花，
佩戴珍宝相貌端庄俊美。
他并非继承你的王统而来，
他将在雪域边地弘扬佛法，
他是那教化一切的佛的化身，
他大慈大悲将利益天下众生。

无量光佛如此说毕，就为这化身摩顶，并对他讲道："善男子，雪域边地众生，由于以前的誓愿的愿力你将会教化他们，善哉！善哉！边地雪域的有情众生，看见圣者你的身体，听见六字真言，就会立刻脱离三恶趣，获得善趣界之身，边地雪域的厉鬼魔障、肉食罗刹等伤生害命的精灵看见圣者你的身体，听到六字真言，将熄灭邪恶之念，生利乐慈悲之心；边地雪域的虎豹熊罴等发声可怖、食肉饮血、害命伤生的凶顽野兽见到圣者你的身体，听到六字真言，将熄灭毒害之心，互相慈爱如敬父母；边地雪域那些为饥渴所苦，备受灾难折磨的众生看见你的身体，听到六字真言，将像获得甘露美食，诸愿满足，除此饥渴之苦；边地雪域的悲惨不幸、眼瞎患病、器官不全、无依无助的众生，看见圣者你的身体，听到六字真言，就会诸病痊愈，器官齐全，身强力壮；边地雪域的众生看见圣者你的身体，临死的也会延长寿命，染有病痛的也会得到良药治愈，无依无靠的会得到依靠，无人帮助的会得到帮助。边地雪域众生的本尊神是你观世音菩萨，由于你的缘故，未来时将有无数神佛菩萨降临此境，弘扬佛法。该处佛法的善根是六字真言，依靠这六字真言，未来时在此边地，所有佛教经典将广为传播，享受圣教教法的受用。'唵嘛呢叭咪吽'这六字真言，乃是诸佛思想之聚集，八万四千经论的精英，五部佛主与秘密主之心要。这六字每字都是陀罗尼咒之聚合，善业与功德之本源，利乐成就的根本，善趣与解脱的大道。'唵嘛呢叭咪吽'这各种经论辑要的六字真言，只要看见一次，就可以得到无反复的佛地，成为脱离轮回的尊者。即便只是听见它，也可以得到善趣身，成为脱离轮回的尊者；即使是一只蚂蚁、一头牲畜，只要在临死前亲耳听到六字真言，也能脱离牲畜道转生三善道；即使是只在心中思念六字真言，也会像雪山受到太阳照耀一样；前世没有积福的，也可以依此断除苦根魔碍，转生极乐世界。若触摸六字真言，就如同受到诸佛、菩萨的灌顶一样。只要修习一遍六字真言，就可以抵得上闻念三遍的功用，眼前现法身，世间宝藏开；要是把六字真言佩在身上，善男子的身体可变成佛的舍利，可以免除四百零四种病患，火、水、毒、兵刃、上下诸魔都不能加害；若是把六字真言写到珍宝、布帛、纸、树皮，乃至土块石头上，也可以与写八万四千部经典的功德相等，今生得到利乐受用，此身此世可以得到佛果，对此不可怀疑和三心二意。山王须弥山的重量可以一两一两地量完，念诵一次六字真言的功德无法量完；用布每年擦一次金刚岩可以把它擦掉，而念诵一次六字真言的功德谁也无法把它算完；大海的水可以一滴一滴地把它量完，而念诵一次六字真言的功德谁也无法算清；边地雪域的尘土草木森林可以一一数清，而念诵一次六字真言的功德谁也无法量尽。”

3. 六字真言与六道轮回

又比如在一百由旬[①]的大厦里装满芝麻，每天取出一粒，总有取完的时候，而念诵一次六字真言的功德永无穷尽；十二个月昼夜不停降雨，所降之水可以一滴一滴排尽，而念诵一次六字真言之功德永无穷尽，这样的例子在善男子面前不需多说。供养我等亿万神佛所得的功德可以量尽，而念诵一次六字真言的功德不能量尽。“唵嘛呢叭咪吽”这六字真言，“唵”对诸天神除死亡之苦；“嘛”对非天除争执之苦；“呢”对世人除生老病死之苦；“叭”对畜牲除役使之苦；“咪”对饿鬼除饥渴之苦；“吽”对地狱除冻灼之苦。[②]

以上是无量光佛对其弟子观世音菩萨即将奔赴雪域高原传播佛教正法时所宣讲的关于六字真言的功德，并说明了六字真言与六道轮回之间的特殊关系，六字真言中的每个字能够解除一道轮回的灾难。

4. 六字真言与六波罗蜜多

六字真言不仅与六道轮回有特殊关系，而且与佛教中的六波罗蜜多也有密切关系。正如经上所讲：

众佛齐声赞美过它，
所有教法集中于它，
受到六字真言灌顶，

① 由旬，古印度计算距离的单位名，一由旬约二十公里。
② 详见《西藏王统世系明鉴》。

众生因此呈现吉祥。
聚集众佛心要的真言，
今天把它传授给你。
犹如在众佛聚会时，
使你受五部佛灌顶。
“唵”字是布施波罗蜜多，
能破吝啬贪鄙之心，
祈求各部神佛的法身，
对你灌顶加持护佑。
“嘛”字是忍耐波罗蜜多，
能破除瞋怒嫉恨之心，
祈求各部神佛的报身，
对你灌顶加持护佑。
“呢”字是持戒波罗蜜多，
能破除无明错失之障，
祈求各部神佛的化身，
对你灌顶加持护佑。
“叭”字是禅定波罗蜜多，
能破心思散乱之障，
请那遍知一切的佛身，
对你灌顶加持护佑。
“咪”字是精进波罗蜜多，
能破除懒惰懈怠之心，
请那充满智慧的佛语，
对你灌顶加持护佑。
“吽”字是智慧波罗蜜多，
能破除造业烦恼之障，
请聚集各种法力的佛意，
对你灌顶加持护佑。

诸佛加持的六字真言，
念诵它如同金刚之声，
请这至高无上的教法心要，
对你灌顶加持护佑。①

以上是无量光佛对圣者观世音菩萨举行特殊灌顶时的教喻，同时又是对六字真言与六波罗蜜多关系的重要阐释。从中还可以看出观世音菩萨与六字真言的关系就像水乳交融，难解难分。实际上两者是相辅相成、不可分离的一个整体。

在无量光佛为化身菩萨观世音灌顶时，地上的水往上溢，头顶出现光明而成为头饰。此刻无量光佛又以六字真言作了最后赞颂：

唵字使人具有五明，
嘛字使人产生慈悲，
呢字引人脱离六道，
叭字为人消灾息苦，
咪字为人烧掉魔障，
吽字使人功德圆满。
六字真言无边法力，
引导边地雪域众生，
走上解脱光明正道。
它是神佛的护佑，
教法聚集的精要，
一切利乐的本源，
各种成就的根本，
登上善趣的阶梯，

① 参见《西藏王统世系明鉴》。

防堕恶趣的关隘，
脱离轮回的舟船，
驱除黑暗的明灯，
摧毁五毒的勇士，
焚烧魔障的火焰，
砸掉苦难的铁锤，
调伏边地的缘主，
边地雪域的法缘，
各部经论的聚集，
闻思修习的心要，
最为尊胜的神佛。
牢记诵念的六字真言，
六字真言的护佑，
将使边地雪域众生，
走上成熟解脱正道，
佛教教法光大弘扬。①

可见，六字真言的功德自始至终是由无量光佛来讲述的。这样，六字真言不仅神通广大而且具有了权威性。

更重要的因素，还是藏族人民接受了这一神圣的六字真言，甚至奉为自己的“救世主”。一千多年来，藏族人民一直虔诚地供奉它，崇拜它，信仰它，将一切献给它。因此，六字真言才有了风靡全藏区的盛况，现在只要是藏区无处不看到六字真言那五彩缤纷的形象，无处不听到六字真言那牵动宇宙的音声。

C. 圣字功法

藏密发声功有顺、逆之分，顺者为正音，逆者为变音。六字真

① 参见《西藏王统世系明鉴》。

言为正音,其发声方法及其功效简介如下:

1."唵"字属梵文阿字门,为一切字母之头,占发音之首,即六字之始,为智慧快乐之本源,其声发自气海穴,沿任脉上升至喉部,张口微聚,出鼻腔,有嗡嗡之声,这声音上升到头部,在口内回旋,充于七窍。如有目疾,则睁眼出气;如有耳背,则震耳祛聋;如有鼻炎,可掩一鼻孔出气;至于头昏脑涨、头痛、偏头痛,则引气上头部,再向下出气。

2."嘛"字是开口喉音,起音时,双唇先合后开,声震喉部,天突发麻,波及双臂,以至两掌心部都发麻,可治疗喉炎、咳嗽、肩胛炎、两臂酸痛等。

3."呢"字是舌尖音,注于心,心地光明。发此音时,两臂环抱对胸部,声震于胸,反射手心,两劳宫穴发麻。治疗心悸、胸闷、肺病、高血压及横膈以上之内脏疾患。

4."叭"字是唇音,发此音时,先闭口,后开口,两手心对腹前,内气自前丹田入,后丹田出,命门及脊背均有温暖之感。可治腰痛、肾炎、脊椎炎等疾病,强筋固髓,精力充沛,养精安神。

5."咪"字,发音时口微开,舌下音、声向下,内气沿带脉转动,小腹有振动感。可治肝炎、肠炎、腹痛、腹泻等疾病。

6."吽敕"(敕为另加尾音),在此两声联结使用,吽同精气发声法,引气上行,抵达喉部即转向下发"敕"声,是卷舌音,口微开,气沿两腿下行,直抵涌泉穴,两膝微屈。可治腿痛、关节炎等疾病。

六字真言,一字一音,各有所属,针对人体相应的部位,从头到脚,层次分明。发声之大小,也有所不同,如精、气、神之声,可大一点。而六字真言,一般要柔和,可取中等发音,有时也可默念或小声念。一般发声时间长,效果就好。

藏语ཨོཾ་མ་ཎི་པདྨེ་ཧཱུྃ།六字真言发声有回旋性和颤性,这是它的特点,较其他语言有很大优点。

总之,六字真言发声法从健身方面说,是防病、治病、延年益寿的功法,同时也是开发人体特异功能的方法之一。至于它的精神效能，前面已多有涉及，在此不赘。

二、功德的源泉——对佛教三宝的信仰

藏族广大信徒对佛教三宝的信仰，由于天时地利人和之缘故，无论从整个民族的普遍性，还是从每个人的虔诚度来讲，在当今世界民族之林中，恐怕还没有一个与之相比的。正可谓在人类宗教信仰中独树一帜。那么，这面信仰的旗帜是怎样树立起来的呢？这里有其深邃的理论依据和颇具奥妙的现实机缘。

众所周知，佛教三宝，即佛、法、僧。而佛、法、僧是构成佛教庞大体系的最重要的三种要素。就一般而言，“佛”是指已觉悟的人，特指佛教创始人释迦牟尼，也泛指普度众生的十方一切佛；“法”是指佛教正法，特指释迦牟尼所说的对治贪欲等八万四千种烦恼的教法汇总；“僧”是指信奉佛陀教法的僧团，特指继承或宣扬佛教教义的出家僧众。藏传佛教认为，人们的精神比其躯体更为重要，尤其强调诸如人们的言语、身躯等都受精神的左右，精神就其本质而言，是纯洁无瑕的，一切罪恶或过失的行为只是精神的外壳缺陷而已。在这种唯心主义的理论说服下，精神上的修炼便成为广大藏族信徒的头等大事。然而，人们希望自己的精神被引向纯洁的正确的佛教之道，首先就得认识佛教三宝。正如法尊法师所言：“由此认识唯有皈依三宝、修四谛理者，乃能真正离苦得乐。若能依此正知正信皈依三宝，是为成就出世正因的皈依。”①这里阐明了皈依佛教三宝的重要性。

当人们能够排除导致自己精神上的杂念的动机和倾向，且超越时空一切现象而迈向完美无缺的知识境界时，他就像一名医生令病人恢复健康一般，能为众生谋福利。至此的每位众生已获取

① 详见《法尊法师佛学论文集》，174页，中国佛教文化研究所印行，1990。

最高境界，成为“佛宝”。

佛教信徒可以用一种正确的方法或手段清除自身的一切罪恶和过失，而这种方法或手段则是实现“法宝”的最高的解脱之道，也就是人们皈依佛教三宝的惟一目标。唯有依照佛陀所说八种正道、三增上学、修清净行，乃能对治惑、业，正确认识佛教三宝，解脱生死轮回。其中三学很重要，因为念根、定根和慧根是广大僧众所要通过的三个次第阶段：念根是认识世界万物本质的阶段；定根是经过修炼才能获佛果的阶段；慧根是无须任何努力而最终圆满的阶段。因此，僧侣可视为指导人们准确无误地认识“佛宝”和“法宝”的领路人。但更重要的是，广大信徒应该在今世努力从实际上创造实现佛教三宝的条件。为了做到这一点，必须遵循“三学”，即戒学、定学和慧学，正如“第一自皈依佛宝后，应当思维佛如来是我大师，其余世间天神如大梵天王、忉利天王等皆非真皈依处，故皆不应再行皈依。第二自皈依法宝后，应对一切众生常起悲悯心，不应故意损恼有情。第三自皈依僧宝后，应与止知正见之善友共往共学，不应与邪知邪见不信三宝外道邪众共往。”①但是佛学家们在他们崇高同一的目标前提下，对佛教三宝的理论依据和现实意义，在不同的时间以不同的方式又作了精湛而广泛的诸多阐释，在此不作一一述说。

至于佛教三宝何时被藏族信徒所全面接受或在雪域高原真正扎下根。我们应从雪域高原上出现的第一座大僧院桑耶寺说起。公元8世纪，赤松德赞继承前辈弘扬佛教的事业，经过五年的不懈努力，终于在778年完成了兴建大僧院桑耶寺的工程，外籍高僧菩提萨埵（又名寂护）和白玛迥乃（又名莲花生）还为桑耶寺举行开光安座仪式。同时，为试验藏民族中有无能充当出家僧人者，从印度迎请讲说一切有部和中观分别说的比丘共十二人，由菩提萨埵担任堪布，为七名藏族青年剃度并授比丘戒，史称“七试人”或“七觉

① 详见《法尊法师佛学论文集》，178页。

士”。桑耶寺和藏族僧侣的出现，标志着佛教在雪域高原真正扎下根，也就是说佛教三宝被藏族信徒所全面接受。从此，佛教三宝在雪域高原广为流传，并成为藏族人信仰的重要宗教对象。目前，雪域高原是世界上少有的一大佛教乐土，比如数不清的各类佛塔、浩如烟海的佛教典籍、富丽堂皇的寺庙殿堂，以及为数众多的僧侣集团都说明了这一事实。特别是各寺院殿堂里都供养着“佛教三宝”，以佛像代表“佛宝”，以经典代表“法宝”等，这些都是专为广大信徒顶礼膜拜“佛教三宝”而设置的。由于广大藏族信徒如此信仰和厚爱“佛教三宝”，佛教三宝在雪域高原才能扎根，从而又大大影响了藏族人的心理，最后彼此融为一体。正如有人曾指出的那样：欲知喇嘛教之教旨，不可不知西藏人；欲知西藏人，不可不了解西藏人的心理。诚然，广大藏族信徒自接受佛教以来，与佛教三宝结下了深深的因缘，称得上彼此相依为命。换句话说，广大藏族信徒在其精神上似乎不能没有佛教三宝的时常洗礼，否则会沾染上邪气；反之，佛教三宝也需要广大藏族信徒的虔诚供养，否则会失去它的无穷魅力。

广大藏族信徒自接受或信仰佛教三宝以来，对它的信仰始终是坚定不移的。正如《土观宗派源流》中的一段记载：

> 三宝慈悲对众生一视同仁，如同阳光普照；
> 护法的感应非常及时，如同人海的波涛；
> 由缘起的力量所欲均能如愿满足，如同如意宝树；
> 这真实不虚的法力，谁发什么愿，一切皆能如愿成就。

可见，佛教三宝在藏族信徒的心目中有着极高的地位；同时佛教三宝又成为一种在日常生活中有求必应的十分贴近生活的大救星。在这样的信念和利益下，广大藏族信徒信仰佛教三宝实际上是在实践自己的佛教理想，即做大善事或发扬利他精神。

广大藏族信徒在虔诚信仰佛教三宝的漫长道路上，对佛教三宝有了更深刻的理解,且形成了自己对佛教三宝的全面解释或观点。比如,广大藏族信徒普遍认为,“佛教三宝”是佛教的全部或整体,其中缺一不可。如要全面继承和发扬佛教,就得向佛教三宝敬礼膜拜、尽心供养。绝大多数藏族信徒在日常生活中除了口诵六字真言外,就念“礼敬佛教三宝”的颂词来表达自己对佛教三宝忠贞不渝的信念。这也是广大藏族信徒皈依佛教三宝的一种发愿,因为信徒念诵的发愿词是这样的:我皈依佛,我皈依法,我皈依僧。实际上,这是一种仪式或礼仪,它已成为藏传佛教寺院中所有仪轨的开始,每天早晚,僧众都要在各自私宅的供坛前念诵三次上述发愿词,同时配以磕拜三次。在如此的信仰氛围中,广大藏族信徒便具有了自己独特的人生哲理,其内容大致上是这样的,即作为人在自己短暂的人生中不外有两点需求:其一,在人的一生中会遇到许多风云不测的困境,要顺利摆脱这些困境,唯有乞求佛教三宝,别无选择;其二,人活在世上不能光顾自己的利益,还要关心别人,行善做好事,经过如此长期甚至几代人的积德,最后才能修成“佛果”,达到尽善尽美的圆满境界。

因此,广大藏族信徒无论外出、生病、庆贺、办事都要先向佛教三宝献礼,乞求保佑、平安和成功。长期以来,“上为佛教三宝献礼,下为贫困穷人布施则”成为广大藏族信徒人生态度的座右铭。

值得一提的是,佛教三宝中的“僧宝”既承担宣传佛教法典,即“法宝”的任务,又是帮助人们认识“佛宝”的朋友。所以,“僧宝”,即僧侣在藏族信徒的心目中占有极其重要的位置。随着这种观念的进一步深化,20 世纪 60 年代以前,藏族社会中形成了一种风俗,即一家人若有三子,常以一或二子出家当僧侣,甚至有让儿子全为僧侣者。这种例子目前在藏族地区也有。1992 年仲夏笔者赴青海果洛地区作宗教社会调查时,在果洛甘德县境内的龙俄寺里发现一家人全为僧尼的,该家共有六个孩子,五男一女,他们的母亲去世后,父亲将他们先后送到龙俄寺当僧尼,最后父亲自己也成为一名半路出家的僧侣。过去在藏族地区,倘若一家三代无一人出家为僧者,则会为人鄙视。不过,随着社会的发展这种观念大有改变。

另外,藏传佛教还持这样的观点:“僧宝”是佛教三宝的基础,它在“佛教三宝”的具体实施中发挥着不可替代的关键性作用,也就是说离开或放弃“三宝”中的任何一方,仅从某个方面去追求不会有圆满的结果。说明或强调佛、法、僧是佛教的三位一体,三者缺一不可。如果认识了这种宗教观念,就不难理解藏族地区为何出现如此众多的僧尼现象,而且广大藏族信教群众对他们毕恭毕敬,甚至心甘情愿地供养他们,为他们创造了赖以生存的外部条件。实际上,这就是广大藏族信徒信仰“佛教三宝”的具体表现。

三、人神之媒介——对喇嘛的信仰

喇嘛一词是藏传佛教中最容易混淆的术语之一,因此,对其全面加以认识就显得很重要了。

由于人们一度对喇嘛一词有过极其模糊的认识,故而其使用范围十分广泛。已故藏学家李安宅教授对此曾发表了一段很好的议论:西藏的佛教,过去外人(藏外之人)称为喇嘛教,其实喇嘛本非教名,乃是教内最高的僧侣。若以教中有名为喇嘛者便称喇嘛教,则内地佛教有和尚应称和尚教了。因此,他们自己并不称为喇嘛教。但以‘无上者’为喇嘛,则是他们自己的名词;不过不如外人那样,不能称一切僧侣为喇嘛。从词义上讲,喇嘛一词还有其演变过程。

喇嘛一词是藏语བླ་མ།的音译,从字面上讲,“བླ།”有“最胜”、“上面”等义;“མ།”有“母”、“者”等义,而“མ།”在这里作为主动代词。两字合起来组成名词,是指“无上者”“上师”等。这是因为喇嘛(བླ་མ།)一词源于梵语“གུ་རུ།”(古日)的义译,“古日”在梵语中特指学识渊博的老师。这就是喇嘛一词的来源及其原义。

但是,随着藏传佛教的蓬勃发展,喇嘛一词有了演变。1193年藏传佛教噶举派的噶玛噶举支系创始人都松钦巴临终时口嘱他要转世,首创活佛转世。后来其他教派皆相继采用了活佛转世这一制度。这一事件给喇嘛一词注入了新的内涵,使其演变成新的特殊的专用名词。从此喇嘛一词除了极个别情况下例外,不再有单纯的"上师"或"老师"之义了,而特指僧侣中德高望重、地位显赫的"活佛"。喇嘛一词的原意"上师"或"老师"由藏文དགེ་རྒན།(格甘,意指老师)或སློབ་དཔོན། །(洛苯,意指导师)所替代。

后来藏文བླ་མ།(喇嘛)一词又由汉文"活佛"二字替代,将其视作喇嘛的意译。从严格意义上讲,喇嘛一词意译成活佛二字是不太贴切的,因此曾有人将活佛二字解释为"活着的佛",这显然是缺乏一般的佛学常识而犯了望文生义的错误。活佛一词仅作为喇嘛的代名词来应用,是完全可行的。因为至今尚未找到比活佛更为适当、更能表达喇嘛二字的内涵的词,况且活佛二字已家喻户晓并约定俗成了,甚至被大多数佛学界人士所认可。

关于何为活佛或活佛转世,曾有多人作过回答,此仅举一例:"活佛转世是以佛教的灵魂不死投胎复生的唯心观念与寺庙集团的经济利益相结合而形成的一种宗教制度。喇嘛教认为,修行好的喇嘛的灵魂是不会随着肉体的死亡而死亡的,而且能够通过另一肉体获得新生"。① 可此类解释浮于表面化而未能涉及活佛的实质性问题。

根据佛教大乘学说,有"三身"或"三佛"之说,其实皆指三种佛身,即法身、报身、应身(化身)。法身,其"法"或"法性",即是人们先天具有的如来藏、真心、本觉,以此为成就佛身之因,故又名法身佛或法佛;报身,以法身为因,经过修习而获得佛果之身,分为证知与享受佛境的报身,以及为适应十地菩萨需要而呈现出来之报身;应身(化身),经中曰:"众生机感,义如呼唤,如来示化,事同响应,

---

① 《李安宅藏学文论选》,141页,中国藏学出版社,1991。

故名为应";其意思是指佛为度脱世间众生,随三界六道之不同状况和需要而现之身;此或指释迦牟尼之生身,或指变现混迹于世间之天、人、鬼、龙等中之一切佛或菩萨。

藏传佛教以"三种佛身"说作为自己的理论依据,并在修行实践中不断探索,最后为自己的理论开辟捷径:认为法身不显,报身时隐时现,应身(化身)则随机显现。所以,一个有成就的正觉者,在他活着的时候,可以有若干个"化身",在各地"利济众生",当他圆寂后"转生"或"转世"就成为理所当然的事了。换言之,藏传佛教对十地菩萨之普度众生而变现之色身,在人间找到了依附之物,即活佛(喇嘛)。这样,活佛便成为"三种佛身"行列中的第三位"应身"(化身)的具体表现。

基于以上理由,凡是称为活佛(喇嘛)的僧侣,究其根源皆是诸菩萨的化身。显而易见,活佛的职责亦要同菩萨一样:利乐世间众生。于是每一位活佛的最高理想是解脱自己,然后为了众生的利益,抛弃这种解脱而又重返人世。故活佛转世制度亦不可中断。

倘若按以上"三种佛身"的理论来命名,汉语活佛应称作"转生"或"化身";藏语喇嘛一词亦要改为藏文སྤྲུལ་སྐུ།("朱古",意指化身)。其实在藏传佛教中早已使用"朱古"一词,只是没有像喇嘛二字那样在广大信徒中普及而已。由此可知,在藏语里对活佛的称呼除了专用名词喇嘛外,尚有"朱古"一词。

《大清会典》中说:"凡喇嘛之道行至高者,曰'呼图克图',又曰'呼毕勒罕'。呼毕勒罕为转世之意。因呼图克图寿不终止,肉体虽死,灵魂不灭,可世世转生之谓也。"可知,蒙古语称"活佛"(喇嘛)为"呼毕勒罕"或"呼图克图"。

藏族人对喇嘛(活佛)的异常信仰,正可谓独树一帜。藏族有句谚语:"没有喇嘛,便没有神佛。"可见在某种意义上,喇嘛被看成比佛、法、僧三宝还要重要。若没有喇嘛,则一般的民众信徒无从接近藏传佛教,而这时候的喇嘛是以三宝和信仰者的媒介身份而被崇拜。若是永远的真理——法,缺少喇嘛的话,就无法与信仰者相结合。基于此,与佛教之皈依三宝相对的,又产生了一个喇嘛宝,成为皈依四宝,甚而喇嘛宝的地位超越三宝之上。作为绝对皈依对象之三宝和信仰者之结合媒体的喇嘛宝这种信仰形式,和一般宗教里所见到的介于绝对者和信仰者之间的预言者,有显著差别。即一般宗教的预言者在扮演媒体这一角色时,其人格已丧失,与神融合为一体。相对的,喇嘛宝在发挥媒体作用时,其人格仍保持原状,并且受到高于三宝之上的尊崇。

这种尊崇喇嘛的思想,或者信仰喇嘛的特点,在考察藏族信徒信仰上,具有极其重要的价值。像藏族这样被严峻苟苦的自然所围绕、没有一点慰藉而艰辛自耕自牧的民族,由于对自然畏怖,遂形成内向宗教的性格。这与生活于湿润平原而有着丰饶产物的内地汉民族之务实态度恰好成为对比。

藏族信徒的信仰特点,只向上于喇嘛。他们的日常生活,一概涂上宗教的色彩,生婚寿丧不用说,乃至如疾病治疗、农耕牧畜、出外旅行的吉凶等等,无不有喇嘛介于其间,由喇嘛祈祷、占星,然后才能运事。所以,藏族百姓,没有想过去研讨教理,践行冥想,这类宗教行为,大都由全能的喇嘛或高僧大德来司掌,广大藏族百姓既没有时间去干预,又不能随便亲自闯入宗教圣域。

关于藏族信徒厚爱喇嘛这一宗教信仰的行为,除国内有关学者外,国外一些学者也早已觉察到了。比如,美国的巴伯若·尼姆里·阿吉兹在她的《藏边人家》一书中有这样一段描述:"我总是很喜欢听定日人谈论他们的知心喇嘛。我往往是在对某个喇嘛毫无所知的情况下听其信徒谈论他的,而每一次都使我深受感动并从内心深处感到这位喇嘛对其信徒来说简直是个有无上权威的国王。要想通过信徒们的介绍来确定这位喇嘛的相对地位是不可能的,因为他的信徒总是以最美好的赞颂词语描述他。正是通过与数百名信徒亲自交谈,使我了解了每个喇嘛的历史以及他们在定日地区的影响之大小。”①藏族信徒最关心的是功德的圆满、来世的善报,这就离不开喇嘛,而喇嘛们又要依靠其信徒的自愿捐献才得以生存。这样的社会氛围中,成功与善意可能通过慷慨的行为转变为怜悯与慈悲;而慷慨的行为须通过宗教方面的虔诚行为加以体现。正如“在入夜之前不久,客店中爆发了一场大骚乱,这是因为一名活佛及其人数众多的随行人员前来投宿。这是他从前往其故乡西藏的一次旅行后返回,一直前往他几十年来任寺主的那个大喇嘛庙去。该喇嘛庙位于喀尔喀人地区,距俄国边境不远。当他进入客店后,早在院子中恭候他的一大批虔诚的佛教徒已前额触地跪在那里。大喇嘛进入为他准备好的一套房间中,夜幕很快降临了,那一群人便退出去。”②

广大藏族信徒之所以对权威者或绝对者喇嘛异常信仰这一现象的出现,很可能是与藏传佛教强调教义的阐释应有权威的观点有关系。因为承认了教义的绝对真理的存在,那么,对绝对真理的服从就很自然地变为对掌握绝对真理的人的绝对服从和虔诚信仰。无论如何,喇嘛被看做值得敬畏的人这一点,乃是广大藏族信徒的宗教感情,他们把喇嘛视为自己的指导者、救护者、带路人,从而对喇嘛生起由衷的信仰。

藏族地区的藏传佛教寺院向来就冠有多重功能的美称:比如宗教中心、政治中心、经济中心、教育中心等等。而以目前的现状来看,各类寺院实际上已成为继承和发扬藏传佛教优良传统的基地或中心。特别指出的是,现在藏族地区的各个寺院都已演变为以寺养寺并具有中国特色的社会主义新兴寺院,每个寺院均为广大藏族信教群众提供了过宗教生活的良好外部条件。但作为每座寺院寺主的喇嘛(活佛),在该寺或信教群众中仍然享有崇高的威望。从广大藏族信徒的角度讲,寺院是他们直接与佛教三宝特别

① [美]阿吉兹:《藏边人家》(汉译本),264 页,西藏人民出版社,1985。
② [法]古伯察著,耿昇译:《鞑靼西藏旅行记》,中国藏学出版社,1992。

是喇嘛(宝)取得联系的最佳场所,而广大信徒只有通过喇嘛(活佛)的精心指引,才能到达彼岸世界。特别在广大藏族信徒看来,喇嘛(活佛)所行无不是善,所言无不是真理。由此缘故,喇嘛(活佛)对广大藏族信徒来说,的确是个绝对信仰的对象。

第八章　藏密诸派及其理论与实践

藏传佛教在其发展进程中出现过两次大高潮，即所谓的“前弘期”和“后弘期”。前弘期，除开吐蕃赞普拉托托日年赞（公元4世纪上半叶）在位时初传佛教的传说，仅从松赞干布（公元7世纪中叶）在位时算起，至藏王朗达玛于公元841年废除佛教为止，已达二百年之久，这一时期是佛教的传播和藏传佛教的形成阶段，此时只有被后人称为“旧派”的宁玛巴，尚未产生诸多教派。

后弘期，是从公元10世纪后半期开始，直至15世纪创立最大教派格鲁巴（黄教）为界，近五个世纪。这一期间是藏传佛教的大繁荣时期，也是产生许多互不隶属的不同教派的时期，除前弘期已经产生的宁玛派外，诸如：1057年，阿底峡的弟子仲敦巴·嘉威迥乃创建热振寺作为据点，由此产生了噶当派；1073年，昆贡却杰布创建萨迦寺作为据点，由此产生了萨迦派；1121年，克朱穷布南觉创建香雄寺作为据点，由此产生了香巴噶举派；与此同年，米拉日巴的弟子达波拉杰创建达拉岗布寺作为据点，由此产生了达波噶举派；1409年，宗喀巴大师创建甘丹寺作为据点，由此产生了格鲁派。另外还有希解派、觉域派、夏鲁派、觉囊派等不同的小教派。

以上诸多教派都有各自独树一帜的理论学说和值得追求的实践密法。下面对此作一一介绍。

一、宁玛派及其“大圆满法”

A. 宁玛派简说

宁玛派是藏传佛教的重要宗派之一。宁玛（རྙིང་མ་）一词的意思为“古”或“旧”，宁玛派即古派或旧宗派。目前有些汉文书或文章中则俗称“红教”或“红帽派”，这是因宁玛派僧侣头戴红色僧帽而得的俗名，此称呼不太妥切。宁玛派认为，该宗派的教法仪轨等传承源于“前弘期”时的莲花生大师，由此宁玛派便成为藏传佛教诸多宗派中历史最为悠久的一个派别。实际上，宁玛派作为一个独立的宗派，也是在藏传佛教“后弘期”中形成的，因为在“前弘期”时没有新旧之宗派可分，况且“在显教方面，无新旧之分，新旧二派之说，乃是纯粹以密教宏传情形来划分的。对于这个新旧划分，其说法颇不一致，最普遍的说法，是指以班智达弥底（念智称）来藏以前所译续部，称为旧派密咒；仁钦桑布译师以后所译续部，则名为新派密咒。”[①]由此可见，宁玛派取名为古派或旧派，主要是它继承了从“前弘期”流传下来的密教思想以及相关仪轨。

由于早期的宁玛派采取秘密单传的传教形式，既没有形成统一的系统教义，又没有固定的权威性寺院，而且其僧侣组织比较松散，故追述它的历史有一定的难度。后来随着“后弘期”诸多宗派的蓬勃发展，宁玛派的教义及其传承又趋于庞大复杂，现在一般有三种传承之说，即远者经典传承，近者伏藏传承，以及甚深净相传承。

在此值得特别提出的是，在藏传佛教“后弘期”的初期阶段，有三位宁玛派大师为宁玛派的形成起到了关键性作用。正如“到11

① 土观·却吉尼玛：《土观宗派源流》（汉译本），61页，西藏人民出版，1984。

世纪有封建主素尔波且(1002—1062 年,本名释迦迥乃)父子三代系统地整理了宁玛派经典,并建立了邬巴垅寺,从此宁玛派形成为一个教派"[①]。因此,所谓的"三素尔"在宁玛派形成发展史上有了一定的地位。

至于"三素尔"的历史,在《土观宗派源流》中有记载:"娘传素波齐·释迦迥乃。索的弟子后出四尖端和一锋芒共五人,其外还有一百零八位大瑜伽者。四尖端中最胜者为素穹·协饶扎(智称)。素穹别名德协甲吾瓦(善逝大胡子)。他有弟子号为四柱、八梁、十六椽、三十二桷、二大瑜伽士、一狂徒、二平庸、二达古若和二无用者等。素穹之子号称为金刚手化身即卓浦巴·释迦僧格。卓浦巴有弟子号为四麦、四纳、四敦共十二位。"我们从"三素尔"的传承及其众多门徒来看,当时"三素尔"在宗教界有一定的影响力。

大素尔·释迦迥乃是 11 世纪初的人,他主要创建邬巴垅寺,使宁玛派具有从事宗教活动的固定场所,从而为宁玛派的形成与发展奠定了基础。

继承大素尔·释迦迥乃事业,继续弘扬宁玛派的则是素穹·喜饶扎巴。喜饶扎巴(1014—1074 年)既是大素尔·释迦迥乃的养子,又是得力大门徒,他继任邬巴垅寺寺主,将宁玛派的影响及势力不断扩大。后来喜饶扎巴辞去寺主职位,独自到甲吾地方专修密法达十三年之久,并获得宁玛派的最高大法"大圆满"的境界。因此,喜饶扎巴的别名叫"甲吾瓦",以此宣扬他的威望。

第三个素尔,是素穹·喜饶扎巴的儿子,他叫卓浦巴·释迦僧格(1074—1134 年)。卓浦巴·释迦僧格生于其父喜饶扎巴去世的那年,因此,他没有得到父亲的直接传授。然而,卓浦巴通过其父素穹的诸大弟子,完全学到父亲素穹大师的一切教授,并通达宁玛派的"大圆满"法。后来卓浦巴·释迦僧格在卓浦这个地方修建了一座宁玛派寺院,广弘宁玛派密法,故后人为释迦僧格起了一个别

① 丁汉儒等著:《藏传佛教源流及社会影响》60 页,民族出版社,1991。

名,即“卓浦巴”。

经过三素尔的不断努力,宁玛派逐步形成一个有固定寺院、有系统经典、有僧侣组织的完全独立的宗派,并在当时享有盛名。值得说明的是,三素尔的传承属于宁玛派中的经典传承,也是宁玛派中最正统、最权威的直系传承。

三素尔的传承即经典传承,在藏族地区一直没有中断,比如“卓浦巴弟子中又有藏巴·基敦与尼敦二人。又传藏那威巴,藏传麦敦贡布,麦传喇嘛锁,喇嘛传帕希·释迦威与道那堆,道那堆传索·强巴僧格,索传雍敦·多吉白和降仰·桑珠多吉。雍敦大师是一位德学兼优而又具有佳话遗闻的大德,在新旧诸派中,为人所承认。”[①]由此可得,三素尔的传承不仅没有间断,而且始终是宁玛派的主流。

另外,还有一位为宁玛派的发展作出特殊贡献的人物,这就是宁玛派史上享有崇高威望的隆钦饶降巴。隆钦饶隆巴生于1308年,本名叫智美奥色,12岁出家,在当时的诸多大师前修学宁玛派以及其他宗派的密法。同时,又在桑浦寺学习“慈氏五论”和“法称七因明”等显宗经论。正如“亲近许多善知识,遍学新旧一切密法,也善学慈氏诸论,因明七论等显教法相。后来往桑耶寺,完全得到持明大师的教授,苦志专修,面见本尊,又从童义成学经、幻、心品等教授。”[②]因此,隆钦饶降巴成为当时藏传佛教界显、密兼通的著名人物,而且他的著述也颇丰,“依照宁提教授解释‘密藏经’义,又造‘宁提’法类三十五种,总名喇嘛漾提。又造《胜乘藏》、《实相藏》、《要门藏》、《宗派藏》、《如意藏》、《句义藏》、《法界藏》等七大藏论,分别阐扬大圆满的教义,尤其是宁提中最重要的论典。”[③]这些著述不仅涉及新密、旧密,而且包含许多显宗方面的教理。隆钦饶降巴在他的晚年还宣讲宁玛派的又一深奥大法,即“空行宁提”,

---

① 《土观宗派源流》,65页。

② 《法尊法师佛学论文集》,67页,中国佛教文化研究所,1990。

③ 《法尊法师佛学论文集》,67页,中国佛教文化研究所,1990。

于1363年去世,享年56岁。

总之,隆钦饶降巴在他的一生中,不仅丰富和发展了宁玛派的教理教法,而且为宁玛派培养了诸多高僧大德,甚至还为扩大宁玛派的势力作出了杰出贡献。比如,“隆钦饶降巴还到过不丹,并在不丹建立了一座塔尔巴林寺。在不丹境内的宁玛派,是从塔尔巴林寺传授出去的。后来宁玛派又从不丹传到尼泊尔。在近代,不丹、尼泊尔的宁玛派僧人常到康区的佐钦寺(在四川省甘孜藏族自治州德格县)学习宁玛派的教法。”①所以,隆钦饶降巴在整个藏传佛教史上有一定的知名度。

17世纪,在五世达赖的积极支持下,宁玛派在西藏得到一定发展。五世达赖不仅扶持原有宁玛派寺院,如多吉札寺、敏珠林寺等扩大其势力,而且亲自创建新寺——尊胜洲寺,专门传授宁玛派教法;还把噶玛噶举派的创始人都松钦巴在山南洛扎建立的拉隆寺改为宁玛派寺院。自五世达赖以来,历届西藏地方政府,每遇战乱、灾害、瘟疫等,都要从桑耶寺请宁玛派僧人进行占卜、作法禳解,从而提高了宁玛派在社会上的地位。因此,宁玛派在五世达赖时期,有过一段辉煌的历史。

目前,宁玛派虽然遍及整个藏族地区,但其势力不大,主要以四川甘孜地区的噶托寺、佐勤寺和白玉寺,以及西藏山南地区的多吉札寺和敏珠林寺为宁玛派的根本道场和活动中心。

B.“大圆满法”

“大圆满法”是宁玛派最主要的秘密法门,宁玛派认为其法门是由莲花生大师为主所传下来的。至于大圆满法如此命名的由来,根据《土观宗派源流》和《青史》记载,“大圆满”是指众生身中现前离垢的“空明觉了”,这“空明觉了”中本来就具足生死涅槃一切法,所以名为“圆满”。又说获悉这“空明觉了”,就是解脱生死的

---

① 《西藏佛教史略》,95页。

最上方便,再没有别的方便能解脱生死而超过这“空明觉了”,因此名为“大”。这就是说,众生身中无始本有的清净心性为圆满,众生由于迷失自身的清净心性而流转生死,若能觉悟这种原理就等于证得涅槃,通向极乐世界。换句话说,如果按照大圆满法修行,就能摆脱现实社会中的各种迷惑和欲望,即远离一切世俗的不健康的杂念。这样,大圆满的功法便有了成果,也就是所谓的“即身成佛”。

1. 从太阳里汲取能量

大圆满法有多种功法,其中大圆满心滴功法为宁玛派密宗的基本修持法,也是整个藏密的最上乘功法之一。藏语称རྫོགས་པ་ཆེན་པོའི་སྙིང་ཐིག་(“佐巴钦波宁提”),所以又有译为“大圆满宁提”或“大圆满心髓”的。

大圆满心滴认为宇宙场能是机体场能的源泉,宇宙场能可以与人体场能进行能量交换;人可以调动宇宙场能,使机体内气保持平衡。这一功法是摄取太阳光以修炼自身,其方法是面对太阳的方向来凝神静观宇宙的明点①,同时由心力发出相应的密码信息,太阳光便能源源不断地融入人体内并贮藏起来,从而使人体生物能量场所得到强化,增强人体的免疫机能,提高防病抗病能力,使身心健康,延缓衰老,延长寿命。如果修持者能长年坚持不懈,这一功法会使修持者与宇宙大自然相融无二,身心内外无差别,显现人所具有的本性和潜能,从而达到智慧充分圆满之境界。在藏族历史上有许多修持大圆满心滴功法的成功者,由于他们经过数十年以至上百年对太阳光能的丰富积蓄,生命临终时便能通过心力的调控,以信息密码激发出指令,发射出瑰丽的红光,形成虹化现象之奇迹。

正如“历史上许多修习‘大圆满’有成就者,临终多现虹化奇迹。然此步功法必须在宝瓶气修习得最大成就后,并且修习彻却、

---

① 其手势、坐姿等具体修法详见本节B、C部分。

脱噶有证量和成就后，在金刚上师加持下，方能修习。”①因此，为了藏密功法的连贯性，先谈谈宝瓶气修法，即壶形气功。

后期密宗有五气之说，即上行气、下行气、遍行气、平住气和命根气。上行气与眼、耳、鼻、舌的动作有关，如果太盛就有头昏、口渴等疾病；下行气与大小便有关，如果不足，会发生便秘或两足笨重等疾病；遍行气与四肢动作有关，如缺乏，则发生手足痉挛发冷等疾病；平住气如不坚定，则有消化不良、遗精、失眠等症；命根气如不调整，就有生命的危险。

调整的方法：如上行气太盛，则注意心或脐间，使气下降；下行气不足，可修瓶气②，观两足使气入中脉，或行拳法，把两足之气往上提升而住于脐间；遍行气发生了毛病，则观想气息充满两手指尖和两足趾尖；平住气有问题则意守丹田；调整命根气的方法是要观想甘露充满心间，据说可以巩固命根气。不过，调整五气的主要目的是使五气入中脉。要使五气入中脉，虽有各种观想和辅行的拳法，而最基本的是修“瓶气”。修好了“瓶气”，五气进入中脉，也可使全身气息和血脉的运行都能充分地服从于中枢神经的指挥，适当得到调整，一切疾病自然就冰消瓦解了。

瓶气在修炼时，或坐或站，但一定要放松裤带、领口、袖口，还不能戴帽子，如果采取坐式时，两拳可仰置在两胯之上，先入静，观想地、水、火、风四大皆空，以鼻调息，调息以左鼻孔为主，就是说左鼻孔呼吸量要大一些。

修炼瓶气，一般要修习四息，即引息、满息、均息、射息。

引息，在自己身前约十六指远处观想有灵息轮围，用两鼻孔将气轻缓吸入，吸气必须饱满，充满肺腔，以至肺部最下端。同时收缩腹部肌肉，令膈膜上提，并提肛，使上气下压，下气上提，二气会合于脐下四指处，气行如丘，又犹如瓶中水满。

---

① 参见《藏密气功》。

② 瓶气，是一种修炼气功的方法，五气指人身中的五种气息，通过“瓶气”这种修炼方法将五气归入中脉并变现虹身，这是最终目的。

满息，气满后让瓶气散遍于全身，充沛毛孔。

均息，满息延长到相当的程度，可再吸入几口短息，使左右两肺及全身紧满、均衡。

射息，息满且均，保持不外泄，尽力能持久，然后由两鼻孔先轻微和缓，随即略粗重，终乃一冲而出，如同射箭，全身毛孔也同时放出瓶气，但应留住微少气息，不要使其涓滴无存。

瓶气不论行、住、坐、卧、站皆可修行，没有严格规定。修炼时若嫌右鼻孔进气多时，可左侧卧调整。专修瓶气者应接修金刚瑜伽母拳，以使瓶气满而坚固。最初学习切不可勉强，也不应用口呼吸，另外，在有烟、空气不好的地方不能修；除子、午时及太饱太饥时不能修外，其余随时可修；人的气或左鼻孔进出气多，或右鼻孔进出气多，但以左鼻孔进出气多时修炼较相宜，若两鼻孔平均出气时最佳，但右鼻孔进出气多时不可修；此法持气刚猛，适宜于修金刚数息法成就者练，修炼时要注意把气压在下面，不能使其上冲，否则，会发生头痛、牙痛等症状。

修炼瓶气日久后，气盛心寂，气渐入于中脉，脐下四指处（左、右、中三脉会合处）出现明点，如红色光球，腹轮内甚感气行如丘，出现的明点渐渐放大，可运用意念从腹轮经中脉，引导明点徐徐上行，通过喉轮而至顶门，最后涌出顶门，呈一红色光轮。

修炼瓶气最能使人健康长寿，修炼瓶气有了成就后，即可配合修持大圆满法门了。①

2. 攀登智慧光明之彼岸

攀登智慧光明之彼岸是大圆满心滴功法的第一步骤，藏密称之为“彻却”（藏语为ཁྲེགས་ཆོད）功法，“彻却”是指立断，也就是本净之意，属于修定之法门，是一种修持方法。修习彻却功法时，在时间的选择上，以早晨太阳刚升时（刚冒光或刚冒头）为宜；若是傍

---

① 以上详见《藏密气功》。

晚，以太阳西落时（太阳下山或夕阳已落，晚霞满天时）为宜，如此是为了避免日照强烈，损害眼睛。

在地点的选择上，因地制宜，若在农村、牧区宜择山崖边、树林旁、田间、地头、草地等；若在城市，宜择阳台、屋顶、操场、公园，以免除噪音及其他声音的干扰，以创造一个一心不乱的外界环境。

在修炼姿势上，可分为站立和静坐两种。站立时要两腿自然分开，呈稍息姿势，凝眸观日，忌穿紧口衣裤，以免对气的运行造成阻滞。站、坐都应放松裤带，以便行气，以免腹内存气过多，日久致疾。若同时配合以瓶气修法，可采取金刚座、象座、狮子座、仙人座等坐姿。

金刚座，即跏趺坐。跏趺坐又可分为双跏趺和单跏趺两种，双跏趺又称双盘，即两腿盘曲交叉，以左脚搭右膝，以右脚搭左膝之上，坐如弓，腰微俯，两手作手印，眼帘下垂，使之只见鼻尖，似坐禅之打坐。单跏趺又称单盘，即两腿盘曲而坐，使右脚搭左膝之上，或左脚搭右膝之上均可。身体姿势与双盘相同。

象座，又称法身座。此坐法如象卧，两足掌相贴，挺胸，腰端直，两手四指与大拇指放置在两足之中，头微俯，略如踞坐之势。此坐法的功效是能使鼓动之气下压，腰端直，令正气舒适，头微俯，令妄心自断，四指与大拇指放置在两足中间，则调匀四大。

狮子座，又称报身座。其坐势犹如狮子，两膝相并跪地，胸近膝，两肘着地，两手掌相并撑腮，两足跟相并垫股，两足掌竖立，两足卷曲向后贴地。其两膝近胸者，令热气愉快舒畅，两肘着地者，调匀阴阳二气，两手掌撑腮者，令粗气自断，两足掌竖立者，足趾卷曲，是令昏沉与掉举调平。

仙人座，又称化身座。其坐势如同金仙，两膝两足掌相并蹲坐，足心踏地，胸贴两膝，小腹微凹，头微俯，身端直，两肘左右交叉，按两膝。两膝蹲坐，调匀全身气脉；两足掌踏地者，压下水火之力；腰端正，则调心之气顺适而返于本性；两膝相并顶胸者，使身中“火大”之气成为智慧燃烧（智慧火）；小腹微凹者，令妄心自断；两手交叉按膝,可解除热病。

以上四种坐势,谓之调身,也是修持大圆满功法而降伏其心的前提条件,也就是说,修炼藏密大圆满功法首先要学习坐势。其中的金刚座法可以引左右二脉之气入中脉,可以引地、水、火、风、空五气进入中脉,可以引命根气入中脉。可除修气之病,可解诸脉结。

"彻却"功法又分三个阶段来修炼,即连续修习三个月。

简言之,"彻却"功法,主要以意领光,以白、红、蓝三种不同光色的字把宇宙能量场的光引到头部,后遍及全身增强自身能量场。第一个月的修习方法是这样的:修持前,先必须净心,使身、语、意三密达到三业清净的程度。然后修宝瓶气法,有一定定力,再凝眸观日光,但时间要短。修行者必须面向太阳出入的东方,观想那个方向的空中有很多光点光圈闪闪发光(白、红、黄、蓝、绿色,白的多,绿的少),这就是外明点。观看明点分明后,再进而观想有白色放光的藏文ཨོཾ(唵)字,从颇顶升起飞出,用意念将其推到所观看的外明点(即宇宙明点)里去,与外明点融为一体,然后用意念将ཨོཾ(唵)字再收回颇顶,可反复多次。

第二个月开始,仍运气凝眸观日,使空中出现圆光圈(光环),再观想眉间有放光的红色ཨཿ(阿)字从眉间升起,与空中所观外明点相融,然后用意念将ཨཿ(阿)字收回眉间。

第三个月的修习皆如同前法,在观出圆光圈后,应观想藏文ཧཱུྃ(吽)字从鼻尖升起,此字为蓝色,频频放光,此字与外明点相融后,收回鼻尖。

彻却功法最好在宝瓶气、金刚诵修炼有一定效果后再开始练;练此功法时,每天最好念一千遍以上"唵,阿、吽"金刚诵;三个月的练习时间,早晚须各作一次,实际上要练满六十次,下雨、阴天不能练要扣除;练时注意加强定力,持之以恒,对所观景物不执著,明了身心内外无差别,以光明力不断前进,从而融于宇宙信息场,至此也就攀登了智慧光明之彼岸。修炼彻却功法有了成就后,可转入脱噶功法的修炼。

3. 洞察微观世界和宏观世界

洞察微观世界和宏观世界是大圆满心滴功法的第二步骤，藏密称其为“脱噶”（藏语为ཐོད་རྒལ་）功法。“脱噶”是指任运，属于修光之法门，是一种修持的方法。在观“脱噶”之光时，要有“彻却”禅定的基础，才能在定中看到宇宙空间各种不同的明点。修此功法时，站、坐均可，坐可循上述金刚座、狮子座、象座、仙人座。时间不限，有太阳时可面对太阳光方向，与太阳错开60度角（或左或右或上或下）。不能直视太阳，以免伤害眼睛。按规定这样要实练三年，每天两次，随功力加深可延长每天观日的时间。

简而言之，“脱噶”功法以观明点为主，脱噶即明点，所以又称观脱噶。此法又分三步进行，修第一步有成就后，再修下一步，逐步修完，并取得成效。

第一步：先观微明点、上下移动明点和小明点，以后观大明点、不动明点。所观明点还有大明点套小明点，其闪光似璎珞，有的还犹如宝石项链。最后可观出空中有由五彩虹组成的光环，光环之中大放光明。间有璎珞、项链围绕，形成一幅曼陀罗，此即宇宙能量辐射场。

第二步：阴天观明点。具体方法如同第一步。

第三步：或观烛光、灯光下的明点，或在黑夜观宇宙明点，或在月夜观月亮旁的明点。在黑暗中观明点，可看到犹如“江夏水灯明”似的美景。

修炼本法时仍要加强定力，须有瓶气配合运气观光。如此法修炼成就后可洞察微观世界和宏观世界。

“明点”有固定不动的，有大圆圈套小圆圈的，有形状如车轮的，有形状如项链的，也有上下左右移动的。行走着的明点如鸟在空中翱翔。最初看时很微小，捉摸不定，待定功渐深时则明点渐渐放大，其中有的明点如彩虹，颜色排列顺序有一定格式。明点的中间有一个明点，以白色居多，红、黄、蓝色较少，而以绿色的最少。

明点的亮度一般如电灯的光亮，有的则是金光灿烂。以现代科学的研究工具三棱镜观宇宙间的光色，可印证观明点的科学性、真实性。说明“明点”并非一种凭空幻想，而是通过观察可以看到的真实存在的物质。

宏观宇宙有明点存在，谓之为外明点；然而微观人体这个小宇宙也有明点存在，谓之为内明点。这在修炼大圆满功法的彻却和脱噶时，会有很深的感受。如果方法运用得当，随功力日益加深，内“明点”会冲出人体与宇宙外“明点”相接。

让宇宙“明点”随意念进入自身，或让自身“明点”进入宇宙，这就是藏密气功的一个更高的层次。不少前人和现代藏密上师，都做了有益的探索，并出现了很多奇观。怎样才能使内外“明点”相接呢？人体中位于脉中的主明点，就是人体生命信息的控制球。人通过体内这一控制机构，可以向宇宙发射能量，也可以从宇宙场中吸收能量。这就是所谓内外“明点”的相接。换句话说，修炼大圆满功法能控制人体内“明点”同宇宙外“明点”交换和充实能量，由此而在体内产生光电、光热效应，特别是产生生理、生化效应。而这种大自然的“能源”，可谓取之不尽、用之不竭。而且它对地球上的人类都是“一视同仁”的。要想使自身具备这种内外“明点”接火的条件，就要好好修炼前人为后人留下的瑰宝——藏密大圆满功法。①

4. 如何修炼莲花生大师本尊法

宁玛派认为，莲花生大师是大圆满功法的始祖，以莲花生大师为本尊的修持，会产生大威德，因为他有无量无边的功德，他显现了金刚身、金刚性。所以，宁玛派信徒在修炼大圆满功法时，一般都会选择莲花生大师为自己的本尊神。下面就如何修持莲花生大师本尊法作一介绍。

---

① 参见《藏密气功》

根据《藏密修法精粹》①和《藏密气功》等书记载，修持莲花生大师本尊法时，首先念诵莲花生大师咒语：ཨོཾ་ཨཱཿཧཱུྃ་བཛྲ་གུ་རུ་པདྨ་སིདྡྷི་ཧཱུྃཿ། ཨོཾ་པདྨ་བཛྲ་ཧཱུྃཿ།（唵阿吽班杂尔格日尔班麻斯地吽，唵班玛班杂吽！）同时结莲花生大师金刚印：双手先交叉相背，二小指相勾，竖立二食指斜指向空，二大拇指各压二中指，无名指成圈，置胸际。

这样念诵莲花生大师咒语多遍后，开始观想自己顶上有藏文ཨོཾ་（唵）字发白光，喉间有藏文ཨཱཿ（阿）字发红光，心际有藏文ཧཱུྃ（吽）字发蓝光，三光射向空际，召请莲花生大师在其诸佛菩萨围绕中如雨下降。

然后观想莲花生大师戴宝冠，身呈粉红色，右手持杵，左腕挟着三叉杖，跏趺坐于莲花月轮上，安住在对面空中，其左手又托着天灵盖（人头骨碗），里面盛满甘露水。观想甘露水化为白光，成一弧形，照灌修持者。这甘露水将修持者的一切罪业、痛苦、障碍都统统消除掉，获得大自在。

再观想莲花生大师缩小如一粒米大的光点，从修持者自己顶门，顺中脉而达到心中，安坐在修持者心中的莲花之上。

再观想莲花生大师身体渐渐变大，大到和自己的身体一般，如此密密合合，无二无别，使自己变身为莲花生大师，莲花生大师就是修持者自己。

之后，念诵莲花生大师心咒：

唵阿吽班杂尔格日尔班麻斯地吽。

念诵心咒的次数，随自己时间而定，但不得少于一百零八遍，当然越多越好。

入定，端身正坐，摄念澄心，不起一丝妄念，什么也不想，一切皆空，也就是说自己清净的心性，与法界（宇宙本体）的光明互相融入或合一，自己的心性和莲花生大师的心性相等。这就是莲花生

① 邱陵编撰：《藏密修法精粹》，北京工业大学出版社，1991。

大师的三摩地，也就是莲花生大师本尊法的全过程。

二、噶举派及其“大手印法”

A. 噶举派简说

噶举派是藏传佛教的重要宗派之一。藏语“བཀའ་བརྒྱུད་”（噶举）中的“བཀའ་”（噶）字本意是佛语，“བརྒྱུད་”（举）字则意为传承。故“噶举”一词可理解为教授传承。噶举派注重密法的修炼学习，而这些密法的修习，又必须通过口耳相传的方式，正如“传教以师徒相承，口语传授，耳听心会，注重密法，不重经典”①。这些都成为该宗派何以命名为“噶举派”的因素或由来。另外，由于噶举派僧人的僧裙中加有白色条纹，后人学者又俗称“白教”，但这一称呼不十分妥切。《土观宗派源流》中指出：晚近主巴（不丹）的一些书中写“白传”的，这是因为仅考虑到玛尔巴、米拉日巴、林热巴等噶举派高僧曾穿着白衣的缘故。实际它的名字应当是普遍流传的“语传”二字较为合理。因为此派是以领受语旨教授而传承的教派。再说，藏语“བཀའ་བརྒྱུད་”（噶举）一词也是教授传承的意思，而且，它还蕴涵着继承师长传给的重要教授之深层意义。

噶举派形成于藏传佛教“后弘期”内，约当公元11世纪后半叶，它是藏传佛教诸多宗派中支系最多、最庞杂的一种宗派。噶举派尽管派系庞杂、繁多，但其所宣扬的教义、教规大体上一致，没有很大差异。这是因为它们均属于玛尔巴和米拉日巴的传承，以龙树的“中观论”为基础而创立的独特的“大手印”法作为该派的主要教法或特色。归纳起来噶举派有两大系统：一是玛尔巴传来的，叫

① 丁汉儒等：《藏传佛教源流及社会影响》，40页，民族出版社，1991。

作达布噶举；二是琼波传来的，称为香巴噶举。后来香巴噶举衰微了，而达布噶举又分成为四大支八小支。

首先简单介绍一下香巴噶举，该支派的创始人是琼波南觉，他从小学习梵文和密法，据说曾七次赴印度求法，后来在噶当派高僧朗日唐巴前出家受比丘戒。朗日唐巴生于 1054 年，1123 年逝世。由此可知，琼波南觉也是 12 世纪初的人物。

琼波南觉刚开始在彭域建立一座寺庙，之后，又在后藏香（今南木林县境内）地方建香寺，香巴噶举由此得名。后来琼波南觉的弟子又建立了两座寺院，即桑定寺和嘉寺。桑定寺位于今浪卡子县境内的羊卓雍湖畔，主持该寺的是西藏惟一的著名女活佛——多杰帕姆，其转世迄今仍未中断。

15 世纪出现的以建筑铁索桥而闻名国内外的唐东杰布（1385—1464 年），也是香巴噶举的一位高僧。唐东杰布以演唱藏戏作为募捐的重要手段，相传在西藏建造了一百多座铁索桥，因此，受到藏族人民的无比敬仰。许多寺院供有唐东杰布的塑像和唐卡。据说宗喀巴及其门徒克主杰也曾向香巴噶举僧人学习教法。说明香巴噶举曾在藏传佛教史上发挥过作用。然而，香巴噶举后来在藏族地区逐渐地销声匿迹了。

噶举派的创始人是玛尔巴，原名叫却吉洛哲（1012—1097 年），出身于山南地区，小时候在卓弥前学习梵文，曾三次赴印度，四次去尼泊尔，广拜印、尼高僧求法。从印度的那若巴、弥勒巴等处学得“喜金刚”、“集密”、“大手印”等密法。因此，玛尔巴成为当时的密宗大师，他更是“大手印”法在西藏的开创者和传播者。当时在玛尔巴周围聚集着大批门徒，其中最著名者有所谓的“四柱”，即四大弟子：俄敦·曲古多杰、措敦旺内、麦敦村布和米拉日巴。玛尔巴给前三大弟子传授了“集密”、“胜乐”、“喜金刚”、“四座”、“大幻”等续部教典；玛尔巴则给最得意的弟子米拉日巴传授了实践法（修行）的教授，又由米拉日巴传于达波拉结，最后形成达波噶举，此派足以代表噶举派。

米拉日巴(1040—1123 年)是噶举派的第二代祖师,出生于西藏后藏贡唐地方,幼年丧父,小时候受尽人间苦难,青年时代遵循母亲旨意,学习苯教咒语,干出“咒杀怨家多人”之事件,后又深加忏悔,改信佛教。至 38 岁亲近玛尔巴大师,经过六年苦行,获得师父全部密法。之后,米拉日巴惜别玛尔巴大师回到故里,焚葬母亲的尸骨,遂弃世入山静修,先在贡唐古绒山顶隐迹九年,后往冈底斯雪山一年,在此期间还与苯教法师斗法,并取得胜利。后来他一直在游化深山大泽,为宏扬噶举派教法作出了特殊贡献,成为藏传佛教史上的著名人物,是享誉即身证得“殊胜悉地”的高僧。

上述玛尔巴、米拉日巴两位噶举派历史上的重要人物,在本书第二章里已有详述,在此不赘。

米拉日巴的大半生虽然隐居在深山僻壤之中,可他吸引了众多门徒,其中取得成就者不少,以热琼巴和达波拉杰为上首。

达波拉杰(1079—1153 年),是达波噶举的创始人,幼年学医,所以称为“拉杰”,即医生的尊称,本名叫索南仁青,后来他在达布建岗波寺,又被称为岗波巴。达波拉杰在 25 岁时他的妻子突然病死,为此他十分悲痛,从此转向宗教,26 岁时便出家受了比丘戒,并从噶当派学僧那里听闻噶当派教法。32 岁时听到米拉日巴的德誉,生起很深的敬仰,遂去往西藏西部依止米拉日巴学法。米拉日巴立刻发现达波拉杰的特殊才能,遂将自己掌握的全部教法传授给他。达波拉杰仅用了 13 个月的时间,将米拉日巴传授的深奥密法完全消化。然后,遵照米拉日巴上师的教诲,返回前藏静修。三年后又依照上师所嘱,遍往各静处专修,不与常人共住。12 年后建立岗波寺,说法摄众,并将噶当派的道次第和米拉日巴教授“大手印”结合起来撰写了一部专著,即《道次第解脱庄严论》,从而创立了新的教法仪轨,人们称其为“达波噶举”。达波拉杰于 1153 年去世,由其侄子次成宁布(1116—1169 年)接任达波噶举的传承,在岗波寺继续宏扬达波噶举。

总之,噶举派自从玛尔巴译师、米拉日巴,以及达波拉杰等高僧的相继阐扬之后，其发展之快，范围之广，皆超过藏传佛教其他所有宗派。

达波拉杰的诸多弟子中出现四位著名人物，即都松钦巴（1110—1193 年）、帕木竹巴（1110—1170 年）、达波贡措和拔绒瓦。

都松钦巴，本名叫却吉扎巴，是噶玛噶举的创始人，出生于西康。都松钦巴于 1147 年在昌都地区建噶玛丹萨寺，由此得名噶玛巴；1187 年又在拉萨西北的堆垅修建粗普（或楚普）寺，该寺后来成为噶玛噶举的主寺。

噶玛噶举支派是藏传佛教中第一个采取活佛转世的宗派。该派先后建立了几个活佛转世系统，其中黑帽系和红帽系最为著名。

帕木主巴（也作帕木竹巴），本名叫多吉杰布，生于西康南部的智垅那雪地方，他创立了帕主（帕竹）噶举。帕木主巴 19 岁时侍从一位富人进藏游学，有机会学到宁玛、噶当、萨迦等宗派的教法，后拜达波拉杰为师，专门研习达波拉杰创立的新教法，后来他回到故乡西康，在蔡岗收徒传法，名声大增。于 1158 年帕木主巴又来到帕木主地方（今山南泽当一带）修建一座小寺，这就是后来著名的丹萨替寺。丹萨替寺的建立标志着帕主噶举正式创立。帕木主巴一直住在丹萨替寺，最后在该寺去世。1651 年降曲坚赞又在山南泽当修建一座寺院，即泽当寺。丹萨替寺以修密法为主，泽当寺以讲授显宗经论为主。

值得说明的是，帕主噶举与政治的关系最为密切，该派曾同朗氏家族一起建立了政教合一的地方政权，并统治卫藏地区达一百三十多年，直到 1481 年才由其属部后藏的仁蚌巴政权推翻。

另外，帕木主巴在丹萨替收徒传教，其中许多门徒在康藏各地建立自己的寺院，又相继形成八个分支派别。故在帕主噶举一系中又出现八个支系。

拔绒瓦，即达玛旺久（约公元 12 世纪中叶人），他创立拔绒噶举而得名拔绒瓦。拔绒瓦在后藏昂仁地方修建拔绒寺，广收门徒，传授密宗大手印法门和显宗大手印境界，并自成一系，称为拔绒噶举。拔绒瓦去世后，该寺主持由其家族世代相承。因此，拔绒噶举随着该家族内部的不断纷争而很快衰落了。

向蔡巴·尊珠札（1123—1194 年），本名达玛札，26 岁时出家受比丘戒，改法名为尊珠札，他是蔡巴噶举的创立人。向蔡巴在 30 岁时拜达波拉杰的侄子次成宁布为师，学习达波噶举的一切教法，后来得到拉萨附近的蔡公堂地方的封建主噶尔·嘉威琼乃的支持，于 1175 年在蔡谿卡建立蔡巴寺，蔡巴噶举由此传出。1187 年又在蔡巴寺附近建立公堂寺。从此蔡巴寺和公堂寺成为蔡巴噶举发展、扩大其势力的主要基地。1268 年，当时任蔡巴寺主的桑杰欧珠被元朝授封为蔡巴万户长，蔡巴遂成为前藏比较重要的一个地方势力。后来被帕木主巴击败，公堂寺也被毁。从此蔡巴噶举走向衰落，最后格鲁派兴起，蔡巴寺和公堂寺改为格鲁派寺院，蔡巴噶举遂告断绝。

以上所述噶玛噶举、帕主噶举、拔绒噶举和蔡巴噶举，是从达噶举派中分出来的四大支派。其中帕主噶举中又分出八支小派，现将四大支八小支列表如下，具体看有关书籍，在此不赘。

- 达波噶举
  - 噶玛噶举
  - 帕主噶举
    - 止贡噶举
    - 达垅噶举
    - 主巴噶举
    - 雅桑噶举
    - 卓浦噶举
    - 秀赛噶举
    - 耶巴噶举
    - 玛仓噶举
  - 拔绒噶举
  - 蔡巴噶举

B.“大手印法”

“大手印法”是噶举派的主要秘密教法，也是一种无上密法。值得注意的是，“大手印”并非密教身、语、意三密中的身密，即以手结印契的“手印”。实际上，“大手印”是一种大象征、大相应，象征禅定中个体意识同宇宙本体相应而融合为一，得见圆明自性的一种光明纯洁的境界。

“大手印”，梵文为嘛哈母渣（Mahamudra），汉文可译作“大象征”、“大印”等，印者，是表记和象征之意；大者，为无所不包、至高无上之意。“大印”实指心灵妙明之境，指玄奥的精神照耀。藏文译名中，在“大印”两字中间又加入“手”字，“手”字指佛的手，表示佛之如所有尽所有，二无分别，及空、乐、智慧，为尊重佛典之意。

进一步讲，大手印为修持密法取得最高成就、证悟和智慧的象征。从修持入定的角度来看，大手印就是在甚深入定的境界中呈现出的光明性体，如自性、实相、菩提、法身、真如、真空体性、宇宙本体等都是表达这种意思的不同名称。换句话说，大手印是个体意识（小我）与宇宙意识（大我）融合为一的象征，或者一弹指间得到证悟的象征。

大手印内容丰富、种类很多，诸如恒河大手印、大手印瑜伽法、大手印技法、大手印禅修法、大手印心法、开顶大手印等。其中最为著名者有两种：即恒河大手印和大手印瑜伽法。但是恒河大手印属于顿法，是极其高深的一种法门，即上师具有无上的加持力，观弟子机缘成熟，实行心的刺激感应，一弹指间，让弟子刹那悟道。所谓心的刺激感应，并无一定方法，有成就的上师对于自己弟子的定力基础以及心理状态，十分了解，因此唯有上师能给予自己的弟子以心的刺激。这样，修习恒河大手印就要具备两个条件：其一是上上根器的弟子才能学；其二是有大成就的上师才能教。所以，修持恒河大手印的人很少。而大手印瑜伽法属于渐法，因其循序渐进的修持法，深受广大藏密爱好者的喜欢且成为普及面很广的一种功法，而且是噶举派的基础性密法。

《土观宗派源流》记载："噶举派先德关于大手印道立为四种瑜伽之说：一、专注内心，名为专注；二、由悟内心离诸戏论，名为离戏论；三、由悟心境一味，名为一味；四、由离有相而修，名为无修。这四瑜伽，桑昌法主郭仓巴承认：初是胜解行地，二是见道，三是由二地至七地，四是后三清净地体性。"可见，大手印瑜伽法是一种循序渐进，由浅入深的理想法门，此法还分为专一、离戏、一味、无修四种层次，可谓大手印四瑜伽。此即：一、专一瑜伽，收摄音念专注于一，或专注呼吸修宝瓶气功（瓶气），或专注某一小物体，或专注佛像，旨在令心专一而渐达寂定；二、离戏瑜伽，修专一瑜伽达心寂念定后，反观内心，从而得入空寂定境，即"明心见性"；三、一味瑜伽，在日常生活中保持前所得定心不乱，观所见一切如梦如幻，渐达动静不二、心境不二的境界；四、无修瑜伽，到动静不二地步，则不需观想、摄心，不起任何摄心之念即为禅修，谓之"无修之修"。由此得知，大手印四瑜伽法，层次分明，修行者可循序以进，拾阶而上。实为普通人可修的一种绝妙功法。下面对大手印四瑜伽法的修炼方法作分别介绍：

1. 水乳交融，无二无别

水乳交融，无二无别，即专一瑜伽法，为大手印四瑜伽之一。专一瑜伽法分为专注于物体和不专注于物体两种修炼法。

专注于物体瑜伽又分为专注于无气息物体瑜伽和专注于有气息物体瑜伽两种修法。

专注于无气息物体瑜伽，这一修炼法又有专注小球或小木块法和观想佛像、字像、明点法两项。

专注小球或小木块法：

修炼者面前放置一小球或小木块，专注视之。不准忘却此物，也不可认明此物，但须集中视线专注视之。

在定睛注视此物的同时，观想金刚上师坐于自己的头顶上与佛无异，并至诚恭敬地念诵：

愿得上师加持，至高无上的“大手印”获得成就。

然后观想金刚上师缩身由自己顶门而入，自己的心融入上师的真如之心，如水乳交融，成为一体，无二无别，尽量持久。

这种修炼方法，能使修炼者心神凝聚，增长知觉的敏锐。在修炼中遇到各种困难，如昏沉，应集中精神凝视或在旷野的幽静中习定；如生性呆滞，也可用这种方法，集中心力训练；如心不安静或散乱者，应隐居深密静处，减低专注，放松身心。

观想佛像、字像、明点法：

修炼者前面放置一绘画或塑铸之佛像，专注于此。或观佛身之殊胜庄严，色如磨亮之黄金，光轮环在头顶上，三重法衣披在身上，历历如在目前。此为观想佛像法。

修炼者观一月轮在自己前方，大如指甲，白色光明，上有藏文ཧཱུྃ(吽)字，笔画细如毛发。ཧཱུྃ(吽)字通常象征心之本性。此为观想字像法。

接着观想明点法。一般修炼到一定程度的人，圆寂后在火化的灰烬中，往往发现有舍利子，圆如珠，这就是种子。藏密认为，这是圣力成菩提心自肉体显现的明证，或者是法身在报身、应身上的反映。这里以明点代表佛心，专一心念，观想明点形状如卵，大小如豆，光芒照耀，看来奇异，而智力集中于此。以这种物质观想，就像有明净的佛光加披。

专注于有气息物体瑜伽，这一修炼法又有金刚数息法和宝瓶气法二法。

金刚数息法：

又称金刚诵，是藏密气功的基础功法，也是修气脉初学之方法。此法行气调息，在后期密宗里又叫“风瑜伽”。宗喀巴大师的《密宗道次第广论》卷二十一记载：“诸息调和者，就三脉门一日夜有二万一千六百次息”。《西藏的瑜伽与秘密教义》也认为：“西藏的上师和印度的上师，同样认为每昼夜二十四小时共呼吸二万一千六百次(一呼一吸为一次)，即每小时九百次，每分钟十五次。”这和生理学上每分钟平均呼吸16至18次的说法相近。

修习金刚数息法，以跏趺坐，当身心安静后，集中心神进行呼吸，排除其他一切杂念。用细微可自闻之念诵声，数其出入息，自1、2、3开始数至21 600之数，此数正好是一昼夜呼吸的数目。

数息就是专心数呼吸次数，一呼一吸为一息，每一呼一吸为一次。初学者每天以四座为限，第一座仅数呼吸21次；第二座可增至40至60次；第三座数较前略增；第四座随力多数，以后渐次增加，并非第一次就修21 600之数。西藏地处高原，一昼夜人的呼吸次数，当接近此数。像内地等海拔较低的地区，一昼夜人的呼吸次数为21 600。在这一修炼中，如感疲倦，可暂停休息。但数息须一一明晰，即数毕全数不乱，如有错误，须从头再数。这就是所谓的金刚数息法。

以上数息观完成之后，紧接下一步随息观等修习法。

随息观是观想空气中的灵息，就是说观想呼吸之气出于何处，又入于何处。吸气时，观想气自鼻端前0.4至2米处自鼻口入，经喉、心、脐而至密（即下丹田），并普及四肢及身体各部。如感觉吸入的气仅到身体中的一部分，并未遍及全身，须当即纠正。呼气时，观想呼出的气由脐至鼻，距鼻前0.4至2米处。如此心随呼吸，出入自然，即可明了呼吸的远近长短之性相，并知道吸时纳入之气，净洁晶明，呼时吐出之气则混浊不净。这就是所谓的随息观。

止息即观想呼吸之气在身内住于何处。入则由鼻至脐而住，出则由脐至鼻而出。观住者是否气由脐遍及全身，如果仅住于脐，仍为粗观；必须观气遍住于全身，而且在住气时间内完成，这样才称得上细观。由此熟习，即能心与气合而住。这就是所谓的止息观。

观息即观气自顶及踵，遍及全身，有益无损，不宜过多，也不宜过少，而冷暖适中。

人体由五大组成，骨肉是地大，液体是水大，体温是火大，气体是风大，灵息是空大。气息也有地、水、火、风、空五种，功夫到家，可见五气之色及其远近。地气黄色,水汽白色,火气红色,风气绿色,空气蓝色。地气距鼻端最近,约22.5厘米,水汽较远,火气再远之,风气又再远之,空气最远,但也不过30厘米左右。如果一呼一吸中具足五大五色,并各不混乱,即知呼吸出入量之增减。以普通人年龄推之,二三十岁者出少入多,五六十岁者出多入少。这就是所谓的观息观。

还息即观想呼吸之气渐次变为藏文ཨོཾ(唵)、ཧཱུྃ(吽)、ཨཱཿ(阿)真言三字,于是变业气为智气。

三字观法是,呼气外出变为ཨོཾ(唵)字,白色,代表佛身;吸气内进变为ཧཱུྃ(吽)字,蓝色,代表佛意;气住则变为ཨཱཿ(阿)字,红色,代表佛语。观三字,必观藏文,直立空中,大小不拘,笔画细而明亮。这样转出、入、住气变成三字,可以通解遍身脉结之气,使其渐次尽入中脉。这就是所谓的还息观。

净息即内外呼吸渐次至于停灭。由于以上修持,支脉解而中脉开,业气尽而智气现,自性清净将从此显。这就是所谓的修净之方便法门。

宝瓶气　又称瓶风、风瑜伽等。其修习先吐气三口,清除体内浊气,徐徐自鼻吸入新鲜空气,气封于密(即下丹田)处,住气越久越好,然后喷出。

宝瓶气修法之目的,在于修心使离息而独立,使心息不依,纵有想念起落,也不为息所影响。本修法换气息停灭,则心缘境为气所引起之妄念,也随之而尽绝。心之造像,纯因心激荡而起,气停则心之激荡亦平,想念自止。

不专注于物体瑜伽又分为切断想念法、放任想念法和心不动想念法三种。

切断想念法　又称切念法。此修法是,一念方生,刹那间齐根切断,如空中闪电。人在禅定中,因心受激动感应,想念继续生长,即使一念抑制,继起之念,纷至沓来。应以警觉心继续抑制。于是一有想念萌芽,刹那间齐根切断,继续禅定。

放任想念法 又称纵念法。此修法是，修持者漠不关心，不管不理，即非随他去，也不阻止。正如牧童放牛羊于原野，任其散漫行动，而修持者继续禅定。因此，想念也不再发生，心就到达安止境。对此噶举派大师有言："心不整治则自明，水不扰动则自清。"

瑜伽大师米拉日巴也曾讲道："放任心于本元而不加整治者，则'明'可生；心于彼境而如平静流水者，则'明满'；完全放弃整治但纵任之，则心永'安止'。此为瑜伽行者不可不知者。"

也就是说，心若束缚之，反欲奔驰于十方；若放任之，反而得安止不动。

心不动念法 瑜伽大师米拉日巴曾讲道："心住本来不变之境，正知开朗，此境相续，有如静流，圆智可证，咄尔行者，必毋造像，亦毋调伏，永持寂静。"其意思是，心不动念法能使心保持在绝对安止之境中。此法又有四种具体修法：

第一法，修炼者最初入定，易紧张，使用刹那切断念头法，但想念纷至沓来，切不胜切，当疲劳时，转变方式，用放任想念法。如太放纵，修炼者又会失之怠惰。因此，禅定必须均匀，犹如捻婆罗门线，细而均匀，不可太紧，也不可太松，张弛得宜，操纵合度，则心得安止。

第二法，使心与想念隔离，如斩绳二段，以不屈不挠的决心，维持不分心的警觉。这种方法叫做"斩绳二段法"，此法使心隔离所有心智作用。

第三法，儿童观画法。此法犹如儿童以非常的心智警觉，看寺中壁画，随念显现，不予分别，不予取舍。

因练习身心不认知状态，感觉身浮在空中，发生幻觉或出现幽灵，既不因悦而取，也不因不悦而舍。这种既不抓紧也不阻止视觉的方法，叫作儿童观画法。

第四法，象体无觉法。以大象比喻心，象皮特别厚，虽然遇到荆棘之刺，但不怕被刺，毫无所觉，坦然自在，这样心也就不为所动了。

当心安止，认知发生时，防止意识及被防止的想念，被引来相对，即一个想念防止另一个想念发生。当想念起时，既不阻止，也不为所动，这种状态称象体无觉法。此时心的状态如同海洋平静无波，所以又称为最后安止境。

当修炼者正确明白了动与不动不可分的奥妙时，就叫做"妙观察智"，知一切为一元。

2. 通达宇宙意识

通达宇宙意识，即离戏瑜伽法，为大手印四瑜伽法之一。离戏瑜伽是分析动与不动的本性，并通达宇宙意识，此法又分为分析动与不动、通达无上菩提和无生瑜伽禅定三部分。

分析动与不动，就是分析心之动与不动，首先在不认识的安止状态下，出现妙观察智，然后再观察：当心不动时，不动的真实本性是什么？心如何保持不动，又如何从不动变动？当动时，是否保持不动时的安静？在保持不动状态时，是否有动？动与不动有何差别？动（或念）的真实本性是什么？动如何变成不动？这样设问，玄妙莫测，并可唤醒超越之智。

通过设问修炼者始知"动"即非异于"不动"，"不动"也不异于"动"。当如此观察对"动"与"不动"的真实本性，仍然没有悟透，应观察妙观察智是否有异于"动"与"不动"。经过这样明白的智力分析，修炼者就会发现观察者（心）与被观察者（想念）是不可分别或分离的。因不可分离的真实本性，不能认知，这种境界被称为"心行处灭"或"言语道断"。

通达无上菩提，即任何思想、观念或模糊或扰乱的感情发生，既不放弃，又不控制；应允许它们自起自落，自生自灭，不去引导或促其成型，修炼者仅认识即可。如此长期保持，念因未被放弃，其实相（或自性空相）会自然呈现。

修炼者仅认识想念，无取无舍，就可了解到能舍弃的心与被舍弃的想念两者不可分离，心即获得解脱。这种解脱技巧，叫做"练习崇高道的精髓"或"禅定之反面法"。这种修返观之法，即用真心,不偏不倚,无我无私的立足点,观察一切有情众生还未获得自心真相和解脱自在,于是就产生无限同情的大悲心。这就叫做通达无上菩提法。

无生瑜伽禅定,此法又分为现在、过去和将来三时之禅定、心与物之分析禅定和单一与多数之分析禅定三部分。

现在、过去和将来三时禅定,首先从三个时间的观点分析,过去的念现在已经灭了,而未来的念,到现在还没有发生,现在的念瞬间即失,变成过去。未来的念,立即会变成现在,或过去。这种生而即灭唯是幻空,在禅定中始觉一切幻象如同时间一般,幻而不实。一切幻象本身不存在,都是由心示现。这种修炼法是为了认知生死及时间的不实存。

心与物之分析禅定,从物质与非物质的观点,对有情之心加以分析,说明心是物质或是非物质。

如果心是物质,修炼者在进入禅定之后,能观其为实在的。但从妙观察智的观点来看,心不能称为任何实物,不能归入物的一类。再用妙观察智进一步分析,心又不能列入非物一类,也不能证明其不存在。因此,心既非物,也不是非物,不能放在任何一边,所以被称为"中道"。

所谓"中道"者,既不是"是",也不是"非",佛教经典上说:"一切是"是一个极端,"一切不是"又是另一个极端,都是边见,离于二边,即是中道。空非一无所有,"非有非空"即是中道。有情之心,为一切真理之源泉。一般人为无明束缚,为幻象所惑,自心不明。有情之心,即为八识。八识也为真如示现之幻象。因八识含有一切种子,而菩提(即真如)也含有一切,故能相应,有情可证得无上菩提。

这种信念的建立,不是来自演绎法、归纳法,而源于上师的慈教。这是各人自有的宝藏,只是能注意或不注意而已。因此,这种教导,被称为大真理。正如偈云:"上师所教深入心,启示各人自开悟,悟自身中各怀有,垂手即得无价宝。"

单一与多数之分析禅定,从单一与多数的观点,对有情之心加以分析:心是一个还是数个?如果是一个,为什么能示现种种幻象?如果是数个,又为何所有的心都必须与真空体性不可分离。

如此观察,修炼者就能明白,心不可数,既非单一,也不是多数。单一是一边,多数是另一边,不住两边,这就叫做不住于完全寂静的大手印境。修炼者在禅定中,除妙观察智外,无所发现。因此,大手印,即实相,又称为真空体性。

因禅定结果,一切误认为实在者,均已消除,一切皆幻,犹如魔术师所表演的幻术。这就是离戏瑜伽。

总之,离戏瑜伽的主旨,是以妙观察智为基础,通过内省分析,以不偏于空有以见实相的中道观想,达到明心见性,通达无上菩提为目的。

3. 化心物为一元,不可分离

化心物为一元,不可分离,即一味瑜伽法。因为一味瑜伽化心物为一元,为一整体,不可分离。认为物者,是一切幻象。以睡与梦为喻,认知一切幻象为心所示现。如梦中所见一切,都不离于心。同样,修炼者醒时所感一切幻象,无异于无明生死长眠中的梦境。如果离开示现幻象的心,一切幻象并不实际的存在。所以,任何念起或幻想产生,我心放松而不依随,从而要了解到一切外在幻象与修炼者的心及其内在幻象不可分离,并化成一整体。正如米拉日巴所说:"昨夜梦中所梦见,种种不外汝一心,梦即瑜伽士之师,汝诸弟子当了知"。

以水与冰为喻,以知本体与幻象为一元。认为:所有幻象,本身虽然不实际存在然为本体所示现。又本体不造任何事物,但示现任何事物。因此,幻象与本体原为一元,同一本性,可以水与冰为喻,表明幻象就是本体。

修炼者在进行修炼时还认知三个双重:极乐与空,净光与空,智慧与空。三者合为一元,则是了解所有体验为一整体,不可分离。具体讲,极乐与空、净光与空、智慧与空,三者各为两相,实则各合为一元。空者,本体的阴影和幻象的本源;极乐者,正觉启迪之乐;净光者,内在的光明;智慧者,为般若,即无上菩提。正如佛经上所说:若人全了解,一切皆一如,除此一如外,更无其他法,所持诵者一如,所观念者一如,一切瑜伽行,皆惟此一如。

以水与波为喻,化一切为一元。认为:波由水兴,同样,一切现象均由心所示现,而心之本性为真空。正如"一切皆由心生故,汝心即是汝上师"。这个真理,为一切真理的总真理,即总摄一切之一。修行者如了解了这一真理,就能认识一切有情之心的真空体性。换句话说,由于自我的特性,真理为无明所遮盖。修炼的目的,就在于除去无明,恢复自性光明。这是一种很高的境界,用言语很难表达清楚,主要靠修炼者的信念、决心,以及功夫去体验。如果修炼者不能深入禅定,犹如瞎子摸大象,那将难以掌握全貌。

4.进入大解脱、大智慧的境界

进入大解脱、大智慧的境界,即无修瑜伽,别称为无禅瑜伽,为大手印四瑜伽法之一,也是四瑜伽中最高的瑜伽境地。

无修瑜伽,是修炼四瑜伽法的高级阶段,修炼者如能进入这一阶段的修炼,那么所修之念及其功法都能运用自如,也就是说进入大解脱、大智慧的无碍自由境界。这一境界以俱生无染的无上菩提(大手印),化一切为法身。当已降服的无明,能一时清除,说明功德圆满,瑜伽修炼也可停止。至此再也没有什么道可修,修炼者大功告成,已证得了俱生大手印,也已到达无余涅槃之境界。所谓"涅槃",也可译为"圆寂"。圆是指圆满一切智德,寂是指寂灭一切惑业,又有不生不灭的意思。正如佛经光明心所说:"禅定,本为证取顿觉境界的方法。证入之后,禅定不复需要,犹如行人乘筏渡河,即达彼岸,则筏无用矣!"上述涅槃境界,就如同已经到达的彼岸世界。

三、萨迦派及其"道果法"

A. 萨迦派简说

萨迦派是藏传佛教的重要宗派之一。该宗派最初是由昆·贡却杰布(1034—1102 年)创立。贡却杰布自称是吐蕃时期的贵族昆氏家族的后裔,他从小随父亲释迦罗哲和兄长学习宁玛派教法。长大后赴后藏拉堆地方的木古垅寺,亲近卓弥·释迦益西(993—1075 年)译师,修习新密法,卓弥给贡却杰布特别传授了"道果法"这一新密法。之后,贡却杰布在后藏仲曲河谷边买了一块土地,于1076 年创建了一座寺院,因为建筑寺院的地方是一块白色的土地,该寺便起名为萨迦寺,"萨迦"(ས་སྐྱ)一词藏语的意思是灰白色的土地。后来萨迦寺作为基地,形成了一个宗派,此派也就命名为"萨迦派"。另外,萨迦寺的墙上刷红、白、蓝三种颜色,不少学者以此为由在自己的著作或文章中,将萨迦派俗称为"花教",这种称呼极其不妥。

13 世纪,萨迦派受到元朝中央的册封和支持,在西藏第一次建立了"政教合一"的地方政权,从此西藏正式纳入祖国版图。萨迦派的势力也因此而遍及整个藏族地区,元末明初,萨迦派的法王权势被噶举派夺取,其实力逐渐衰落。

萨迦派从贡却杰布开始就决定其法位以家族相传的形式继任。政教两权都集中在一个家族手中。在了解萨迦派的传承时,首先要掌握萨迦五祖的事迹,因为萨迦五祖是五位为萨迦派的发展作出特殊贡献的著名人物,在藏传佛教史上享有盛誉。目前,许多不同宗派寺院供有萨迦五祖的塑像和唐卡。

萨迦派的第一祖是贡噶宁布(1092—1158 年),他是贡却杰布的儿子,幼年时代随父学法,后来广拜印、藏名师,遍学佛教显密二宗及“道果法”的全部理论和实践。贡噶宁布主持萨迦寺达48年之久，成为一名精通显密教法的教主。可以说，萨迦派是经过贡噶宁布的努力才真正发展起来的。贡噶宁布不仅使萨迦派教义的体系趋于完整，而且将萨迦派的势力向外扩大。因此，后人将贡噶宁布尊称为“萨钦”（ས་ཆེན་），即萨迦派的第一大师。“贡噶宁布自公元1111年接任住持后，长达四十七年，广收门徒，传习‘亲口宝敕’及‘道果法’，使萨迦派的鲜明旗帜显露光芒，从而得‘萨钦’——‘萨迦大德’的称号。”①可见，贡噶宁布的地位及影响超过其父贡却杰布。

第二祖称索南孜摩（1142—1182年）。贡噶宁布有四子，大儿子贡噶拔赴印度深造，22岁时不幸在异国他乡染病去世；二儿子就是索南孜摩，他继任父业，承继萨迦寺住持职位，便成为第二祖。索南孜摩博通显密教法，尤以注重密宗和严守戒律而誉满西藏；他还娴熟五明学，即声明学和内明学，为推动藏族文化的进一步发展作出了贡献。

第三祖叫扎巴坚赞（1147—1216年），是贡噶宁布的第三个儿子，由于索南孜摩英年早逝，他继承了哥哥的宗教事业，并为萨迦派的不断发展尽了自己的职责。

第四祖叫贡噶坚赞（1180—1251年），是贡噶宁布最小的儿子贝钦奥布的长子。他从小跟随叔叔扎巴坚赞出家学习佛法，23岁时在喀且班钦·释迦师利处受比丘戒，并从尼泊尔、克什米尔以及藏区的诸多学者处学得精湛的佛教义理，对佛法具有深刻的认知，而且终其一生未曾破戒，特别精通五明学，著述颇丰。他曾在一次大型学术辩论中，击败六位印度学者，从此名声远播印、藏地区。因此贡噶坚赞以其学识渊博并严守寺院戒律生活而赢得各界人士的爱戴，被尊称为“萨迦班智达”，意思是萨迦派的大学者。

萨迦班智达在当时被元朝统治阶级看中，成为西藏与元朝中

---

① 郑金德：《现代西藏佛教》，265页，台湾佛光出版社，1991。

央之间建立统一关系的人物，为祖国统一发挥了巨大作用。1246年萨迦班智达应蒙古阔端皇子之邀到达凉州，与阔端共同商定西藏归顺元朝中央的条件，并奠定了元朝对西藏地方行使行政管理的基础。正如“从十三世纪四十年代起，西藏就已经归顺了蒙古，代表蒙古接受归顺的是蒙古大汗贵由汗的胞弟阔端，代表西藏各地方势力和蒙古洽谈归顺事宜的是萨迦派教主萨班”。[①] 最后萨班由于年迈没能返回故里，于1251年在凉州去世，享年72岁。

第五祖是著名的八思巴（1235—1280年），本名叫洛哲坚赞。他是萨迦班智达的侄子，也是一位精通各种宗教知识的高僧。正如《西藏王臣记》记载：“幼而颖悟，长博闻思，学富五明，淹贯三藏”。萨迦班智达去世后，八思巴成为萨迦派的教主和代表西藏地方势力的人物，对于西藏地方乃至元朝中央政权起过较大作用。“一二六〇年忽必烈当了蒙古大汗，立即封八思巴为国师，赐玉印。一二六四年忽必烈迁都北京，同一年在中央政权设置总制院，掌管全国佛教和藏族地区事务，又命八思巴以国师的身份兼管总制院事。一二六五年八思巴回萨迦寺去，一二六八年他奉忽必烈之命创制一种‘蒙古新字’，八思巴蒙古文。完成后回北京进献，忽必烈一面命令在全国范围内推行这种新字，用以译写一切文字，一面加封八思巴为帝师，大宝法王。以后大宝法王成为元、明两代对西藏佛教领袖人物的最高封号。”[②]可见，八思巴在元朝中央中相任高级职位，而且可以统领整个藏族地区，因而萨迦派在八思巴时期得到蓬勃发展。但八思巴于1276年返回萨迦寺，1280年在该寺英年早逝，享年46岁。

通过以上对萨迦五祖的介绍，我们基本上可以了解到萨迦派的历史进程。当然，萨迦五祖之后，仍有许多高僧大德为萨迦派的不断发展或继续传承发挥过巨大作用。可以说，萨迦派人才辈出，

① 《西藏佛教史略》，124页。
② 《西藏佛教史略》，125页。

在教义教规方面具有深厚的基础。因此，目前在藏族地区还有不少萨迦派寺院及其众多信徒。其中位于西藏日喀则地区萨迦县的萨迦寺，以其藏书之多，内容之丰富，被誉为中国"第二敦煌"。

B."道果法"

"道果法"是萨迦派的主要功法，此法虽起源于印度，但在印度随着佛教的灭亡而早已失传。但是，"道果法"由萨迦派所继承并得以发扬光大。时至今日，"道果法"仍然被萨迦派奉为根本大法，完整地保留着。应该说，"道果法"不仅是萨迦派的主要密法，而且是藏传密宗的重要组成部分。

所谓"道果"，其"道"指经过修行之道，而"果"意为达到觉悟，简言之，"道果"即是"有果之道"之义。此法主要靠口传，不注重文字记载，所以"道果法"享有"只能意会而不能言传"的说法。"《道果》传承是从卓弥大师（详见本书第三章四节）依次弘传下来的，据说有十八种不同教敕和风规，然主要领得口旨者唯萨迦派大德。"①可以断言，卓弥大师是在西藏传播或发扬"道果法"的第一位藏族密宗大师。

"道果法"的修炼，有显宗和密宗之分，一般以先修显宗而后修密宗为修习次第。

修炼显宗"道果法"又分三个步骤，如经书中所说："首应破非福，中则破我执，后破一切见，知此为智人。"也就是说，首先要知晓人类生死根本的俱生无明，从而断除无明根本而融归法界。此为"首应破非福"的大致意思。

如能生起定信，则如圣天所说："一空性如何，一切空性也复如是。"如此则一切法自然解脱归于无实，生起顿悟一切法的奥义。这就是"中则破我执"的大概意思。由于修了见的最初阶段，所以在其第二阶段也能顿然生起此悟，若前已生起寂止，但尚未生起止

---

① 《土观宗派源流》。

观双运，也能在此时摄持见的奥义，即不起执实之上，掌握寂止之心，能在自己相续之中，生起止观双运之见。

藏文佛经上说："业及烦恼二者，乃由执实之妄想所生，此执实妄想也由戏论或执相所生。因此需先断戏论和执相，故说'后断一切见'"。如此修习定能引生由缘起道理通达诸法无实之正见。因为，此空性境，不管是有是无，随一皆不可得。念心中生起彼外所现境，此则名为暖位现相三摩地。又再进修，则前说心之明相愈为增大，而生起信心和觉验的明相也比前愈增大，此名为顶位增相三摩地。较前再加励力修习，则净治能障自心光明之所取迷现的现行，其本心的明相清澄分与乐况较前殊胜生起，此名为忍位无境分别三摩地。内能取心之迷现虽未遣除，然外所取境之迷现则已遣除了，此时于外境相，纵少许实有耽着也不生起，此则名为境得相三摩地。

如上再继续努力修习，则自心光明，其明相愈来愈为增大，生起如同亲心一般的觉验，此则名为世第一法位无间三摩地。那时俱生无明虽未清净，然由俱生无明所起的能所二取迷现的现行，则大半清净，出现光明，则可全无所难而无间地生起见道初地智慧，又再进修，能所二取的分别所依，即俱生无明随眠种子虽未清净，而它的现行则已清净，此双离能所之心，本性光明，赤裸裸、清清楚楚地生起，犹如现见，如是明相与智慧也并得生起，明、增、得三位的迷现的现行，都归于沉没，其能对治的明、增、得三位的明相也次第显现是为加行道三位，其后俱生无明现行的粗分也都归于沉没，现大光明，是为世第一法位。如是观修最末，若清净一分俱生无明和其种子等，则自心愈能明见一分光明，此名为初地（是一种修行阶段，即菩萨十地中的第一地）见道位。此后于十地位中各断一分能障自心光明之无明，其明相也逐步趋大，至十一地证成佛果时，则名为全无所障的现见二种清净之心的自性光明。

以上为萨迦派显宗"道果法"的修习过程，显宗"道果法"比较简便易行，主要通过扎实的理论学习和长时间的禅定达到其最终目的。完成显宗“道果法”的全部修习过程之后,就有了修炼密宗“道果法”的基础。

萨迦派的密宗“道果法”也十分注重修炼,萨迦派的密宗“道果法”也同宁玛派的“大圆满”法和噶举派的“大手印法”一样,是一种很高深的功法。此法也十分注重修炼次第,修习者在未进入正修“道果法”之前,都必须先修习“四加行法”。“四加行法”是藏密修炼各种密法的先行预备法,被公认为藏密功法的基础法,相当于一切密法的基石。下面对“四加行”作一一介绍:

1. 如何迎请金刚上师及佛、法、僧之法

此法在藏密中称“四皈依法”,为四加行法之一。所谓“四皈依”,就是指皈依金刚上师及佛、法、僧三宝。修习四皈依法就是为了坚固修行者对金刚上师及佛、法、僧三宝的信心。

四皈依法,要求修炼者先观想自己择好的金刚上师的容貌,紧接着观想金刚上师两眉中间迸现出ཨོཾ(唵)字的白光,射入修炼者的两眉中间;次观想金刚上师的喉际迸现出ཨཱཿ(阿)字的红光,射入修炼者的喉际;后观想金刚上师的心际迸现出ཧཱུྃ(吽)字的蓝光,射入修炼者的心际。

之后,修炼者双手合掌念诵四皈依真言:

南摩格日贝,(ན་མོ་གུ་རུ་བྷྱ།)

南摩布达雅,(ན་མོ་བུད་དྷ་ཡ།)

南摩达磨雅,(ན་མོ་དྷ་མ་ཡ།)

南摩桑迦雅。(ན་མོ་སང་ྒྷ་ཡ།)

以上四句真言,是依次表示皈依金刚上师、皈依佛、皈依法、皈依僧的咒语。

念诵咒语三遍后,即观想金刚上师以及虚空中示现佛、法、僧三宝诸尊,互相融合,化为五色的大光明,灌入学者的顶窍,注满全身。由此会感觉到一切恶障不净化为黑色之气，从毛孔中一一排出，自己变得光明透彻，身心轻安，充满福慧。

接着又要念诵四皈依真言一百零八遍或更多。

最后发菩提心，即表示有着修炼密法必成的信念和功法圆满后一定回施有情众生的决心。

2. 清净庄严的“大供养法”

此法在藏传密宗中称“供养曼达”，为四加行法之一。藏密认为，修炼者必须通过供养金刚上师，以及佛、法、僧三宝等，来表示自己的虔诚和敬意。但这种供养功法与一般的供养截然不同，它是靠意念将供品化为甘露，殊胜无比，正是清净庄严的妙供，因此称之为广大供养。供养之物有花、香、灯、茶、果等，但其重点在于手印、真言和观想。

修炼者先结手印，手印的结法是：两手无名指相背立，两手中指平伸相叉，两手小指平伸相叉（均右在外）。次以两手食指钩两中指（右食指钩左中指，左食指钩右中指）。以两手大拇指按两手小指之端（右大拇指按左小指，左大拇指按右小指）。

坐势为跏趺坐，念供养咒：嗡洒瓦达塔嘉塔依大磨，格日拉那曼扎拉钦，尼日依达秘。

观想自己手中有七珍八宝，充满了须弥山及东南西北四天。再观想这一切珍宝，全部奉献给诸佛菩萨。

然后，把手印向上提，在两眉中间印一下，即可散印。

例如，我们要供养一朵花，先把这朵花印在脑海中，然后把这朵花想成一排花，想成宇宙上下方皆充满了这朵花。

观想诸佛菩萨，每尊皆手握你奉献的一朵花，并充满宇宙太空。

然后，心中默念供养咒，再将手触眉中间散印。

以上就是通过观想由一变多，一一化现的重重无尽的供养法。

3. 克己、苦身、柔体之“大礼拜法”

大礼拜法. 也即俗称的“叩长头”，也是藏密功法中的一种动功，它以礼拜的方式，反复地做五体投地的全身运动，所以，大礼拜法又是一种强身健体的运动。事实上大礼拜法也是一种表示修炼者的虔诚和虚心，防止贡高我慢的功法。所以，大礼拜法被认为是一种克己、苦身、柔体的法门。

修行大礼拜法，先观想金刚上师及诸佛在面前，自己双手合十先置头顶，以表示成就无上觉悟的意思。其双手合十表示合十地五道[①]为一的意思。观想金刚上师诸佛额际放ཨོཾ(唵)字白光，射入修炼者额际。再将手印置喉际，观想金刚上师及诸佛喉际放ཨཿ(阿)字红光，射入修炼者喉际。再将手印置心际，观想金刚上师及诸佛心际放ཧཱུྃ(吽)字蓝光，射入修炼者心际。然后俯身散印，即分开两手，以手着地，双手平伸，向前推出，表示推开六道，[②]直趋菩提境界，全身卧于拜垫之上，五体[③]均以着地为准，又再合掌于顶，然后起身立正。如此循环，多多益善。另外，还可以半卧式，即双膝点地，双手掌贴地，然后额头触地即可起身立正。

藏密要求作此礼拜时，随礼拜念诵咒语，咒语有礼佛咒、莲师赞、回向文等。

礼佛咒为：

唵，南摩曼祖师利耶，南摩苏师利耶，南摩乌达嘛师利耶，梭哈。

莲师赞为：

三世诸佛法界性，无量寿智我莲师。

身语意业求加持，永离生死证性真。

---

① 五道，又称五趣。六道中排除阿修罗，便成为五道，即地狱、饿鬼、畜生、人、天五种存在的境域。

② 六道，中五道加阿修罗为六道。

③ 五体，指人的四肢加头。

回向文为：

上师三宝加持力，愿我疾成无上觉。

度尽六道诸有情，皆共成就大菩提。

在合掌做手印时，显宗密宗也有不同，显宗通常情况下一般以两手十指尖各相拄，手掌内空如塔形，这种合掌式手印称为普通合掌。而密宗的合掌式则称为特殊合掌，其具体做法有三种：

1）两手十指尖各相拄，掌心内空。两大拇指上节弯曲，如佛龛形，两手拇指指尖，压于无名指下节，这是顶礼佛部诸尊手印，因此称为菩提合掌。

2）两手虚心合掌，两手大指和小指各相并。其余三指微开，如八叶莲花形，这是顶礼莲花部诸尊的手印，因此称为莲花合掌。

3）两手相并，十指交叉，右指压左指，掌心内空，如五金刚杵交叉的形状。这是顶礼金刚部诸尊的手印，因此称为金刚合掌。

礼拜时的观想也有许多种类，下面列举几种，可供选择：

1）观想右手五指从大拇指数起，表示布施、持戒、忍辱、精进、禅定，即五波罗蜜，与左手的智慧波罗蜜相合，是为六度，依此直趋十地五道。观想右手方便与左手智慧，合而为一，即自身可从这方便与智慧之门中，成就色、法二身。

2）观想左手是智慧，右手是方便，两手落地时，用力前推，即以智慧的利剑，将八万四千烦恼，统统斩断后，用方便之舟船，将一切众生，渡到彼岸。

3）观想有害于我的是四魔，即天魔、阴魔、欲魔、死魔，我今伏地用力一推，即将四魔驱逐，不再为害。

4）观想本人化身万千，同时向虚空中的无数佛菩萨顶礼。

以上四种观想法，可以选择其中较适合于自己的一两种，依照观想。此外还有密法上的观想，即右手为起分，左手为正分，两手相合,成就度脱之道。又有右手主脉五气息,与左手支脉五气息,二者相合,两脉气息,聚于心间,成就双入之道。这些观想的含义较深,最好向自己的金刚上师求授口诀。

礼拜有着克服怠慢的作用,这种三门[①]全磕五体投地,加上多种存想有利于气功的修炼。现在许多人因缺少运动,往往有胃病、失眠等诸多慢性疾病,若依此法修行,则全身血脉畅通,是一种行之有效的功能锻炼,比其他运动效果更好。这种一礼一赞,能使人心境特别平静,迅速进入虚静状态。藏密认为,人的两手掌、两膝间贯通全身督脉,每天礼拜时两手掌和两膝盖用力着地,使督脉松动,这样会使全身血脉流通。对于所有由气、胆、痰所引起的三方面的疾病有极好的防治作用,并且没有中风的疾患,一般人在临终时,都有全身抽筋的痛苦,如果平时修炼过这种磕十万遍大头的礼拜功夫,临终时就不会有风动抽筋的痛苦,而且死后会身软如绵。所以,藏密功法中将此作为初入法门的重要功夫来加以修炼。而这种作为大礼拜功法的磕长头的具体情形,在西藏拉萨的转经路上常有机会亲眼目睹。那些磕长头的男女信徒,腿上套上用牛皮制成的护膝,两手则套着以硬木做成的护手板,严格按着磕长头的基本规则,在一种坦然自如的神态中完成着磕长头的每一个具有节奏性的动作。这一情形在非信教者看来,简直是一种折磨人的苦行。这些磕长头的信徒大都是从外地前来圣城拉萨朝拜的人,对他们来说有机会能在拉萨转经路上磕长头,被认为是一种福分、一种功德无量的行为。

4. 无量光明、遍照十方之“妙音真言法”

此功法在藏密中称“金刚心菩萨法”,或称“金刚萨埵”真言法。这是藏密四加行法之一,也是其中最重要的一法,被称为密教必修之法。

金刚心菩萨,即金刚萨埵,这位神佛(菩萨)在藏密功法中被认

---

① 三门,远离菩提障的三种门,即智慧门、慈悲门和方便门。

为是诸部密法的主尊，可谓主管者。

修炼金刚心菩萨法，以念诵咒语为主，但念诵咒语时还要观想金刚心菩萨身放五色无量光明，遍照十方，消除自己以及众生的诸多烦恼。具体修法如下。

首先念诵四皈依咒（三遍）：

南摩格日贝，
南摩布达雅，
南摩达磨雅，
南摩僧伽雅。

其次念诵发菩提心真言（三遍）：

唵·波地支达，
别炸，洒麻雅，
阿吽。

然后结手印：右手握拳，朝内，拇指压食指；左手握拳，朝外，食指压拇指，置于胸前。

以上预备工作完毕后，观想空中现出金刚萨埵，身体为白色，戴五佛冠，天衣重裙，种种宝物严饰其身，以跏趺坐于莲花月轮座上，右手忿怒印持金刚杵于心际，左手忿怒印持金刚铃于左腿际。其心际周围有百字咒轮围绕，此咒轮放白色光明，飞腾空中，成一个弧度，从修炼者的顶门灌入全身。因此，修炼者的全身也现出大光明，全身的恶业恶念化为黑气，从周身毛孔中排了出去，于是修炼者遍体空明，得大禅乐。

念诵金刚萨埵百字明咒二十一遍，念诵咒语时不结手印。百字明咒为：

唵。巴泽萨埵洒麻雅。玛努巴拉雅。巴泽萨埵迭努巴，帝查杰多美巴娃，苏多卡约美巴娃。苏播查尤美巴娃。阿努拉多美巴娃。洒瓦希弟，美抓亚叉。洒瓦噶玛苏札美，吉党些里雅格日，吽，哈哈哈哈火！巴噶文，沙瓦达他噶达，巴札玛美孟札，巴札巴娃。玛哈洒玛亚，萨埵啊。

以上主咒百字明咒念诵完毕后，再念诵短咒；

༄༅ །ཨོཾ་བཛྲ་ས་ཏྭ་ཧཱུྃ(唵·别札萨埵吽。)

短咒可随意多诵。

咒语都念诵完后观想金刚萨埵化为一点白光，从修炼者的顶门进入心际，此时，金刚萨埵菩萨的身、语、意，也就是修炼者的身、语、意，二者合一，完全融合，于是修炼者变身为金刚萨埵菩萨。这是宇宙至上意识与修炼者自己心光完全合一，是很微妙的大相应。

之后，出定回向，也就是说，结束修炼，发愿与众生共同成就佛道。

修炼四加行功法有了一定基础后，可以进入本尊大法的修炼。

5. 修炼“清净琉璃光法”

萨迦派拥有释迦牟尼佛、观世音菩萨、不动明王、度母、药师佛等多种本尊法。下面择其中药师佛本尊法作为萨迦派的代表性本尊大法来介绍。

根据《密宗秘法》一书，药师佛本尊法主要观想释迦药师琉璃光七佛，配以念诵药师佛心咒。其具体修炼方法是，修炼者观想在自己面前虚空中，出现药师佛，全身蓝色，胸前现一蓝色种子字“ཧཱུྃ”(吽)，放光射入自己身中。

继观想自己正金刚跏趺坐，头顶上则坐有蓝色的药师佛。在蓝色药师佛顶上复有两尊白色药师佛重叠而坐。

在第三尊药师佛顶上复有两尊粉红色药师佛重叠而坐。

在第五尊药师佛顶上复有两尊黄色药师佛重叠而坐。

这样在修炼者顶上坐有蓝、白、白、粉红、粉红、黄、黄等药师七佛。

观想自己分身为无数人,在七佛坛前以供品作虔诚供养。

继而,观想顶上药师佛第七尊化入第六尊,第六尊化入第五尊,第五尊化入第四尊,第四尊化入第三尊,第三尊化入第二尊,第二尊再化入蓝色药师佛身中。

此时,蓝色药师佛放光,自我顶上往下融入我身中,我也随之化成蓝色,而业障疾苦也随之往下排出体外,我即成为清净的琉璃色身。

自观顶上“ཨོཾ”(唵)字放白光,喉上“ཨཿ”(阿)字放红色光,心上“ཧཱུྃ”(吽)字放蓝色光。

念诵如下药师佛心咒(最少一百零八遍):

达雅塔,唵贝下泽,贝下泽,
玛哈贝下泽,热砸萨穆噶爹,梭哈。

最后,观想自己坐在莲花座上,座上有月轮,月轮上有蓝色药师佛,即与我无二无别,在胸前有“ཧཱུྃ”(吽)字,放着蓝色的光,光照十方。

萨迦派主张最庄严的成果是觉。在此之前所获得的果是对身、语、意日益扩大的控制,自我之幻的逐渐消失和始终越来越高的意境的发展,所有这一切都伴随着智慧的增长过程。现观到的神佛在何种程度上纯粹是臆想的,或者相反是相当于真正的普遍之力,这是一种见的问题。对此,《土观宗派源流》记载:“密教之见,即亲证内心实相之见。”这也是萨迦派所追求的目的。至于如何修习此见,《土观宗派源流》又记载:“修习此见,则应以三要资助其坚固引生利益。三要者:成境为心,成心为幻,成幻为无自性。”萨迦派就以道位之见安立为至高而超胜之见,并要求修炼者既要获得道果位,又要守护该教派的清净教规。

四、噶当派及其“三士道法”

A. 噶当派简说

噶当派是藏传佛教宗派之一。藏语“བཀའ་”（噶，意为佛语），“གདམས་”（当，意为教授），合起来“噶当”意指“佛语教授”。对此，土观·却吉尼玛作过具体解释：“此派乃是将如来的言教，即三藏教义，一切无遗的都摄入在阿底峡尊者三士道次第的教授之中，作为修习，所以名为噶当巴。”①指出佛祖所讲的经律论三藏在内的一切教义，都包括在阿底峡建立的“三士道”的理论之中，故叫“噶当派”。正如仲敦巴曾对噶当派作的一段颂词：“希有佛语即三藏，三士教授作庄严，佛语教诫宝金鬘，众生谁持皆受益。”②

噶当派是阿底峡尊者首创，仲敦巴建立，及其后继者弘扬光大而发展起来的一个宗派，后来格鲁派兴起，将它并入其中，从此噶当派消失。

阿底峡尊者（982—1054 年），原名叫“月藏”，法名则称“吉祥燃灯智”。他是由古格王拉喇嘛益西沃于 1042 年从印度超戒寺邀请到西藏西部的阿里地区，振兴西藏佛教。阿底峡尊者在阿里地区传法三年，赢得当地佛教徒的信任和拥戴，后西藏中部的佛教信徒也闻声纷纷赶来迎请阿底峡尊者。为此，阿底峡尊者在西藏西部阿里驻锡三年后没能如愿回印度超戒寺，而应仲敦巴之邀从西藏西部启程，渐次东下，先后到过桑耶、塘布伽、闻、伦巴吉布、聂塘等许多寺院，所到之处，尊者都卓有成效的传授和解难许多教法，还倾注极大的热情为众多的寺院、佛塔、佛像举行开光典礼，同时

① 《土观宗派源流》，46 页。

② 《土观宗派源流》。

广收徒弟并耐心地为他们灌顶和传授各种法门,最后他没能回故乡,于1054年在距离拉萨西南方数里远的聂塘寺内示寂,终年73岁。总之,阿底峡尊者在藏族地区巡锡约十三年之久,对西藏中、西部佛教的复兴,发挥了巨大的作用。

阿底峡尊者在西藏期间翻译和著述了许多显密两宗的经书,比如他翻译的经书有解脱军的《二万光明论》、世亲的《摄大乘论释》、清辩的《中观心论的解释》、无著的《大乘宝性论释》等;亲自撰写的著作有《密咒幻镜解说》、《中观优波提舍》、《中观优波提舍宝箧》、《菩提道炬论》等等。其中《菩提道炬论》是阿底峡尊者的代表作,也是奠定噶当派教义的经典著作,而且它还是一部融会贯通显密之大乘学说的不朽力作。书内阐明了显密教义不相违背之理和修行应遵循次第的重要性,为宗喀巴大师著《菩提道次第广论》和《密宗道次第广论》两部名著提供了理论基础。

但是,噶当派的正式建立者应该是阿底峡尊者的大弟子仲敦巴·嘉威迥乃(1005—1064年)。仲敦巴是西藏堆垅地方一个富豪人家的儿子,从小受到良好的教育,年长后拜师修习佛法,于1045年初,赴阿里邀请阿底峡尊者。从此仲敦巴一直没有离开阿底峡尊者,直至阿底峡在聂塘去世。因此,仲敦巴成为阿底峡尊者的诸多弟子中的资深门徒。正如"当阿底峡尊者在桑耶寺时,曾把密咒行的多种方便和朵哈(密宗歌曲名)等教授完全传给仲敦巴;但仲敦巴认为一般人对密法如言取义的粗行过失的缘故,深加隐秘,不轻易示人。"[①]1055年仲敦巴在聂塘举行阿底峡圆寂一周年纪念活动,并在当地修建了一座寺院;1057年受当雄地方封建主的邀请和支持,仲敦巴在热振修建一座寺院,即著名的热振寺。噶当派就是以热振寺为根本道场而逐渐形成的。

仲敦巴去世后,热振寺的住持由南觉钦波(1015—1078年)担任,他也是阿底峡尊者的一位弟子;南觉钦波去世后,又有阿底峡

① 《法尊法师佛学论文集》,76页。

的另一位弟子贡巴哇(1016—1082 年)继任住持。之后,则有仲敦巴的弟子们相继担任热振寺的住持。仲敦巴的弟子中有三位著名人物,即博多哇·仁青赛(1031—1105 年),京俄哇·次成拔(1038—1103 年),普琼哇·旋努坚赞(1031—1106 年)。博多哇修建一座寺院,称博多寺;博多哇的后继者中有一个名叫恰却喀巴(1105—1175 年)的高僧在拉萨附近的墨竹建立却喀寺;赛·基布巴(1121—1189 年)于 1164 年左右在却喀寺附近又建立了一座新寺,叫基布寺;敦瑞(1106—1166 年)于 1153 年建立了纳塘寺;阿底峡的弟子俄·雷必喜饶(生卒年不详)于 1073 年建立一座寺院,最初叫桑浦乃托寺,后简称桑浦寺,另外,还有嘉域寺、洛寺、岗岗寺、仁钦岗寺等许多噶当派寺院。

在噶当派的诸多寺院中,除了热振寺外,尚有两座对后世影响很大的寺院,即桑浦寺和纳塘寺。桑浦寺位于拉萨以南,聂塘以东,它以提倡因明、辩论而著称,在藏传佛教史上占有一定的地位;纳塘寺是最早编纂、修订藏文大藏经《甘珠尔》和《丹珠尔》的寺院,故此部大藏经叫纳塘版,纳塘寺也以此著称于世。

由于格鲁派主要建立在噶当派教义的基础上,某种程度上可以说噶当派是格鲁派的前身。因此,15 世纪,格鲁派兴起后,噶当派的寺院都逐渐地并入格鲁派的寺院中,从此,噶当派作为一个独立的宗派也在藏族地区不复存在。

B.“三士道”的修炼次第及其深远意义

“三士道”是噶当派的主要功法。

公元 11 世纪,阿底峡大师针对当时藏传佛教在修习次第上出现的混乱状况,创作了《菩提道炬论》一书,推行研习经典,强调“先显后密”,调整了显宗与密宗的关系。“三士道”就是在《菩提道炬论》中提出来的,而且贯穿于全书的始终,是该书的核心或中心思想。“三士道”主要在修习方法上作了系统的条理化,并把修习佛法的人分为三类:第一类人被称作“下士”,这类人只求今生后世的利乐为目的，不知“生死轮回”之苦，这在佛学中叫作“人天乘”；第二类人被称作“中士”，这类人只追求个人解脱“生死轮回”之苦，而没有普度众生的思想境界，这仍然局限于自利之心，在佛学中叫作“小乘”；第三类人被称作“上士”，这类人不仅要求解脱自己，而且愿普度众生，有利他之德，这在佛学中叫作“大乘”。人分三类，在修习次第上又成为三道，即下士道、中士道和上士道，简称为“三士道”。

1.“三士道”的修炼次序及其深远意义

“三士道”认为：欲求学佛的人，首先必须访求名师，在师长的教导下，自己身体力行，以师教为先决条件，避免误入邪道。一旦具备了这个条件之后，即可从“下士道”开始依次修习。

“下士道”讲，凡人皆有死，而死时又不能将自己所有的名利财富以及亲属带走，因此，修习佛法的人应该爱惜自己难得的一生，要发愿心，皈依“三宝”，做“止恶”“行善”之事，以便积德积福，远离地狱之苦。这就是“下士勤方便，恒求自身乐”的说教。

按“下士道”修法，虽在来生可以不受地狱、饿鬼、畜牲“三恶趣”的痛苦，能在人、阿修罗、天即“三善趣”中投生，但这还不是真正的乐，更不是终极意义上的乐，这只是与“三恶趣”相对比意义上的乐。如果自己的“下士道”修持得不好，还有可能堕入“三恶趣”的苦海之中。为了彻底超脱六道轮回之苦，就必须学“中士道”，兼修佛经中的“四圣谛”[①]“十二因缘”[②]最后在“戒、定、慧”三学中，达到“涅槃”的境界。但是，这样做仍不能从根本上把一切苦灭掉，因为“中士道”只是求得自身的解脱，还不能普度众生。所以，以“中士求灭苦，非乐苦依故”来称谓“中士道”。

---

① 四圣谛，即苦谛、集谛、灭谛、道谛。这是四条神圣的真理，能彻底解决宇宙人生问题的真理条目。

② 十二因缘，即无明、行、识、名色、六入、触、受、爱、取、有、生、老死。这是原始佛教极其重要的观念，以十二个因果的条件而成一系列，解释人生的种种苦痛与烦恼的起源。

普度众生，只有佛才能办到，为了成佛，就得修习“上士道”，这样才能实现最终目的。修习“上士道”，要求发菩提心，作菩提行。发菩提心就是发普度众生的愿望，菩提行也就是普度众生的一切善良行为。这样还要做到六度（布施、持戒、忍耐、精进、禅定、智慧），最后才能既度己成佛，又可普度众生，永远离苦得乐。所以，以“上士恒勤求，自苦他安乐，及他苦永灭，心他为己故”来称谓“上士道”。

总之，“三士道”的创立，不仅为噶当派奠定了修习佛法的思想基础，而且为整个修炼藏密的人士指出了一条光明正大的道路。

2. 大慈大悲之观世音本尊法

观世音是佛教中的一位著名菩萨，据说这位菩萨听闻世人的声音，即施救度，使之解除苦恼，故称观世音。也就是说，观世音之意，是听闻到世间众生的呼救声，即直下施以救援。观世音菩萨与势至菩萨，同是阿弥陀佛的胁侍，他住于胎藏界曼陀罗中台八叶院的西北，又是莲花部院的主尊。

藏传佛教认为，观世音菩萨具有大慈大悲心性，其救度众生不可限量，正如《法华经》观世音普门品中指出：“若有无量百千万亿众生受诸苦恼，闻是观世音菩萨，一心称名，观世音菩萨即时观其音声，皆得解脱。”后来，藏传佛教还将达赖喇嘛视为观世音菩萨的化身。

由于观世音菩萨在藏传佛教中具有无可估量的崇高地位，噶当派也奉观世音菩萨为自己密法中的本尊（神）之一。观世音本尊法的具体修炼方法是，修持者先结手印，即双手先合十，后张开如花开放。唯两拇指、两小指均相触，此印叫“莲花合掌印”，然后，手印置于胸前。

观世音菩萨在藏传佛教中常以六臂观世音、十一面观世音、千手千眼观世音等多种形象出现。因此，修持者在观想观世音本尊时，最好按自己所见过的或适合于自己性格或喜好的观世音形象（像）来作观。其观想的步骤是，修持者观想自己心际化为月轮，射一道白光升空，变化成一尊观世音，身最好为白色，着盛装天衣宝饰瓔珞，端坐于莲花台中，他庄严慈祥，并有无量白净光芒照射，然后观想大明六字真言ཨོཾ་མ་ཎི་པདྨེ་ཧཱུྃ（唵嘛呢叭咪吽）围绕观世音本尊放光明亮。

其次，依法器灌顶：修持者观想观世音本尊若手持经卷，则经卷化为一条白光，并形成一个弧度，照灌修持者本人头顶。然后，念诵观世音本尊心咒，即修持者念诵一百零八遍：唵嘛呢叭咪吽

最后，修持者再观想观世音本尊化为白光小点，入于修持者顶窍，顺中脉至修持者心中莲台，再放大与修持者全身相等，二者融为一体，修持者即观世音本尊，观世音本尊即修持者，无二无别。至此，修持者已入定，即无思无念地入于观世音本尊三摩地（甚深禅定）之中。

五、觉囊派及其“他空见”与“六支瑜伽法”

A. 觉囊派简说

觉囊派是藏传佛教宗派之一，它在诸多宗派中特别在教义方面独具一格，因而在藏传佛教史上引起争议。觉囊派以“他空见”为主要学说，故其渊源追溯到域摩·弥觉多吉（约12世纪初人）。域摩·弥觉多吉最初是一位在家的瑜伽修行者，后来出家并改名为丹巴杰布，他从克什米尔的班钦·达瓦贡布及其弟子卓敦·南拉孜等高僧大德前学习《时轮本续经》、《集密》等深奥密法，获得大彻大悟，并著述《时轮》法要。正如“次赴乌郁观修，获得证悟，心中生起他空之见，得了神通，显示变为鸦鹊等，于是成就者之名大为显著。亦曾著有关于《时轮》之少分著述，寿八十二卒。”[①]这就是

① 《土观宗派源流》，110页。

域摩·弥觉多吉创立“他空见”教义的大致经过。

到域摩·弥觉多吉的第五传弟子贡邦·特杰尊珠(1243—1313年)时,这位高僧在后藏拉孜东北的觉摩囊建立一座寺院,被称为觉囊寺,觉囊派就是因该寺而得名。贡邦·特杰尊珠的门徒中出现了一位杰出人物,即凯尊·云丹坚赞(1266—1327年),他继承觉囊法嗣并精心培养了一名后继者,这就是著名的多朴巴·喜饶坚赞(1290—1361年)。在这位大师在世期间,觉囊派有所兴隆,正如“觉囊派在笃朴巴时比较兴盛,但是在他以后的一段时间没有什么起色,也没有什么著名的僧人出现”①。引言中的笃朴巴正是多朴巴·喜饶坚赞。

但是觉囊派一直流传下来,正如《土观宗派源流》中指出:“法嗣多至不可计量,其中以罗朱白译师及萨桑·玛底班钦为其心传二弟子,此外能继承他的事业的如乔勒南杰等的哲嗣亦复不少。”乔勒南杰(1306—1386年)曾继承多朴巴的事业,担任觉囊寺和昂仁寺住持,为觉囊派的发展做过努力。但是“从此以后《时轮》灌顶和讲解的传承虽大为发展,然他空之见,则为诸智者共同之所破斥,因此,逐渐趋于消沉”②。后来觉使此派中出现一些著名人物,使此派又开始兴盛起来,诸如觉囊·贡噶卓乔(1507—1569年),觉囊瓦·多罗那他(1575—1634年)等。特别是觉囊瓦·多罗那他对觉囊派的复兴作出过重大贡献。

相传多罗那他是贡噶卓乔的转世,原名叫贡噶宁布,出身于前后藏交界处的喀热琼增,幼年在觉囊寺学经,后游历藏区各地,广拜名师研习显密教法,30岁受比丘戒,成为觉囊派的一名高僧,并得到拉堆绛地方首领(万户长)的支持。16世纪后半叶,拉堆绛地方势力衰落后,又受到第司·藏巴汗的扶持。因此,多罗那他于1614年在觉囊寺附近创建了一座规模不小的新寺,即著名的达丹

① 《西藏佛教史略》,179页。
② 《土观宗派源流》,116页。

彭措林寺。觉囊派在这一时期又出现欣欣向荣的景象。“后来觉囊·贡噶卓乔，尤其是卓乔的转生多罗那他又将此见重行恢复，大肆宣讲，广为著述，建达丹彭措林寺，造像起塔，精美绝伦。并广刊觉囊派的各种著述，聚集了不少的僧伽，与仁蚌巴·嘉玛丹琼旺布结供施之缘，在世间和出世间两方面显赫一时。”①所以，多罗那他建达丹彭措林寺不久，受到外蒙古汗王的邀请，在漠北库伦（今乌兰巴托）一带传教约二十年，得到喀尔喀部的信奉和支持，并在当地建立了许多寺庙，最后被尊称为“哲布尊丹巴”（藏语为རྗེ་བཙུན་བསྟན་པ་）。从此，多罗那他在漠北库伦一带享有崇高的地位，于1634年多罗那他在库伦去世，次年，喀尔喀部土谢图汗王适得一子，被认定为多罗那他的转世，成为第一世哲布尊丹巴。

1649年，第一世哲布尊丹巴（1635—1723年）进藏全面修习佛法，当学业完成即将返回外蒙古时，五世达赖已握有宗教大权，便勒令哲布尊丹巴必信格鲁教，从而使外蒙古地区普遍信仰格鲁派；而且五世达赖将西藏地区的包括著名的达丹彭措林寺在内的觉囊派寺院全部改为格鲁派寺院，除了保留多罗那他的名著《印度佛教史》以及该派极少数著述外，将其他宣扬觉囊派教义的所有经籍都封存起来。所以，至17世纪末，觉囊派在西藏已经不复存在。值得指出的是，觉囊派在西藏地区的消失不等于它在整个藏族地区就已经灭亡。目前，觉囊派不仅在四川阿坝和青海果洛等藏族地区存在，而且在这些地区仍具有一定宗派势力。例如，四川阿坝州境内的阿坝县、马尔康县和壤塘县以及青海果洛境内的甘德县、久治县和班玛县等境内仍有三十多座觉囊派寺院。其中壤塘县境内的壤塘寺，则是以上两大地区觉囊派寺院的母寺或祖寺，享有崇高地位。

① 《土观宗派源流》

B.“**他空见**”

由于觉囊派“他空见”的观点，对佛家“性空”义的解释不同于其他教派，因而遭到其他教派的批判，被认为是“外道邪说”，在藏传佛教的诸多教派中十分孤立，并成为藏传佛教的一支特殊宗派。

该派教义以“他空见”为核心，即世间一切事物都有它的真实体性，这个本体是绝对的、永恒不变的，任何事物都包含在这个本体之内，所以本体自身不能说是性空。但是人们在思维活动中，由于错误的认识而加在本体之上的东西是空，因此说性空是“他空”而不是“自空”。“他空见”说事物有它的实性，但要认识它必须采取瑜伽静坐的办法，细心体会，最后才能把一切事物的烟雾外衣看透，真实性也就显露出来了。“他空见”就是将一切事物都看成“断”、“灭”、绝对不存在，只有事物的真实性才是绝对存在，这个存在即至高无上的佛。但因为它把一切事物都看成“断”、“灭”，就犯有把“涅槃”、“因果报应”、“善果”等也看成是绝对不存在的嫌疑，所以受到其他教派的批判是可以理解的。对此，已故意大利著名藏学家图齐先生也曾作过重要论述，他在《西藏的宗教》一书中指出：在这一问题上，觉囊派和格鲁派之间的教理对立非常明显地显示了出来。这后一种教派的代表人物一般都心甘情愿地承认心由于静修就可以变成佛，但他们否认这种变化必然会产生。所以格鲁派由此而与觉囊派分道扬镳。觉囊派的教理认为：可知物是不存在的，而惟一的存在物却是被称为“真如的本质”（如来教义，本性）者、存在或“胜谛”（真谛）。

空就是心的存在本身，光是语言，这二者的统一就是“觉”（心）。这种划分法与三身的划分相同；心的真实存在就是具有无限精神潜力的身（法身），光明是受用身，其表现形式是化身。一旦升华的智慧（智神）出现时，幻觉现象就停止了；如果相反而表现出了幻觉现象，那么神智就会中断。事物的世界是无实的，事物仅仅是一些现象，而现象又仅仅是由心造成的。任何从事冥想的人事实上是不存在的,大家可以冥想的某种东西也是不存在的,因为冥想者和被冥想物都仅仅是思想的一种发光的特征。因为实际上甚至不存在需要修习的全神贯注的活动本身,所以此人所追求的目标也被取消了。

我们所看到的、联想到的和想象到的一切实际上都是一些名字和称呼,而不是指具有一种真实存在的现实和一种可以对心施加影响的存在。这种心是空,但在这一方面也是光明,它可以照亮具体的物品,因此我们可以把它视作在生死轮回内外表现出的一切基础。这是把两种不同的观点(这二者又属于同一类别)同时置于此的一种错误。这仅仅是由于它们似乎是产生了义谛和胜谛两种真谛的两种情况。因为它们二者事实上是一个整体,所以它们形成了其统一性的先决条件,即一种简单想象的存在,而不是一种实质基础的存在。

心之空并不是一种消极的空,因为绝对的空本身并不反对应被否认的某些东西,它是"他空见",这就足够了。虽然在纯粹经验中的可知物仅仅是一些名词和术语,大家还是错误地承认它由于诞生和指导经验界的义谛而具有一种真实的存在。

C. 如何修"六支瑜伽法"

《土观宗派源流》记载:"关于他空见的论点在《了义海论》中说:'一切诸法实相胜义谛是常恒坚固不变的。阿赖耶有识智二分,此属智分,复是胜义法性的三宝周遍一切情器世间,是界觉性无差别的天众,此与如来藏本住种性,四续部中所说百部诸尊者,皆同一意趣。承认它是因位果位无别的相续中居住之相,承认它在法身三分位中存在之相,承认它虽然常住因位,然说决不能在识上显现。住因位之相既然如是,所以应依六瑜伽次第修习才能现证此果位法身。"可见,六支瑜伽法是觉囊派获取最高成就的重要途径,下面就六瑜伽或六支瑜伽法作一一介绍:

1. 收摄

收摄是指感官的回摄，这是将感官置于心灵的控制之下。感官是指眼、耳、鼻、舌、皮肤，运动器官是指手、脚、声带、肛门、生殖器官。感官和运动器官倾向于向外的行为，并与外在的事物相接触，心灵容易受其役使。因此，修炼者必须使自己很彻底地放松，经由鼻孔深长缓慢的呼吸，尝试使自己忘却外在的世界，甚至不再感觉自己的呼吸，不再觉察坐着的身体，然后再去试着控制自己的思想，不去注意可能会生起的各种念头，把心灵完全从外在的世界里收摄回来，把持在单一的理念上。在开始一段时间，这种做法可能会觉得受到挫败，但是，经过不停的努力，将会驯服散乱的心灵，获得成功。

2. 禅定

禅定帮助修炼者将心灵提升到永恒喜悦及和平的最高境地。瑜伽的神秘阶梯将粗钝和精细联结起来，并带引修习者超越一切粗钝和精细而达到至上的境界。禅定是单一正念之流不断的持续。练习静坐最好的时辰是早上三时至六时和下午五时至八时。道行高深的修炼者可以在午夜周围环境宁静祥和时练习静坐。

静坐有许多方法，总括为两大类：第一类是有为法；第二类是无为法。它们分别被称之为有形和抽象的静坐。在有形具象的静坐法里，修炼者冥观想超越身体、感官、心灵智慧和自我的“ཨོཾ”（唵），或是清净圆明的自性。在静坐时，不应让杂念干扰到静坐的目标。观想冥思永恒的声音“ཨོཾ”（唵）及其意义和觉悟感受是控制心灵最好的方法之一。此称为无为禅定。在瑜伽经典中所记载的圣音就是“ཨོཾ”（唵）。对瑜伽而言，“ཨོཾ”（唵）是非常重要的声音，是给予修炼者安乐和平静的圣音，可以帮助修炼者进入禅定。除了反复不断的“ཨོཾ”（唵）声外，没有任何其他杂念的介入。练习一段时间后，修炼者逐渐发展出把心灵从感官及其目标上可以转移的习惯。当心灵处于不为外物所动，不为内在妄想所扰，并了悟无上喜悦的宁静状态时，修炼者就体验到了静坐所得到的无比的喜悦和强烈的深沉。

观想清净圆明的自性,当然比观想任何其他目标来得正确。自性位于心穴之内。瑜伽之心并非外科医生手术刀所能触及的肉团心。它不是一团肌肉,而是一个控制整个生命和光明系统的焦点,它是灵性之心。心轮就是焦点的核心。心轮与底下的海底轮、生殖轮和脐轮,与上端的喉轮、眉心轮和顶轮相关连。心脏的主要功能是把血液输送到全身各处。事实上,瑜伽认为,人有三个身体:粗钝的、精细的和最精细的。瑜伽修炼者所冥想的灵性之心,是位于肉团心的腔穴内,但是依凭人的感官却完全无法见到它。

越多的参禅静坐,就能得到越多的洞察力和内观内省的力量。在内观内省阶段,心灵和感官无法再玩弄它们习气的鬼把戏,感觉的目标也失去了它们的吸引力,此时心灵充满一片光明,无知的遮幕落了下来,一切世俗之见都消失了。在静坐观禅的最后阶段——三摩地,一切差异和分别都消失了,个体与至上本体结合在一起。三摩地是绝对的一体,是胜王瑜伽的最高境界。

3. 受命

当心灵有了良好的外在及内在的控制后,就要开始修习瑜伽受命法。修炼者应该将躯干、头部和颈部保持在一直线上,身体也应坚稳不动。四肢不可随意晃动,身心保持宁静安详。此时只有呼吸和心跳继续不断,有时候呼吸也能加以控制,但是对心脏的跳动却无法随心所欲地支配,虽然如此,仍应忘掉身体的存在。当生命的能量流经脊椎而无丝毫的阻碍时,称之为平衡的状态。能量之流从脊椎的底端上升到头顶,又从头顶流向脊椎的底端。此处汇聚了两股不同的能量之流,一个是阳,一个是阴,阴阳两股能量在中脉得以调和,能量之流不受干扰的状态,整个神经系统的功能才能完美无疵。正确的姿势可以帮助修炼者在完美的静坐中得到自然的喜悦。脊髓虽然并不附属于脊柱,但是却在脊柱内部,如果弯腰驼背的坐着,就扰乱了脊髓。为了达成静坐的目的,身体的三个部分——胸部、腰部和头部必须经常保持在一直线上。

这里提供几种坐势，修炼者可任意选择其中一个适合于自己的姿势。

①莲花坐式。此姿势是先坐下，将右脚置于左大腿上，然后再将左脚置于右大腿上。闭口，舌抵上腭。双手交叉，拇指相抵，置于腹前，呼吸保持自然、细长。

②完美坐式。此姿势是先坐下，弯曲左膝，以左脚脚踵压住海底轮（会阴穴），然后再弯右膝，用右脚踵压住生殖轮（在生殖器根部）。双手各置于两边膝上，手心向上，保持自然呼吸。女性不宜用此式，因此式对女性较低部位的腺体刺激多于控制。

③舒适坐式。此姿势是先坐下，将右膝盖弯曲，胫部放在身体前面，与两肩之线成平行位置。再弯曲左膝盖，提高左足踝，使其放在右足踝上，背肌伸直，肩膀放松。左右两脚相反的盘腿姿势也要练习。重叠足踝时，当将踝骨错开一点，以防磨痛。

4. 持气

身体保持舒适平稳的姿势后，就是通过呼吸的控制法来控制神经系统，控制生命的能量。在开始的阶段应该尽力以均匀深沉的呼吸来净化瑜伽脉，帮助神经系统的调和。过一段时间后，便着手练习呼吸控制法，即以左鼻孔（右脉）将气吸满脉部（可用右手大拇指压紧右边鼻孔），稍停一下，然后再由右鼻孔（左脉）吐气（可用中指、无名指和小指压住左边鼻孔，并将大拇指移离右边鼻孔）。当气从左鼻孔呼完时，再次从右边鼻孔尽量吸气，然后用拇指压住右鼻孔，从左边鼻孔呼气。如此构成一次呼吸控制，它包括三个部分：吸气、停息、吐气。开始时每个过程早晚至少应各练习四次。

5. 集中

集中是将心灵专注于外在的目标或者内在的一点上，心灵若无所缘之处就不可能有集中。在开始时，感官的作用把修炼者的心灵拖向外在的世界，而扰乱心灵的安宁。修炼者应该学会调伏起伏不定的念头，并且安定情绪。如果无法控制感觉器官，放任感官的活动，心灵随感官而奔逐，那么集中是不可能的。心灵的集中不应有肉体的活动，甚至思考都应避免，欢愉、悲伤、颓唐、愤怒、色欲和贪婪都会干扰心灵的集中。同样，在饥渴的影响下，精神也无法集中。

要做好集中，就应该小心翼翼地把正当的行为、正确的姿势、有规律的呼吸以及将感官从外在的事物中收摄回来的基础打好。集中修炼开始时，应把心灵固定于一个令人愉悦的目标上，或固定在一个冥想之处，此冥想之处与宇宙的本体有一层特殊的关系——这是一个特别的能量控制中枢，它控制了五种基本原素：土、水、火、风、空。因此，当心灵向这一特定的中枢集中时，自然就会得到宇宙源源不断的能量。

6. 三摩地

三摩地，又称为无限的喜悦，是一种很深的禅定。通过由心灵的集中和禅定，就会很自然地到达三摩地的境界。三摩地是所有瑜伽的目标，在这种境界里，个体的意识与宇宙的意识合而为一，低层次的小我已扩展为宇宙的大我。这是灵性上狂喜的境界，此时就会觉得万物都为一整体，心灵意识融入潜意识，与那至上意识合而为一。三摩地的状态为纯然的喜悦状态，永恒的喜悦，没有痛苦的喜悦。因为由物质中所得到的不过是相对的快乐，很容易被相对而来的痛苦所抵消。在三摩地中，所达到的是全然无痛苦的喜悦——这是非言语笔墨所能形容的，无法用外界任何甜美的事物来加以比较，无法形容这种境界的美妙。这必须去亲身体验。

有两种不同的三摩地：有余依三摩地和无余依三摩地。

我见证到心灵的各种不同境界，它们不断地显现和消失，并且我感知外界的事物，但与我毫不相关，这就是有余依三摩地。在这个境界中，瑜伽修炼者看世俗的事物就像是旅人走在路上，不管周围的地形如何，眼睛只管盯着路面。瑜伽修炼者超然地注视自己的身体和心灵状态及其变化过程，好像这些全不属于他，如同变戏法者不为其所创造的幻影所骗。瑜伽修炼者不会把肉体和心灵的状态认为是属于他的，他保持着完全的不执著，安住在他的了悟里，他有别于它们。

另外一种状态即无余依三摩地，不再执著，并且本自存在，本自明白，一切安详和平，不动摇地安住在“没有二元性只有我存在”的状态。在这个深沉的状态中，思想和所想的事物都不存在，只有自己存在。它是前一种状态的极点。无余依三摩地是最高的状态，瑜伽修炼者自身融入永恒的喜悦里，并且扩展认同到“只有我存在”的状态。它是一体、相同，又非笔墨所能尽言的境界。

人类的生命受到无数的束缚，能够将束缚逐一加以抛弃的人，终有一天必会达到自性的国度。达到了三摩地，就得到永恒的自由。这就是胜王瑜伽的最高境界。

藏密静坐的过程就是唤醒那位于人的脊椎底端的沉睡生命意识能量，并提升到最高的能量控制中枢（松果体）。这沉睡的意识能量位于海底轮，它以其粗钝的本质将那无限意识束缚住，像冬眠的蛇一样躺在海底轮——最粗钝的特性。如何从粗钝走向精细呢？通过六支瑜伽，可以唤醒这个沉睡的生命意识能量，由海底轮提升到顶轮，并叩开那与宇宙至上本体合一的门户，修炼者就能体会到天人合一与永恒喜悦的滋味。[①]

D. 表示过去、现在、未来三时的时轮金刚

觉囊派以《时轮》作为本宗的根本大法。正如“……则名为他空见，以此见又掺入《时轮》的引导，成为隐秘宣说之法。”[②]所以，觉囊派很推崇时轮金刚，而且奉时轮金刚为本宗的最高本尊神，在修炼密法时加以观想或礼拜。

时轮金刚，是藏密诸多本尊之一。是修炼时轮密法时的本尊神，约12世纪传入西藏[③]。时轮密法认为，一切众生都在过去、现在、未来“三时”的迷界之中，所以，以时轮表示“三时”。该法又宣

① 参见《密宗密法》。
② 《土观宗派源流》。
③ 详见《西藏王臣记》。

扬释迦牟尼之上还有一个“本初佛”，此佛为一切事物的根本源泉，还提倡修炼此法应控制体内的“有生命的风”，以保长寿，并通过所谓“五智”和“禅那”①合一相应法，去追求即身成佛。在许多藏传佛教寺院里有专门研习时轮密法的学院或机构。

为了便于修炼者观想或礼拜时轮金刚，下面对时轮金刚，特别对他的形象作详细介绍：

时轮金刚具有多种多样的形象，是一尊最为复杂的神佛像。就一般而言，他的身体呈蓝色，放射五色光，都是纯光。如有三个头的：居中的是蓝色，居右的是红色，居左的是白色。四个头的：在前面的是蓝色，愤怒的牙齿伸出嘴外；在右面的是红色，脸带欲望；在后面的是黄色，是静修的模样；在左面的是白色，是肃静的模样。每一张脸上都有三只眼，每一个头上都戴着人头骨的帽子。居中的头发上有多种装饰，由下而上是各种颜色的金刚、半月、小型的金刚萨埵，右手拿铃，左手拿金刚杵，身上装饰着宝石、耳环、手镯、腕圈、腰带、踝环、领巾、珠子，都是金刚石的，虎皮裙子挂在腰间。

时轮金刚有三副肩背，每副由下到上，是蓝、红、白色的。每个肩上有两支胳臂，一共十二支胳臂，头两对是蓝色，外边是红色，上面两对是白色。每一胳臂上有两只手，共有二十四只手：前面四双蓝色，中间四双红色，上方四双白色。每只手的手指，由拇指到小指，依次是黄、白、红、蓝、绿；每一根指头的关节，由尖到掌，依次是蓝、红、白。每一根指上戴有指环，都放光芒，手上拿着各种器具：前面四双手呈蓝色，右边依次拿着金刚、刀、三叉戟、月形刀；左边依次拿着金瓶柄的铃、盾、降魔杵、充满血的人头骨。中间的四双手呈红色，右边依次拿着火箭、金刚钩、有声的鼓、锤；左边依次拿着弓、带金刚的套马索、宝石、白莲。下面的四双手呈白色，右边依次拿着轮、枪、杵、斧；左边依次拿着白色螺壳、镜子、金刚的链子、玛哈布拉玛的头。

---

① 禅那，梵文、巴利文的音译，即禅定。

时轮金刚均为双身像:一身为自己,另一身是他的明妃。明妃身为金黄色,双腿和时轮金刚平行站立,有四个头、八只手。朝前、朝后、朝右、朝左的头,分别呈黄、白、蓝、红等颜色,每一面头有三只眼。右边的四只手拿着刀、钩、响鼓和珠子;左边的四只手拿着人头骨、套索、百瓣莲花和宝石。在她的头顶中央,有一小型的金刚萨埵,其姿势与时轮金刚完全一致。

时轮金刚和他的明妃以相互拥抱的姿态站在莲花上,他俩伸直右腿,作游戏状。脚下有红色欲望神,欲望神有一个头,四只手,拿着五花箭、弓、套索和钩。他俩的左腿均作弯曲状,脚下是白色可怖妖魔,这妖魔有一个头三只眼四只手,拿着三叉戟、人头骨碗和天杖。欲望神和可怖妖魔的明妃恭敬地捧着时轮金刚的脚掌,俯首下视。

通过以上描述,不难看出时轮金刚是一尊极其复杂的神佛像,但要明白他的每一种形象或动作,以及各种不同颜色都象征着特殊的意义。这些在其他章节中有所涉及,在此不赘。

六、希解派及其"坟墓瑜伽法"

A. 希解派简说

希解派,是帕丹巴桑杰(? —1117 年)创立的藏传佛教宗派之一。根据《土观宗派源流》,帕丹巴桑杰生于南印度阁若僧诃所属的春贝岭,他在印度亲近许多大师并得大成就后,曾五次进藏传教,最后一次从西藏游历到内地五台山等地,故在汉地也有所闻。相传在西藏培养了无数个门徒,"其最著名的是希解初、中、后三传的弟子。据说初期传承,其弟子为迦湿弥罗阇那古诃耶,由翁波译师做翻译。中期传承,他当以教授付给玛·却吉谢饶、索琼·根顿拔、冈·益西坚赞三人而广弘传。其后期传承,说丹巴到定日朗果寺，有最胜弟子丹巴卡钦、卡琼、毗遮罗卓达、贡噶四人，尤以丹巴贡噶为上首。”[①]这就是说帕丹巴桑杰在三个时期向三批藏族门徒传授了希解派的三种教法。正如土观·却吉尼玛曾作过的希解派的开头序言词：

丹巴天竺悲悯藏众生，
三次降了能息苦恼的滂沱雨，
众流回聚为一的教授海，
号称希解宗派今将说。[②]

希解之名，就是因此法能够息灭人间一切苦恼而得之。因为藏语“ཞི་བྱེད”（希解）一词的意思是指“能寂”“寂灭”或“能止息”等。也就是说遵照此派教义修炼，能熄灭人间一切苦恼及其根源，并停止生死流转。希解派在理论上提倡对般若性空的认识，在实践上采取一系列苦修的仪轨。《土观宗派源流》指出：“即依于正法能息灭由往昔业力感召以致在此生中得下劣身，多诸疾苦，贫穷空乏，乃至为非人所损害的种种苦恼，使其成为堪修瑜伽之行，所以名为正法能息苦恼。且尚不止此，谓由修习波罗蜜多，能令三有涅槃一切苦恼皆得寂灭，而此教授的精要，亦是在修习波罗蜜多行。”由于修习希解派获得如此的成就，正可谓功德无量，帕丹巴桑杰才吸引了众多藏族门徒。虽然其修行过程十分艰苦，正如该派僧人大都在荒山老林、葬场墓地等人迹罕至的地方苦修，但是希解派的继承和发扬光大者大有人在。比如，“希解派以前已得成就之大德甚多不可计量，著名寺宇，有吉乔桑登贝所建之耀却顶与葛莫却顶二寺。吉乔后有绛森巴及古汝贡匈继承法座。”[③]引言中提到的吉乔桑登贝及其弟子绛森巴和石汝贡匈三位大师大约是公元 11 世

① 《土观宗派源流》，85 页。
② 《土观宗派源流》，84 页。
③ 《土观派源流》，89 页。

纪人。可见,11 世纪时希解派已拥有几座寺院,除了上述两座寺院外,帕丹巴桑杰早在 1097 年在定日建过一座寺院。说明希解派在西藏也曾得到一定的发展。然而,由于希解派不仅重在修行苦练,而且僧人大都脱离社会在旷野中过着简朴的宗教生活,到了 15 世纪初,希解派逐渐衰微,终于在藏族地区消失。虽然希解派作为一个独立的宗派已经不存在,但是它的部分教义及其有些修行仪轨,被其他藏传佛教宗派所吸收,至今仍在流传。

总之,希解派是印度僧人帕丹巴桑杰在西藏创立的一个较小的密宗派别,主要以师徒相承或秘密传授,提倡苦修。认为如此修法可以悟出般若性空的道理,从而熄灭一切苦恼及其根源,停止生死流转。为了达到"能寂"或"断除我执",要求修炼者懂得"瞋恨心"是烦恼的根源,根除烦恼的办法就是苦修,甚至舍身为众生。

B. 奇妙的"坟墓瑜伽法"

"坟墓瑜伽法",是希解派奉行的主要秘密修持法。修持此法时多选择荒野墓地等偏僻地带,所以称其为"坟墓瑜伽法"。正如佛教密宗从很早时代就开始提倡的那样,密宗修持者或瑜伽行者经常在墓地进行静修禅定,度过一段不算很长的时期。这在藏传密宗的观点看来,修持者在死者的尸体被慈悲地作为施物而奉献给秃鹫的天葬场静虑禅定,则会获得特殊的成就。比如,对尸体的解剖以及尸体的腐烂将有效地影响修持者的无常真谛的思想,从而产生迅速断灭人生轮回的信念;还有助于认识并排除一切欲望,特别对名色肉欲的排除。

希解派非常重视坟墓瑜伽法的修持,即在墓地里长时期地静坐禅定。从希解派的角度讲,修持者在墓地里修炼是一次十分有效、有利的机会,修持者以跏趺坐的形式禅定于腐烂的尸体之旁,其骨肉的臭气扑向修持者的鼻孔,这样,不仅有助于提高修持者对人生无常、人生苦海的认识,而且能消除一种名为"无明"的心灵障蔽,使真智的功用得到发挥,将所有一切谬误的观念加以屏绝。最后，修持者达到一种不二的心地正见。犹如藏传密宗的诸多本尊神像都具有一种恐怖的特征：即尸体、头颅、遗骸、血、妖魔形象，以及可怕兵器等。这些特征具有能破除业障的秘传意义之外，其目的还在于强调不二性。比如，头上长有牛角的怖畏忿怒本尊神，佩带人头颅骨念珠，在苍白无血的一具尸体上舞蹈。实际上，他是文殊师利，即智慧的寂静化身。

由于希解派与觉域派在教义特别在修炼实践方面极为相似，希解派的“坟墓瑜伽法”将在下节觉域派中也要涉及，故在此不具体叙述。再说，希解派的“坟墓瑜伽法”是一种人们不易接受的特殊的苦行功法，也是一种不易推广的藏传密法。广大读者只知其然即可，而不必知其所以然。

七、觉域派及其“苦行法”

A. 觉域派简说

“觉域”（གཅོད་ཡུལ་）一词在藏文史籍中有两种写法，由此蕴含两层意思，比较常用的写法是“觉域”。这里的“觉”（གཅོད་）字意指“断”或“断灭”；“域”（ཡུལ་）则为“境”，其意思是指该宗派的教法能够断灭人世间的所有苦恼的根源。另一种写法为“角域”（སྤྱོད་ཡུལ་），这里的“角”（སྤྱོད་）字又意味着“行”，而“域”字的意思同上，也就是通过心理训练体悟一切皆空的万物本性，从而达到涅槃境界。正如土观·却吉尼玛指出的：“觉域的意义，是依教授之作用而立的名。说以慈悲菩提心能断自利的作意，以空性见，能断轮回根本，此二和合有断四魔等的功能，故立此名。也有写此字为‘角’（སྤྱོད་）的，意为‘行’，即行菩萨所行持的方便智慧之道，故有此名称。”[①]由此得知，觉域虽有两种写法，但其意思基本一致，就是以菩提心或慈悲心来断灭自利心，以般若性空来断除我执。

觉域派的教法也是源于帕丹巴桑杰的学说，所以，土观·却吉尼玛对觉域派这样称呼道：“希解派的旁支觉域派”。由此可见，两支宗派的密切关系。根据《土观宗派源流》，帕丹巴桑杰第三次进藏时，将“觉”的教授传给觉丹·索南喇嘛和雅隆·玛热赛布，雅隆·玛热赛布又传授给其侍者宁巴赛荣，宁巴赛荣传授给孜敦和松敦二人。孜敦传年敦，松敦传格丹舍摩，格丹舍摩传藏敦，藏敦又传宁敦等人。这一传承均为男僧，所以，后来称其为“男觉派”。觉丹·索南喇嘛将“觉”传授给女弟子玛久拉珍，从她开始传承下来者大多数为尼姑。“男女弟子中得成就者有二十一人。其中女子得成者十八人”[②]，这里指的是玛久拉珍的门徒。因此，从玛久拉珍传承下来的被称为“女觉派”。故在觉域派的历史上出现了两大传承。

觉域派虽然从公元 11 世纪末开始形成，并在藏区兴盛流传，但由于此派没有严密的制度，组织纪律涣散，特别是缺乏雄厚的经济基础，觉域派的寿命也与希解派一样，到 15 世纪末逐渐衰落。

觉域派依据的是般若波罗蜜多经与密咒相随顺而行持的法门，其教义源于广中略三品《般若经》，尤其以《集经》为根本，因此，觉域派作为一个独立的宗派已很少存在，只有一部分尼姑传承，但它的教义教规则被藏传佛教的其他宗派所吸收。正如“因为觉法弘传于没有教别的其他派中，于是各随自宗的爱着对其见地与修行方面，很显然也产生了各种不同的讲解。”[③]的确如此，觉域派的学说不仅融入各宗派的教理之中，而且其要义在藏族近代史上引起过几次小型宗教学潮。对此，土观·却吉尼玛用优美的诗词作了如下概括：

---

① 《土观宗派源流》，98 页。
② 《土观宗派源流》，90 页。
③ 《土观宗派源流》，91 页。

他已不存在什么妄想分别，
但为化度有缘而变化游戏，
随其所应而示以无量化行，
随其所欲而赐予殊胜悉地。
丹巴桑杰是老父名，
用波罗蜜多道的心要，
父续母续的究竟要门，
宣说与无量数的雪域之人。
一切成就者的密意精华，
摄集一切法的无上妙药，
它名为能息众生苦恼之道，
所有善巧者都同声赞扬。
契合阿底峡的风规，
参修本自无生的最胜教授，
阿妈莱吉卓玛①的能断法门，
盛哉！这是大乘法要的心髓。
众多宗派林，宣讲希解声，
杜鹃转歌喉，耳饱餐精英。②

觉域派认为，该派教法能断除人生的一切苦恼，达到涅槃境界。换句话说，该教法是通过心理思维活动对宇宙本体有了一切皆空的认识，从而达到成就佛果的境界。其意思是用慈悲心、菩提心来断除自利心，用般若空性来断除我执。也就是说，人们由于不能正确认识所面对的一切对象而生起种种烦恼，因此，觉域派提出只有开发人的真正的智慧和所有的慈悲心才能从根本上断除一切烦恼。

① 莱吉卓玛，即玛久拉珍。有关她的事迹参看前文第二章。
② 《土观宗派源流》，91 页。

B. 神秘的"苦行法"

觉域派信徒习惯于怀着特别爱好的心情专心祈祷那些可以引起恐惧的神祇如夜叉、鬼、怪等。它们以其可怕的、带血的和凶恶的形象出现。觉域派的修持者在修炼时,备好一把人腿骨号和一面手鼓,并被要求在坟地和陈尸处完成相应的仪式。他们所喜欢的时间是夜间。以神秘的修持者身份在这种能引起恐惧的气氛中独自一人生活,怀着其日常的静修而获得的对《般若波罗蜜多经》的坚信,并怀有由他们以特定方式理解和解释的想象。在召神时,坚信心可以帮助静修者对付原来烦恼的入侵,这些出现在静修者面前的形象都是其个人思想的造物。当然,为了坚信这些形象并不存在而仅仅是一种尚未受控制的思想的幻觉,仅仅有一种纯粹是思想方面的坚信是不够的,静修者应将此吸收进其固有的种子中,并使这种种子消失于其心间,唯有这样,静修者才由于经常反复的修习而获得直接坚信这些表现形式不是真实的,也就是说仅仅是出自本身的幻觉。这样,静修者同样还可以获得坚信每种思想、每种感受、每种形式和每件东西都只是无法控制的思想在作怪,一旦当这种无分别的发光的菩提心出现时,上述一切都消失了。

出现在人身上的道路主要是两条:其一导致一种人或神的状态,即一种受乐和苦支配的状态,其内容和持续时间可以互相不同,但始终都是生死轮回之路;另一条是菩提心之路。觉域派必须从根部斩断这种生死轮回的原因。因此,必须克服善和恶并坚信既无客观、又无主观,这样从一开始就可以阻止二者的所有束缚。

自我静修本身在理论上是以一种认为在魔界也有不同领域的思想为基础的。魔在此代表着必须摆脱的幻觉。魔的欺骗活动是以一种接触为前提的,也就是说指感觉和感觉的目标。另外一种"魔"并非来自这种接触,它主宰了具有思维力的物品以及希望、畏惧和兴奋的原因，此外还有对在“道”中修习的善德的爱慕，减轻来自神力的疾病、惩罚和烦恼的手段，最后是对自己力量的犹豫和怀疑等。这些被认为是魔的幻觉之力都可以被压抑到不动界，并根据最高分别力而在那里消失。在这些分别中既没有任何排斥的东西，也没有任何追求的目标，既没有生灵，也没有魔物，甚至也没有自身能排除或吸收的东西。

这样就从本身中根除了可以产生二歧式思想活动的情绪并使一切都消失在空中。当被我们当作是外部世界的一切消灭时，人的心理体系就不再知道自己想实现或涤除的内容，人的心理作为身体组成部分也就消失了，与此同时消失的还有其年龄、疾病和死亡，所有的罪孽、错误、灾难和痛苦等思想同样也被排斥了。

如果幻觉的表现形式一旦出现，就立即将冥想集中到其自身上，并试图从那里开始而围绕着处于任何分裂之外的生灵旋转。为此目的，神秘静修者应准备本人置身于最坏的条件下，应前往陈尸的和地神出没的地区或场地，以便在那里开始自我全神贯注的修习，但不向守护神奉献供品或祈愿。因为要求静修者独立行动，自我坚信并自我证明强加给他的教理并不是一种纯理论事业。这样一来，静修者就可以放纵想象力，一些可怕的幻影就出现在其面前，比如天空在其上部撕开了，水流在其下面奔腾，魔鬼则从各方面向他施加压力。但静修者却能够毫不恐慌地抵抗这些出自其体的幻想，安然地和沉着地保持在其位置上，就如同在其家中一样，泰然地处于一种坚信这些可怕的幻觉仅仅是由其想象的虚假力虚构出来的。

一旦当神秘修习者达到这一种阶段时，荒诞的虚幻之混乱便停止了，进而这些幻觉绝不会再出现，但在其潜意识中仍存在着某种焦虑。在此情况下，瑜伽师便使用了一些比较严肃的三昧作法。这些作法能够彻底消除甚至是最难以洞察的幻觉。所有畏惧的思想都因此法而消失，甚至感到害怕的人也如此。①

---

① 参见意大利藏学家图齐所著《西藏宗教》。

这里实行的仪轨共分成四个相继的阶段：

1.“白色的分配”，大家认为自己的身体变成了精美食物并奉献给佛教“三宝”。

2.“绿色的分配”，大家认为自己的身体变成了田园、食物、衣服或日用品，它们被奉献给了护法神，这些神能排除进入菩提心之道中耸立的障碍。

3.“红色的分配”（血肉布施），大家认为其个人身体中的肉和血分散在了整个空间并奉献给了鬼和魔。

4.“黑色的分配”，大家认为他个人的和众生的罪孽都吸收于自己的身体中，变得如同积累起来的巨大罪孽。为了赎这种罪行和所有苦难以及由此产生的不幸，必须把身体奉献给魔。

觉域派信徒的这种苦修或奉献精神在其他教派中不多见，即使有，也只是浅尝辄止。然而，觉域派信徒坚信苦修能带来大解脱，所以，他们具有如此坚定的决心而能在最艰苦的环境中安心静修坐禅定。

八、格鲁派及其“显密贯通”法

A. 格鲁派简说

格鲁派是藏传佛教诸多宗派中最后形成的一个重要宗派。它的创始人是宗喀巴·洛桑札巴（1357—1419年）。宗喀巴是藏族近代史上出现的一位名副其实的伟大人物，他不仅是藏传佛教格鲁派的创立者，而且更是全世界所注目的一位佛学家、哲学家、思想家和宗教改革家。

宗喀巴大师诞生于安多宗喀地区，即今青海省湟中县塔尔寺一带，当他刚满七岁时就在位于青海东部黄河北岸的夏琼寺里正式出家，成为一名出家人；16岁（1372年）时赴西藏深造，次年到西藏后，宗喀巴便开始了广拜名师，勤奋学习的生涯。他相继从噶举派、萨迦派、噶当派不同宗派的高僧大德处求法，最后博通各派教义和实践修炼仪轨，并逐渐形成自己的思想体系。1402 年，宗喀巴在阿底峡尊者所著《菩提道炬论》的基础上撰写完成了《菩提道次第广论》这部显宗巨著；紧接着于 1406 年宗喀巴又著述完成了《密宗道次第广论》这部专门论述密宗的巨著。可以说，这两部巨著代表着宗喀巴大师对佛教的完整看法或思想体系。

1409 年，宗喀巴大师得到帕主地方政权属下的贵族仁青贝和青隆布父子的大力赞助，在拉萨以东偏北约三十公里的卓日窝切山腰创建了甘丹寺。从此，以甘丹寺为主道场的新宗派——格鲁派开始形成。1416 年，宗喀巴大师命他的弟子降央曲杰（1379—1449 年）在拉萨西郊修建哲蚌寺；1418 年宗喀巴大师的另一弟子强钦曲杰（1352—1435 年，又名释迦益西）又在拉萨北郊修建色拉寺。拉萨三大寺的建立奠定了格鲁派蓬勃发展的坚实基础。

继三大寺之后，宗喀巴大师的又一弟子根敦珠巴（1391—1474 年），于 1447 年在后藏日喀则修建扎什伦布寺。此后不久，下喜饶桑布在康区建昌都寺，上喜饶桑布在西部阿里修建达摩寺；在青海塔尔寺逐渐形成。至此，格鲁派在整个藏族地区建立了比较稳定的宗派基础。格鲁派正可谓后来者居上，其发展之迅猛，在藏传佛教史上从未有过。从 15 世纪初开始形成，至 16 世纪初已初具规模，特别是 1642 年五世达赖在西藏取得世俗统治权力后，格鲁派在其他宗派中树立了威信，许多不同宗派的寺院改宗格鲁派。从此，格鲁派逐渐成为藏族社会上势力最强大、影响最深远的一大宗派。拉萨的甘丹寺、哲蚌寺、色拉寺，以及日喀则的扎什伦布寺，青海的塔尔寺，甘肃的拉卜楞寺，这六大格鲁派寺院，再加上四大活佛系统，即达赖、班禅、章嘉和哲布尊丹巴，它（他）们则象征着格鲁派的权威和势力。目前，格鲁派在我国藏族、蒙古族等少数民族地区的政治、经济以及文化生活中有着极其深远的影响。

B. **宗喀巴大师的理论贡献**

格鲁派,藏语为"དགེ་ལུགས་པ་"(格鲁巴),其意为善规派,这是从该派倡导严守戒律而得来的。又因宗喀巴大师和这一派的僧侣头戴黄色僧帽而俗称黄教。

宗喀巴大师主张僧侣要严持戒律,禁止僧侣娶妻生儿育女等过一般的世俗生活。针对当时的僧众轻视经教、不注重理论的次第学习,以专修密法为终身目标的现象,宗喀巴大师著述《菩提道次第广论》,积极提倡学经要遵循次第。特别应该指出的是宗喀巴大师在完成《菩提道次第广论》的著述之后,紧接着撰写了著名的藏密理论《密宗道次第广论》,为修炼藏密者指明了圆满的仪轨,从而使藏传佛教密宗从理论到实践更趋完善。

宗喀巴大师撰写《密宗道次第广论》的目的,他在该论著的第一卷中向广大读者作了表明:"若有殊胜大乘种性,为善知识之所摄受,于诸共道已善修习,由大悲心最极发动,急欲救度漂流生死诸有恩者,则当趣入甚深捷径金刚大乘,速疾施与一切有情惟一依处佛世尊果。故此当说大金刚持道之次第。"由此可知,《密宗道次第广论》是宗喀巴大师专为那些在佛学上已取得一定成就,但还可继续提升的高僧大德而创作的一部高层次的大著作。它的修学对象必须具有三项最最基本的条件:1. 有殊胜大乘种性;2. 为善知识之所摄;3. 于诸共道已善修习。可见,密宗非人人皆可修炼。

从以上引言中我们还会知道《密宗道次第广论》的原名简称《大金刚持道之次第》,又在该书第二十二卷中可得到更全的书名《大金刚持道次第开显一切密要论》。从这些一目了然的书名中我们可推测该书的大概内容。

何为"密宗"或密教,在本书第一章中已作过介绍,这里不再重复;"道",指趣证佛里所必须经历的修学过程,"次第"就是说明在修学的过程中必须经历的阶段,所谓自下而上,由浅入深,循序渐进,不可缺略紊乱等,故名"密道次第"。金刚持道,即密宗道。总之,《密宗道次第广论》或《大金刚持道次第开显一切密要论》,是宗喀巴大师于1406年创作的一部大乘佛教密宗修行次第的论著。

至于《密宗道次第广论》的要义,土观·却吉尼玛在他的《土观宗派源流》中写道:"能显明四续四部圆满道体的大著《金刚持道次第论》"。由此得知,宗喀巴大师在他的大著《密宗道次第广论》中主要论述了密宗四续(即事续、行续、瑜伽续和无上瑜伽续)。对此,已故佛学家吕澄先生也曾作过研究,他认为:"其说密乘,大体同于灯论,以为六度止观固为显乘修行阶次,但自显密一贯之义言之,则又属显密相共之道。由此基础,乃应决定入于密乘,而疾速圆满二种资粮,其初仍须施供阿阇黎得其欣悦,授之灌顶,而后获有学法堪任等。此均从阿提沙(即阿底峡)之说也。至于修学次第,判为五品:初第一品清净菩提心,与显相共。次第二品,四类灌顶,则悉通于四部密典。资第三品,守护律仪及三昧耶。律仪为菩萨共戒,如菩萨地及集菩萨学处论所说,十八重四十六轻等。其三昧耶为不共戒,依各种咒典有多异说。次后成熟根器则有第四品生起次第,悉地解脱则有第五品圆满次第,要以无上瑜伽时轮密集诸法为归。"①这是吕澄先生对《密宗道次第广论》的内容作了具体研究后所下的精辟论断。他认为本论著是宗喀巴大师继承阿底峡尊者以《菩提道炬论》为主要代表的学说而创作的。可以说是一部以密宗四续为通往悉地解脱次第的融理论与实践为一体的藏密大巨著。

但同时吕澄先生又指出:"至于密乘,阿提沙无上瑜伽极于胜乐,宗喀巴则推尊时轮;又阿提沙分析密典为七类,宗喀巴则约为四部;是皆以后来之说(如布顿等说)而大有改易矣。"②这说明了宗喀巴大师的《密宗道次第广论》中又有不同于阿底峡学说的地方,即拥有自己的独到见解。诚然,宗喀巴大师从36岁开始就讲

① 吕澄:《西藏佛学原论》。
② 吕澄:《西藏佛学原论》。

经收徒，先后在各地讲《现观庄严论》、《因明》、《中论》、《俱舍论》等；还专门研习噶当派的教法及《菩提道炬论》等要籍，同时系统地研习萨迦派的“道果法”、噶举派的“大手印法”等各种密法。所以，宗喀巴大师终于通达显密各派教义，并以中观为正宗，月称为依止，以噶当派教义为立宗之本，综合各派之长，经亲自实践或修行为证验，最后建立了自己的宗派学说。因此，宗喀巴大师的学说有别于阿底峡尊者的学说是顺理成章的。

《密宗道次第广论》不仅对密宗四续的修习次第、仪轨、方法、法器使用等方面作了详细论述，而且介绍了密宗的渊源、传承、派别，以及修密法时的诸多本尊。所以《密宗道次第广论》在藏密典籍中具有无可置疑的权威性。本论著同《菩提道次第广论》一起，可代表宗喀巴大师对佛教显密的完整看法。

C. 宗喀巴大师的修止法

佛教徒所修坐禅，包括止、观两个方面，止，是梵语奢摩他（Samatha）的意译，意为持续止心于一境而达心念寂定，《宝云经》释“奢摩他”为“心一境性”，即心专注于一境。宗喀巴《菩提道次第广论》卷十五说：“依定住心说名为止。”由专注一境而入静定的奢摩他，从现代气功学的角度看，无疑属气功中的静功一类。宗喀巴从修止的条件、次第、具体方法、掌握要点，到成就奢摩他的标准等各个方面，广引博证，条分缕述，提供了一套颇为精深的理论、方法，堪称佛教密宗文化遗产中的瑰宝。

宗喀巴强调修止须先端正目的，为利益自他、济度众生而修禅。止的正行，是系心专注一境，不令散乱妄失。修止之初，须善调身、调息。调身以跏趺坐式为主，调息以呼吸无声、不粗猛急滑为度，呼吸出入须达无所知觉，不加关照而自然涤细匀和。

宗喀巴提倡初修者从观殊胜之缘——佛像入门。观佛像时先把准备好的画像、塑像，置于面前，将其形象牢记于心，然后闭目忆想，令其分明显现。初观者可先观想头面等一小部分，等这一部分观想明白,再观其余部分乃至全身,则易观成,还强调初修者须专注一缘,切不可移换观想之境。若静坐时意识中观起的境相与所观境不同,万不可随之而转,应立即弃舍,系心于本来观境。

心住定时,掉举沉没为大过失,应以“正知”对治。这里所谓的“掉举”,是指因观想可爱之境而引起联想,属于贪爱一类障碍入定的杂念生起,此分粗细二种:粗掉举指忽生贪着希求外境之念;微细掉举指心中将出现亲友或所爱乐的声色等境。所谓的“沉没”,指心于所缘执持力缓或不极明,如同入暗室而不能看清楚,此也分粗细二种:粗沉没于所缘境中心虽未散动,但乏明了之力,只是澄静而已;微细沉没心虽明净,但对所缘境无定解力,略为低缓。沉没与昏沉不同,昏沉有如半睡眠,心无明净,沉则心尚明净,只是于所缘境不太明了而已。掉举障心住一境,沉没障明了所缘,为深入正定的大障,掉举易知,沉没难觉。今修炼气功者,堕于沉没中而自以为入定者,大有其人。

宗喀巴又强调,修禅时须时时提起正念,觉知沉、掉二障将生、已生、未生之相,这是防治沉、掉的诀要,谓之“正知”。若沉、掉已生,须立即断灭,“上者迎头遮止,中者才生灵灭,下者也须生已不久即当断除”。若知而不断,堕于沉、掉中,久久成习,极难纠正,将碍入定的希望。断除沉、掉的要诀是“思”,即思察观照,断除舍弃,警策自心专注于所观境。若沉、掉厚重难治,长时不能断除,去而复来,应暂停修止,专修对治。掉举重时,当观可厌之境,心以灭贪婪之念。沉没重时,当思修定的利益、人生的积极意义,以振作自心,或思日月等光明,或以冷水洗脸,或起立“经行”(来回踱步)一段时间,待精神振作,再坐下修止。另有两种专治沉、掉的观想法:一为“风心与虚空相合瑜伽”,观想自己脐间有一大如雀卵的白点,从顶门跃出,与虚空相合,心缘虚空,安住不动,此法专治沉没。二为数息强断掉举法,即摄心数呼吸,一呼一吸记一数,从一数到五,再从头数起,渐增至每次数十息、十五息、二十五息;或观上气白色,从鼻中吸入,渐向下压,同时将黄色的下气渐向上提,把上下二气压于脐间,令其相合,长久闭息不出,名“瓶气”。如此往复,则心渐渐静寂,掉举自灭。

关于修止入定的阶梯,宗喀巴大师分为九个“住心”:

1. 内住　由闻知修止法要的“听闻力”,安坐修止,摄心系缘,定然力小,散乱多,觉杂念丛生不断,有如河流。

2. 续住　多次勤修,由“思维力”提起正念,逐渐进步,能于短时专注所缘,心无散动。此时觉杂念如溪涧水,时隐时现。

以上两种住心,散乱多,定力小,须用力摄心,称为“力励运转作意位”。

3. 安住　由“忆念力”,时时忆念所缘境,定力渐增,于杂念生时能较快觉知,摄心还住于所缘。

4. 近住　由“忆念力”摄心,较前更进一步,于沉没、掉举生时,能即时觉知对治。

以上两种住心,渐能摄心不散,自觉心如潭中水,无风不起浪,然尚有被沉、掉风动而不澄静时,为对治沉掉而觉疲劳。

5. 调伏　能以“正知力”调伏沉、掉,摄心不动,较长久入定,尝受到入定的喜乐,而自然乐于修定。

6. 寂静　由“正知力”摄心入定,断灭厌修情绪,心更寂静。

7. 最极寂静　由“精进力”勤修,持续不懈,定力益增,自主情绪的能力增强,坐中能断除贪欲、忧戚、昏沉等。

从第三住心至此,坐中虽能持续入定,然定心尚有被沉、掉间之断时,故称“有间缺运转作意位”。

8. 专注一境　由“精进力”勤修不懈,能任意入定,虽尚偶起杂念,起已即灭。虽仍须策励其心,然沉、掉已不能为障,定心恒常相续,沉、掉不能使之间断,故名“无间缺运转作意位”。

9. 等持　由不断勤修的纯熟功力,达到不需作意摄心便能随意入定、恒久不动之境,名“无功用运转作意位”。

宗喀巴指出:修定者达第九等持心,能随意长时间入定,乃至行住坐卧皆能与定心相应,若未得“轻安”,仍属佛教所说最低层次的“欲界定”，尚未跨入“九次第定”的门坎，只名“奢摩他随顺作意”，而不得名为奢摩他。奢摩他属超出欲界定的“初禅未到地定”，有心一境性与轻安两大标准。轻安包括身心两个方面，心轻安指具自主心理的可能性，能摆脱贪欲、瞋怒等不良情绪的纷扰，心不为境所动，在一切时中安定、愉快、坦然；得心轻安时，自然有能引发身轻安的风（气）生起，一般头顶先有似重而并无不适之感，渐渐气满溢全身，身体极为舒适、快乐、轻松，由此而心轻安更加增长。初得身心轻安时，因初尝前所未受过的愉悦，内心激动不已，此后渐渐安定平稳，但轻安并不减退。宗喀巴大师所说能引发身轻安的风（气），大略相当于道教内丹学所说先天炁。修定者得身心轻安心一境性而成就“止”时，身心发生质变，得大利益、大受用，使人生幸福快乐，佛教谓之“现法乐住”。今日练气功者要达到如此境地，须大努力。

D. **最高大法大威德金刚法**

藏密有五大金刚法，大威德金刚法就是其中之一，也是格鲁派最推崇的大法。

修习此法，首先从文殊菩萨开始观想，以空中一切无有，只有藏文ཧྲཱི(施)字现显空中。ཧྲཱི(施)字变成一尊文殊菩萨，黄红色，头戴五佛冠，发髻高束，一头二臂，现童子相，右手持一宝剑，左手结印，身坐一头狮子上。文殊菩萨周身佩饰瓔珞，以为庄严。

观想文殊菩萨从顶门放出一道黑光，在黑光中现出一尊大威德金刚，其最上仍是文殊菩萨，再下是鬼王。大威德金刚四面八臂，上身为黄，下身黑色，全身佩饰髑髅，穿虎皮衣裙，正面是牛头忿怒相，牙外露，舌如闪电，有二大牛角，三牛眼。18 只手，右边第一手执利剑，第二手执金刚杵，第三手执箭。左边第一手执索和印，第二手执般若经，第三手执弓。其他手结印。二大足踏住二兽。

观想时要结大威德金刚根本印，即两手内向及作拳式，二中指竖立向空相靠,也就是两手先握成拳,再伸出两中指立着相靠。

观想成了相以后,要观想大威德金刚之法身开始旋转,成为一股大法力的紫色光明,而后从顶门入修习者的身中,即想自己成为大威德金刚,无二无别。

随着进入三摩地。

出定之后再念大威德金刚根本心咒共108遍:

> 唵,瑟致哩,迦啰鲁跛吽,
> 欠娑婆贺。[1]

---

① 参见《藏密修法精粹》。

第九章 藏密艺术智慧

在藏族地区，宗教与艺术就像一对孪生兄弟，形影不离。在很多情况下，藏族艺术是伴随藏传佛教的发扬光大而兴盛发达起来的。这是因为宗教在文化中属于幻觉和未来，是人的心理中的一种恒常的内容，而艺术则成为这些幻觉的物化形象。比如，过去在藏族地区几乎没有为表现艺术而艺术的东西，也就是说不存在为艺术的艺术。诸如绘画、塑像、雕刻以及建筑等都基本上属于宗教性质，主要是表现神灵形象或意旨。根据藏传佛教的理论，自我最终是不存在的，所以表现自我毫无实际价值。美如果脱离了神的生活就变得毫无意义，神生活的属性与真理、善良紧密相连。单纯的唯美主义在藏族的传统艺术中起的作用是微不足道的，藏族传统艺术十分注重画像塑造的精确性和形式的真实性。因此，藏族传统艺术那无瑕的自然美感、线条感及其色彩感，无不使人赞叹不已。而且藏传佛教认为，塑造神佛形象既是引向解脱的虔诚行为，又被视为对修禅和入教的支持。这一信念普遍激发了藏族艺术家们的创造性灵感。佛教艺术很早就在印度达到了相当高的水平，当佛教传入西藏时，它是作为理论、信仰和哲学而传入的，并伴随着高度发展的艺术形式。藏族宗教艺术在它的形成过程中同时受到印度艺术、尼泊尔艺术、中亚艺术及我国汉地艺术的影响，可以说藏族宗教（传统）艺术是众多艺术的综合产物，这就是藏族艺术别具一格的特点。故有人写道:“我们不论到哪个喇嘛庙(藏传佛教寺庙)参观,都会对它那金碧辉煌的壁画,精细艳丽的唐喀(卡),以及那形态各异,造型生动的铜雕、泥塑等艺术品发出由衷的赞叹,西藏佛教美术真是太伟大了。”①的确如此,寺院建筑、雕塑、彩饰壁画,形成三位一体的藏传佛教艺术。

在此值得说明的是,虽然藏族艺术大都服务于现实中的宗教,但是其中的宗教感情与审美感情融为一体,表现出对人生幸福的一种积极追求的精神。比如,当藏传密宗将人们置身于宗教仪式、宗教殿堂和神佛菩萨的形象面前时,就会滋生出一种人与宇宙、人与神佛合二为一的崇高感情,这是一种宗教体验,人类自身的最大潜力就在这种体验中得以实现。特别在藏传密宗的各种坛城或神佛形象将人带入一种超脱的迷茫境界,进入一种脱俗的心理状态,使每个信徒在无限的想象中得到安慰、满足和激励。实际上,这就是藏密艺术的特殊魅力,同时,它又是藏族人民高超精深的智慧的一种表现形式。由于篇幅所限,本章只介绍藏密艺术的几种表现形式。

一、奥妙的宗教艺术

藏族宗教艺术的特色最为生动具体地表现在藏传佛教的绘画之上,因为藏族地区的寺院在最初创建之时,就伴随着佛教绘画。藏族绘画的主旨在于以可见形象帮助人们理解佛教哲学和宗教的深奥信条,而绘画中最为奥妙者即是:八宝吉祥、生存圈和曼陀罗。故此仅就这三大奥妙艺术作如下一一介绍。

---

① 金申:《喇嘛庙——佛的世界》,四川民族出版社,1992。

A. **八宝吉祥**

八宝吉祥，藏语称“བཀྲ་ཤིས་རྟགས་བརྒྱད”（扎西达杰），是藏族绘画中最常见而又赋予深刻内涵的一种组合式的绘画精品。它们大多以壁画的形式出现，也有少量雕刻和塑造的立体型。其意义无论是在绘画、雕刻，还是在雕塑中都是相同的。这八种吉祥物的标志与佛陀或佛法息息相关。

图14　密集金刚

吉祥网，藏语称“དཔལ་བེའུ”（白武），又称无限之纽、吉祥相等。对此有多种解释，“无限之纽，梵文称为室利热扎（Sri－ra－tsa），和塞缚悉底迦（Svastika）一起在印度同被视作吉祥的象征，即一般书写成的卐字。印度教所奉的毗纽天（risnu）胸前有此标记。中国翻译印度佛典之际，将此字译成‘吉祥相’，是西藏八吉祥之一，象征爱情和献身”①。这是对吉祥网的比较原始的解释。按藏传佛教的解释，吉祥网象征着代表有关宇宙的所有理论和哲学的《梵网经》（佛教书名）。它还象征着，如果跟随佛陀—达磨之网，就有能力从生存的海洋中打捞起智慧珍珠和觉悟珠宝。

图15　大威德金刚

① ［日］藤田弘基：《西藏佛教密法》，（台湾）武陵出版社，1984。

莲花,藏语称"པད་མ"(白玛)。莲花出污泥而不染的品质,被视作开悟烦恼(泥土)的菩萨德性的象征。在印度,以颜色区分红莲、白莲、青莲。在平均海拔四千米以上的西藏,莲花生长十分困难,因此被认为是想象中的花。藏传佛教一般认为莲花象征着最终的目标,即修成正果。

宝伞,藏语称"གདུགས"(斗)。根据《西藏佛教密法》,伞原指太阳照耀的印度,后来引申为为了避免阳光直接照射,而被使用的遮阳物品。当时,因为撑伞的人都只限于王侯、贵族及得道高僧等身份地位崇高的人,因此被当作权威的象征。在佛教中,由避免阳光直射而转为守护佛法的意思,尤其是持有白伞而佛格化的白伞盖佛母被广大的信徒们所膜拜、敬仰。藏传佛教则认为宝伞象征着佛陀教诲的权威。

白海螺,藏语称"དུང་དཀར"(东嘎),又称法螺贝。白海螺是大贝壳的一种,经过加工后作为吹奏乐器。佛教中,以释尊说法声闻四方,如海螺之音。故今法会之际常吹鸣海螺。在西藏,以右旋白色海螺最为受尊崇,被视作名声远扬三千世界之象征,也就是说白海螺象征着达磨回荡不息的声音。

金轮,藏语称"འཁོར་ལོ"(阔罗),又名法轮。根据《西藏佛教密法》,古代印度在轮轴上装了锐利的刀,凭借在地上旋转轮轴以杀伤或消灭敌人。因此,轮是古代印度的一种杀伤力很强的武器。后来,轮被佛教用来作为一种象征物,意味着佛陀有关教法即真理之训诫。佛陀说法即是转法轮。今日印度国旗所用的法轮标记就是皈依佛教的名王阿育王刻于石柱上的法轮。藏传佛教认为,法轮象征着佛陀教义的传播。

胜利幢,藏语称"རྒྱལ་མཚན"(尖参)。根据《西藏佛教密法》,胜利幢,梵文为 dhvaja,是古代印度的一种军旗。后来佛教用来为对治烦恼得解脱的胜利的象征,在西藏,更用以比喻十一种烦恼对治力:戒、定、智慧、解脱、大悲、空无相无愿、方便、无我、悟缘起、离偏见、受佛之加持得自心自性清净。故藏传佛教认为,胜利幢象征着修成正果的胜利。

宝瓶,藏语称“བུམ་པ་”(翁巴),又叫不朽花瓶。瓶原是盛水容器,佛教将它作为自己的吉祥物,内装宝石或圣水(甘露)。在西藏,瓶中还插孔雀羽毛或如意树(大都以一种有香味的柏树代替)。藏传佛教认为,宝瓶象征着阿弥陀佛或花密,因而也象征着灵魂的永生不死。

金鱼,藏语称“གསེར་ཉ་”(赛聂),又称黄金鱼,是藏族八宝吉祥之一。鱼是生活在水中的一种动物。因为鱼能够自由自在地游于水中,佛教以其象征超越世间、自由阔达、得解脱的修行者。在西藏,通常以雌雄金鱼一对象征解脱的境地,又象征着复苏、永生、再生等等。金鱼还可以认为是慧眼的象征,因为鱼的眼睛可以透视混浊的泥水。

值得一提的是,在西藏众多的八宝吉祥图案中,各八宝吉祥的标志还直接代表着佛陀身体的不同部位,如宝伞代表佛陀头,胜利幢代表佛陀之身,宝瓶代表佛陀的喉咙,金鱼代表佛陀的眼睛,海螺代表佛陀之语,莲花代表佛陀的舌头,吉祥网代表佛陀之意,金轮代表佛陀之足。近代以来,这组八宝吉祥的图案或标志在藏族地区被广泛地用来作为装饰。这样,神圣八宝吉祥便进入了千家万户,为普通俗家人所享用。在建筑的墙壁、天花板和柱子上都绘有八宝吉祥的图案,甚至在金属、木头、石板和陶瓷上也刻有八宝吉祥的图案,比如在西藏最受喜爱的一种陶瓷碗上就标有完整的八宝吉祥图案,人们称其为八宝吉祥碗。从藏传佛教的角度讲,如此广泛地绘制八宝吉祥的图案,可以时刻提醒人们不要忘记必须恪守的宗教信条。

B. 生存圈

生存圈,藏语称“སྲིད་པའི་འཁོར་ལོ་”(斯贝阔罗),意即世间轮回。因此,生存圈又称生命轮回,是藏族绘画中最引人注目、最具深奥意义的一幅大图画。它常以壁画和唐卡两种形式出现于各个寺院

图16　作明佛母

图17　珍宝空行母

内，在寺院内又一般见于大经堂或大殿进口处的墙壁上，是一幅巨大的壁画，实际上也就是一幅将生死轮回当作虚幻的驱使对象的画。轮回，梵文作Samsara，意为“流转”，即人的灵魂并不因身体的死亡而消失，而是转入另外一个实体当中，如此循环往复，永不休止，犹如车轮不停地转动。这就是藏传佛教轮回思想的主要依据，生存圈便是藏传佛教用来表示轮回现象的一个图案，图案内绘有生、死、再生之因果现象，是转生轮回的标志，凡人的出世入世，无不在轮回内循环，唯独潜心修习佛教、获得解脱，才能步入极乐世界，超然轮回之外。生存圈是一个圆形（圆环）的图案，表示永远继续之生死。整个生存圈被一个巨大而凶猛的魔王四掌支撑着，他就是阎罗法王，又名阎摩狱主，藏语称“གཤིན་རྗེ་ཆོས་རྒྱལ”（辛杰曲嘉）。阎罗法王代表着反映整个世界都控制在其掌中的无明；阎罗法王头戴五个死人头组成的王冠，分别代表着五根、五幻想、五逆罪和五蕴，正好成为坛城中心五耆那象征的一切之对立面。

在生存圈外的上角绘有佛陀站立像，以显示其超乎轮回之外。佛陀以其手结契印指出，正确地理解教法和遵守万能的佛法是唯一的解脱之道，还提示有情众生在无数劫的苦和涅槃大乐以及幻果之间进行选择。

在生存圈的中心有三种造化物,即一只鸡,一条蛇,一头猪。鸡代表着贪欲,蛇代表瞋恚,猪代表着愚痴。藏传佛教认为,贪欲、瞋恚和愚痴是有情众生的三毒,这三毒是导致愚昧生活的三个根本原因。又说在生存圈中公鸡表现渴望和眷恋,毒蛇象征瞋恚和仇恨,公猪体现愚昧无知和妄自尊大,这些灾火(即三毒),致使众生成为根本烦恼之一——无明的受害者。

三种造化物的外围是生存圈的六个组成部分,即天、阿修罗、人、畜牲、饿鬼和地狱六道。由六线区划为六个等分,每一等分可分示转生之现象,故称六道轮回图或生存圈。六道又称六界:神明界或天界、阿修罗界或半神界、人类界或人界、畜牲界或禽兽界,饿鬼界或魔鬼界、地狱界。这六界之每一界各有一位菩萨坐于莲花宝座,以其慈悲心肠,协助众生灵魂在轮回上竞争,以图较好转生。众生根据他们在与自我斗争中相对胜利与失败的结果而上升或堕入生死轮回圈内。当在新生中获得一种恶业时,就会有一次堕落;当在新生中清除恶业或获得功德时,便会有一次升级。总之,一切众生都要在六道中轮回。

轮回(或生存圈)的最高界为神明界,藏语称"ལྷ་ཡུལ་"(拉玉),天堂之意。神明界的神由于修善积德、履行宗教行为与坚守宗教信心,而达到这一高境界。神明界显示飘荡如乳汁与蜜糖之景象,仙谷自然生长,不用劳务,生活很美满。但神明界并不十分平静,与阿修罗界不和,原因在于争夺一棵"宝树"上的果实,"宝树"之根生于阿修罗界,而结果之枝长入神明界,善果被神界独享,为此阿修罗界嫉妒并对神界发动战争。

神明界右下侧(生存圈右端)是阿修罗界,藏语称"ལྷ་མ་ཡིན་གྱི་ཡུལ་"(拉玛因吉域),境内有一大厦,布满众人,其领导者正在研究作战,其军人往来于大厦与战场之间,结果阿修罗军队大败于神明界手下,武器破碎,伤亡惨重。

阿修罗界之下是饿鬼界,藏语称"ཡི་དྭགས་"(域达),饿鬼们变态的裸体,腹大而凸,颈长而细,强吞食物下腹,遭受巨大疼痛,因腹大而其细颈供不应求，还要忍受饥饿，故称饿鬼。另外，无论食物或饮料，一至其腹即变质；食物变为利刃，刺破脏腑，清水化为烈火，其疼痛无法言语。

神明界左下侧（生存圈左端）是人类界，藏语称“མི་ཡུལ་”（木域），能转生到此界是一大幸福之事，因为人在此界继续专心于精神修养，有希望直接达到佛界，离开苦难的六道轮回。图案中绘有佛陀及其四五个弟子，还有一位喇嘛端坐深思默祷，其他是普通人过日常生活的情景。

人类界之下是畜牲界，藏语称“དུད་འགྲོ་ཡུལ་”（都卓域），转生于此界的动物，凡家庭驯养之牲畜如马、牛、犬等，在人类主人的鞭策之下，遭受种种残暴情形，均在图案中显示出来；其他如兔、鹿、雀、鸟等为凶暴动物所攫食，而此等凶暴动物，当其旋转时，复又为猎人所射杀；生于水中的动物如鱼、蛙、蛇等也为达到贪婪之欲望，遂追逐其伴侣子女，攫而食之。

轮回（生存圈）的底端是地狱界，藏语称“དམྱལ་བའི་ཡུལ་”（聂维域）。有十八层地狱之说；八层寒地狱，八层热地狱，加上独一地狱和近边地狱，共称十八地狱。在地狱界，一般按照灵魂生前罪恶之大小，而判其受刑之轻重。审判灵魂的主持人是冥王，所有灵魂都要经过他的审讯，判定应押入某一地狱受刑。每一灵魂有二冥差相随，一司看守之责，一司检察控诉。二冥差及灵魂站在冥王之前，其旁有一猴头之鬼，手执两天秤盘，如灵魂之行为善良，由司看守的冥差往秤盘内置一白色卵石；如灵魂犯有罪恶，由司控诉的冥差往秤盘内置一黑色卵石。经过这一手续后，冥王将阴阳镜一照，有关灵魂生前事迹，即在镜中显示。灵魂受刑期限有数年以至百万年不等，在火热地狱中有用灼热之锯，锯灵魂为碎块；如捏造谣言者，将其舌拉出口外，用火烧熨斗烙，甚至被禁锢于热铁牢中，或投于熔化金属的器物中或烹于火液之内，也有灵魂之肉体，被火钳拔出，而其手足为屠刀所切碎。在冰冷地狱中，其肌肉皮肤遭残酷之冷冻，而分崩离析，直至冻成红肿脓疮，痛不可忍，又不允许医治，任由飞鸟之铁嘴啄食其肉。此外，地狱中还有如将灵魂沉溺于冰水中等忍无可忍的重重残酷刑罚，在此不一一赘述。总之，地狱给人一种恐怖的印象。

六道圆形外围圈是十二目转生因果的图案，其详释如下：

一、无明——盲者引导另一盲者。

二、觉悟（或行）——二陶工正在工作。

三、品尝善与恶（识）——二猿猴采摘树果。

四、名与形（明色）——一人正在渡众人过河。

五、六种感觉（六处）——一所房屋有六个窗户。

六、接触——拥抱在一起的一对夫妇。

七、乐与苦——一人之眼为一箭所射穿。

八、爱——一男子正在饮酒，而为一女人所注视（欲产生了更多的爱）。

九、取——一人摘果以饷他人（爱产生了取）。

十、有——一名怀孕的女子（取产生了有的持续性）。

十一、生产——一妇女正在分娩（生产生了老生）。

十二、老死——一老人背负一尸体（老生产生了新的死和相继的生死轮回）。

以上第一、第二两目是为第二至第十目已往之因，而第三至第十目之转动，致成为未来第十一与第十二目之果。如果这十二转生因果中，损坏其一，则整个系统将被推翻。所以，无人能够希望超脱此永远转动之圆轮与无穷链索之因缘。

图 18　曼札供养

人们观想以上所述一切象征物是大量功课之源，尤其是把善行功德积累起来而又不引起心的真正发展的琐事之源。大家通过善行功德而可以获得的最佳成果是为了有资格在六道轮回中的最高一类神明界获得短暂的享乐。但在神明界仍然容易受苦,因为它不能提供永久解脱苦难的方法。六道轮回中的每道轮回均有自身的致命弱点,也就是生活没有大觉的标志,如神明界的弱点就在于对人世间幸福所具有的使人产生错觉的暂时性质没有认识,而心怀敌意则是在地狱里生活的基本原因。如嫉妒是阿修罗界的区别特征,极度无知是畜牲界的特点,因为动物不会思维,没有理智,仅仅是凭本能支配着自己。最具强烈的欲望统治者便是饿鬼,而骄傲和自私则是人类界的特征。

根据藏传佛教的有关论著,六道轮回中的所有众生,只有观世音菩萨能够拯救。为了帮助各界众生克服各自的弱点,观世音菩萨以恰如其分的形象出现。神明界的众生由于他们上一世积累的功德,而得到了今天的地位,但他们却不明白他们生活的真正本质,而开始以为他们今天的生活是永恒不变的,实际上这种生活只是暂时的,一旦他们所积的功德消耗殆尽,这种生活就会完结。由于神明界的众生过着舒适幸福、毫无痛苦的生活,所以他们完全丧失了精神上的进取性,这样就会逐渐地降格,跌入其他的境界。故神明界并不是追求的真正目标,充其量它只不过是避开尘世苦难的暂时避难所。为此,观世音菩萨手持琵琶出现在神明界,奏起那达磨回荡不息的声音将神明界的众生从自我陶醉的愚昧中唤醒。

地狱里的众生遭受的痛苦和折磨,实际上并不是冥王的惩罚,而是他们自己作恶的自然结果。观世音菩萨带着纯化一切的火焰出现在痛苦万状的地狱里,他没有谴责这些受刑的生灵,而是让他们在“知识镜”里照照自己,以激发他们良心的呼声,并引导他们上升到高一级的众生界。“知识镜”具有将痛苦变为清化、以烈火纯洁他物的功效。

观世音菩萨佩带一把剑来到阿修罗界,剑象征着阿修罗界里的生灵秉性狂暴,刀剑是他们惟一能懂的语言。从另一意义上讲,剑也可象征一种知识的力量，这种力量就像利刃一样斩断阿修罗那乱麻似的一切嫉妒。

观世音菩萨来到畜牲界时，手持一本书。因为畜牲界的生灵没有思维能力，没有理智，只有书本才能把他们从本能冲动的一片黑暗中拯救出来。

观世音菩萨进入饿鬼界时，手里端的是盛有食物和饮料的器皿。因为饿鬼界的生灵追求万物的欲望犹如烈火，难以满足，致使他们永远承受着这种欲望的驱使。观世音菩萨所带来的神圣的食物和饮料，可以解除他们的饥渴，以便引导他们变物质追求为精神追求，即追求知识和真理。

人类界是一个具有理智、能够自觉地做出决定的世界。拥有思维能力且理智的人类能够认真权衡自己的行为，并通过自身固有的知识和智慧，便能修成正果，从生死轮回中解脱出来。因此，人类界生灵的任务就是充分利用自己的认识能力，并通过克服自私和虚荣，为达到最终目标而奋斗。

观世音菩萨在人类界以佛陀释迦牟尼的形象出现，观世音手里拿着苦行僧的手杖和一个要饭的碗，这两件东西象征着完全抛弃了自我。所以，观世音菩萨在西藏每天奉行的宗教活动中占有至关重要的地位。正如《王统世系明鉴》中的一段礼赞：

千只眼是一千个贤劫佛，
向具有教化一切法力的观世音菩萨虔诚顶礼！
千佛都为你的誓言作证，
千佛都预言你教化边地，
用你无边法力利益众生，
众生都要向你虔诚顶礼！

总之，生存圈或六道轮回是藏传佛教以形象的艺术途径，向人们展示了一般人不易掌握的佛教轮回思想，以便提示更多的人从善修法积德。

C. **曼陀罗**

曼陀罗是梵文的音译，意思是“轮集”，或“坛”“坛城”“坛场”等，藏语则称“དཀྱིལ་འཁོར་”（集阔）。它是一个充满奥妙的图案，其目的用作入教和修禅。实际上，曼陀罗是藏传佛教密宗修行时必须供奉的一个对象，其形式多种多样，或方或圆，或立体或平面。就平面而言，又有几种：大曼陀罗、三昧耶曼陀罗和法曼陀罗。

大曼陀罗，也称绘画曼陀罗。其特点是以青、黄、赤、白、黑五种颜色，绘制出诸佛、菩萨的形象，表示他们前来聚集。这五种颜色分别代表地、火、水、风、空（五大），其意也是指聚集。

三昧耶曼陀罗，不直接绘画出某佛或菩萨的形象，而只是描绘象征某佛或菩萨的器杖和印契，如所持宝珠、金刚杵、刀剑、法轮等等，用这些法器组成图案。修行者如见到这些标志图案就如同直接拜见某佛或菩萨一样。

法曼陀罗，也称种子曼陀罗。这一曼陀罗既不描绘佛或菩萨的形象，又不描绘象征他们的法器，而以种子表示诸尊，即只写出代表诸尊各自名称前的第一个梵文字母，修行者看到这些字母也就如同拜见诸尊一样。

以上三种平面绘制的曼陀罗大都以壁画和唐卡两种形式，常出现在寺院里的各殿墙壁、天花板上。从实质上看，描绘曼陀罗以及随之而来的宗教仪式，被看作是微观社会里的人与宏观宇宙相和谐的一种手段，修持者要想达到这一目标就得用双眼先看这一神图，然后进行观想。藏族地区曼陀罗用途最多的是在藏密的入教仪式上，举行仪式的前一天曼陀罗就要在一个平面上用彩粉绘制完成，当仪式完毕总是将曼陀罗图案分解。描绘曼陀罗的方法和每一细节的意义都是师传徒受，从不向未入密教的人士泄露。而一般的曼陀罗则永久性地绘制在唐卡或墙壁上，这些曼陀罗会给善男信女带来祝福。在大经堂或大殿的天花板上如绘有曼陀罗，当人们从它们下面经过时，福分就会自然落在身上。

在寺院的各殿墙壁上或天花板上的曼陀罗，从图案、结构、色调和设计等方面看，大都采取了上述三种曼陀罗的规格。但多数则采用了第一种大曼陀罗的格式，其图案的具体设计是：画的中央绘一尊佛或菩萨为本尊，本尊上下左右四方及四隅各画一菩萨像，有的曼陀罗则绘有16个罗汉像。中央莲台上端坐着本尊，而八个莲瓣上各有一像成为中院，外又有一层或二层画有诸菩萨或诸天神像，成为外院。外院又有四张大门，每门有一位护门神。绘制曼陀罗时必须尊奉固定的格式，造像的规格尺度都有明确规定，不得改动以免降低其神圣性。

总之，曼陀罗图案是一幅特别复杂而精美的艺术画，可供人们观赏或做装饰品；同时又是藏传密宗的深奥教义与秘密实践交相辉映的一个象征物，人们可以用它来治疗心理的不安康因素，从而使精神获得长期的平静。

二、多功能的藏式佛塔

佛塔，藏语称“མཆོད་རྟེན”（曲登）。原名窣堵波，这是梵文Stupa的音译，也译为窣都婆、偷婆、塔婆、素靓波、薮偷婆、私输簸；意译

图19　七政宝供品

为方坟、圆塚、大聚、灵庙、高显处、功德聚等;梵文前亦可加“Bud－dha”,音译“佛陀窣堵波”,其讹略为“浮图”,即佛塔。正如《大唐西域记》卷一:“窣堵波,即旧所谓浮图也。”供奉和安置舍利、经文和各种法物。由台(基台)、复钵(台上半球部分)、平头(祭坛、方箱形)、竿、伞五部分组成,最初形式为圆塚,即埋遗体或舍利于土中,累石子于土上。至阿育王时,始造复钵式的塔。塔又分成两种,有舍利者称塔,无舍利者称支提(Caitya)。佛教规定,凡僧人以上者允许造塔,按地位高低限制级层;在家人不许造塔,这也是藏传佛教的一贯立场,故在藏族地区没有为在家俗人修建的灵塔。

根据关于佛陀涅槃的较早记载,佛陀释迦牟尼涅槃后确实是火化收取舍利,建塔以资纪念的。但窣堵波的起源甚早,并不是自佛陀开始,吠陀时代的印度诸王死后都要筑一半圆形的坟墓,这可以认为是后来佛塔的雏形。

后来佛陀释迦牟尼的跟随者们认为,佛灭,法不能灭,佛陀开拓的事业要继续下去,信徒弟子们还需要佛陀这样一个精神支柱。在这种前提下,佛教信徒收取佛陀舍利,建造了第一个埋有舍利的佛塔,即窣堵波。舍利为梵文 Sarira 的音译,指佛的遗体焚化后,结成的珠状物。佛教信徒对佛陀舍利极其重视,相传佛陀圆寂焚化后其舍利由八个国家平分,分别在各国建塔供养佛陀舍利。《大般若涅槃经后分》记载:“供养舍利即是佛宝,见佛即见法身”,那么,见到舍利也就等于见到了佛。

至阿育王时代,又从初次建成的佛塔中取出舍利在各地分建了八万四千座佛塔。此时佛塔的形制上也有了大变化。最初佛塔的外形仅仅是一个圆丘,阿育王时建的佛塔,其外形成覆钵式,上置平头,下为台座,平头之上又有竿和伞,一共五个部分组成。原先舍利埋在塔的圆丘之下,自从设置了平头,于是把舍利也移至石块垒成的平头之内,后来又于平头四壁凿龛,周围绕以石质栏楯,栏楯之上进行雕刻。

A. **藏式佛塔的由来与早期发展**

藏族地区是当今世界上拥有佛塔最多的地区。长期以来，由于藏族佛教徒以造塔作为一种修德积福的途径，无论僧俗都热衷于建造佛塔，这样，在藏区这块广袤的土地上立起了无数座佛塔，只要一留心，随处都可看到大小不等、样式各异的佛塔，这类佛塔无论从形式、内在含义、功能利益等方面都带有自己的地方特色。

图 20　格鲁派佛塔（摄于格德寺）

因此，称其为藏式佛塔是言之有理的。

藏式佛塔不仅种类繁多，而且其历史源远流长，在此首先将其历史发展作一简略叙述。

佛塔何时传入西藏本土，《西藏王臣记》记载："拉托托日年赞国王，是吉祥圆的普贤菩萨光明幻化而诞生的。当他在位时，雍布拉岗王宫的屋顶上，从空中降下《百拜补证忏悔经》、金塔、《佛说大乘庄严宝王经心要六字真言》、《枳达嘛呢法门》（心宝法门）等。"由此得知。吐蕃王朝第二十七代赞普（国王）拉托托日年赞时（约公元 4 或 5 世纪），西藏本土获得了一尊佛塔，而且是一尊金塔，有些史料认为是一尊舍利金塔，无论如何，这可作为在藏区出现的第一尊佛塔。因为当时在西藏还没有藏族人自己建造的佛塔，这惟一的佛塔显然来自于印度。《青史》记载："由于当时苯波意乐天空，遂说为从天空而降，实际上是由班智达洛森措和译师里弟生将这些法典带到了吐蕃。"可见，包括金塔在内的这些佛教礼品是由印度佛教信徒带到西藏的。当时的藏族人虽然信奉传统的苯教，但对这些佛教礼品倍加重视，"但依然看它是很奇特稀有的物品。于是起名为'尊严秘宝'而安放在王宫的宝库中，并虔诚供奉祈祷求福"①。可以看出,这尊西藏第一次获得的佛塔得到了最佳的保存方式。

至于这尊金塔的形制,有关史书没有进行描述,因此,我们也就无从知晓。但对此塔的体积有些史书则作了记载:"一肘尺高的黄金塔"。②

在此值得一提的是,西藏第一次获得一尊以黄金制成的极为精美的佛塔的同时,还收到了另外一尊泥塑佛塔:"为预示佛教将在西藏弘传,从天空中降下《宝箧经》、《六字大明心经》、《百拜忏悔经》,一肘高的金塔、赞达宝刻嘛呢塔、木叉手印等,随着太阳光落到宫殿顶上。"③因此,确切地讲,4世纪初,西藏第一次同时获得一金一泥质地截然不同的两尊小型佛塔。

松赞干布时期(7世纪中叶),佛教正式传入西藏。当时,松赞干布迎请印度、尼泊尔、克什米尔、汉地等大量学僧,翻译了不少佛经,同时兴建了许多佛寺。根据《汉藏史集》,当时西藏共创建佛寺108座,但具体记载的只有18座。由于佛教建筑物在西藏的大量出现,随之佛塔也在西藏诞生了。《柱间史》记载:"在此松赞干布创建了一座五顶的佛塔。"这就是西藏第一座自建的佛塔。这座佛塔当时位于西藏最初建立的佛殿之一——昌珠寺内。围绕昌珠寺有许多神话故事,其中一则是这样描述的:"传说文成公主用五行算法算出妖魔罗刹女的一臂在贡布日的西南方向,需建一寺镇压,方能保证国运昌盛。而那儿是一大湖,湖中有一五头怪龙在兴风作浪,于是松赞干布即在贡布日修法,终成正果,遂令大鹏降伏了怪龙,湖水也随之干涸,昌珠寺亦即在此建成。"④而松赞干布在昌珠寺兴建一座五顶佛塔,正是为了忏悔杀害五头怪龙所犯的罪

---

① 《西藏王臣记》(藏文版),15页,民族出版社,1981。

② 详见《汉藏史集》。一肘尺相当于现在的0.50米。

③ 《王统世系明鉴》(藏文版),59页,民族出版社,1988年。

④ 《乃东县文物志》,西藏自治区文管会,1986。

图 21　塔群（摄于玉树囊谦县）

图 22　佛殿与佛塔（摄于白居寺）

孽。[1] 这些记载,现在看来神话色彩较浓,不可全信,但至少能说明这座五顶佛塔不是存放舍利的灵塔。

另外一些相关文章还提到松赞干布时期,在拉萨红山顶上建有一座白塔。[2] 总之,松赞干布时期,在西藏已经产生了自建的塔,但数量十分有限。

赤松德赞时期(8 世纪中叶),佛教在西藏得到很大发展,西藏出现了第一座规模宏大的正规佛教寺院,即桑耶寺;也有了本族的出家僧侣,即七觉士等。同时也出现了许多佛塔,比如《桑耶寺简志》记载:“松嘎尔五塔是寂护来西藏不久主持雕造的。它们位于桑耶寺西约 15 华里的松嘎尔乡附近,是去桑耶寺的必经之路。五塔呈东西一线分布,均为整块巨石雕刻而成。形制古朴,雄伟壮观,实属罕见。

“这五座石塔的型制大同小异,都由塔座、塔瓶、塔顶三部分组成。塔座有两种型制, 是多边形,二是正方形。以西端最大的一座塔为例,塔高 5.5 米,塔座为多边形,其底座最长边为 4.1 米;塔瓶为覆钵形,最大直径为 2.5 米,高 1.65 米,塔顶由相轮、月亮、太阳组成,高 2.95 米。如此高大的石塔,在西藏还为仅见。这五座石塔的塔顶皆被砸毁。后来,群众按照原来的式样,又用水泥修起来,使这些珍贵而古老的历史文物古迹重放异彩。”

另据有关史料,当时建造这五座佛塔的目的是调伏当时地方上阻碍佛教在西藏传播的妖魔鬼怪。实际上这五座佛塔是佛教与藏族传统宗教苯教之间进行斗争的产物,它们完全可以标志佛教最初在西藏所经历的一段艰难历程。

众所周知,桑耶寺是西藏第一座正规的大寺院,它是在堪布菩提萨埵和白玛迥乃大师的主持下,于 774 年动工,经五年于 778 年竣工的。《桑耶寺简志》记载:“桑耶寺建筑规模宏大,殿塔林立,以

---

① 详见《柱间史》(藏文版)甘肃民族出版社,1989。

② 详见《西藏佛教》,1986(1)。

金碧辉煌的‘乌孜’大殿为主体，组成一座庞大、完整的建筑群，总面积达25,000余平方米。整个寺院的布局，是按照佛教想象中的‘世界’的结构设计而成。”引言中的“殿塔林立”，确实反映了桑耶寺的建筑风格。这里仅就佛塔作一介绍。

桑耶寺主要有四座著名的佛塔，分别在“乌孜”大殿四角成直线的地方，塔与殿角相距数十米。这四座佛塔高大雄伟，型制各异，特别是四座塔分别以白、红、黑、绿四种不同颜色而独具风格。

根据《桑耶寺简志》，白塔建于桑耶寺大(主)殿东南角，型制与北京北海公园里的白塔略为相似，皆用石块、石板砌成，因塔体全为白色，故名“白塔”。在塔基的方形围墙上，立有108座小塔。塔身方形，在腰部以上逐层收敛如阶梯，上有覆钵形塔腹，覆钵扁而宽大，设有龛门，宝刹上置十七环相轮而不分级。对于这座白塔，《西藏王臣记》也作了一些补充说明：“特别是那白塔中，供奉有从摩揭陀国王的门前宝瓶中取来的舍利，及西藏先王的严密牟尼宝(又称尊严秘宝)和五部经典。传说这塔有最大的加持。”又据《贤者喜宴》记载：白塔即大菩提塔，此塔以狮装饰，遂建成声闻之风格。

红塔，根据《桑耶寺简志》，它建在大殿的西南角，造型极为特殊。塔身用砖石砌成，形方而实圆，状如覆钟，腰部以上有环状纹，上部为覆钵形塔腹，宝刹之上置两段相轮，上为七环，下为九环，塔身为土红色并泛有光泽，故名“红塔”。又据《贤者喜宴》，红塔系长寿菩萨之风格，其以莲花装饰。

黑塔，根据《桑耶寺简志》，它位于大殿的西北角，塔形也很特殊。塔身如三叠覆锅，刹(托)盘上托宝剑。第二级相轮七环，上即瓶盖和宝珠。塔身为条砖砌成，全为黑色，故名“黑塔”。又据《贤者喜宴》，黑塔以如来佛之遗骨为饰物，其型制系独觉佛风格。

绿塔，根据《桑耶寺简志》，它位于大殿的东北角，平面呈四方多角形。塔基甚高，沿数级台阶而达第一层，四面各有龛室三间，内有塑像，每面都有明梯通往二层。二层每面只有龛室一间，亦各有塑像。第三层为覆钵形的塔身,上置相轮宝刹,刹身很高,相轮分为三级,第一级自方形托盘上置相轮九环,中间一段为第二级,有相轮七环,第三级有相轮五环。伞盖上承托宝瓶和宝珠。该塔由绿色琉璃砖砌成,砖为粗砂烧制而成,质地坚硬,釉色苍郁而富光泽,故名“绿塔”,该塔极其精美。又据《贤者喜宴》,绿塔以16门为饰物,系法轮如来风格。

至于建造以上四座佛塔的目的及其功能,《桑耶寺简志》指出:“主殿四角又建红、绿、黑、白四塔,以镇服一切凶神邪魔,防止天灾人祸的发生;而且在塔周围遍架金刚杵,形成108座小塔,每杵下置一舍利,象征佛法坚不可摧。”可见,当时建造佛塔有着很强的针对性,就佛塔本身而言,则具有双重性:第一,佛塔是佛教的一种象征性宝物,供信徒顶礼崇拜;第二,佛塔又是一种具有威慑力,能够压制一切邪恶或异己力量的神圣之物,可供人们祈祷求助。

以上所述的四座佛塔不仅形制奇特,而且风格古雅,是西藏地区能够反映昔日佛塔特色的稀有文物古迹。这四座佛塔还可代表藏式佛塔的最初型制。

除了上述佛塔外,还有一座值得一提的佛塔,因为此塔又具有一种有别于上述诸塔的特色。《乃东县文物志》记载:“衮当塔藏语称衮当崩布,是乃东县三大名塔之一,又叫乃错崩布、斯居崩布等。

“据说约在公元8世纪中叶,当时乃东地方政府和穷结地方政府发生了领地问题的争吵,一发而不可收。当时西藏的大译师毗若遮那在乃东和穷结交界地段的一个山洞里修行(即毗若洞)得知此事后,即设法找到了两个地方政权的首领进行调解,劝他们睦邻和好,并帮助他们划分了土地界线,界线以北归乃东,以南属穷结,为防以后变卦,还召集两个首领向神起誓。同时组织两个首领共同于议定边界建立了一个塔,作为标志,并起名为斯居崩布。”

我们从这座佛塔产生的背景或起因以及建造过程看,似乎可以推断当时人们的道德观念,尤其是佛塔所发挥的巨大功能。当然,以现在的眼光看,这座塔在当时起着一个分界碑的作用,实际上就是一座分界塔。因此，这座佛塔具有一项与众不同的功能或特性。

关于衮当崩布塔的型制大小，《乃东县文物志》记载："该塔现在已失去往日殊荣，差不多成了一堆废墟。但还可据之看出塔原系方形，边长约 18 米，残高 5.8 米。塔系砌筑，土坯厚 10—13 厘米，砌墙表面抹一层泥巴。特别是塔的顶部有土坯砌筑成的太阳光芒的造型。造型中心，是直径 1.8 米的空心圆，象征着神圣的太阳。围绕圆形放射状分布的是土坯筑成的十二道长墙，象征着四射的光芒。土坯墙长 2.76 米、宽 84 厘米、高 1.45 厘米，内间隔 30 厘米。"由此看出，这是一座宏伟壮观的佛塔，而且其造型独出心裁，又十分讲究，可代表 8 世纪西藏佛塔的风格。

综上所述，公元 8 世纪不仅是佛教在西藏的兴盛时期，而且更是佛塔在西藏的大生产时期，仅在桑耶寺的围墙上就有上千座佛塔，正如《桑耶寺简志》记载："围墙周长 1 200 余米，墙高 3.5 米，墙厚 1.2 米。墙上原有塔刹一千零八座，现无一残存。"虽然这 1008 座佛塔属于小型佛塔，但这一数目已足以证明当时佛塔的大生产或大繁荣时期的景象。从佛塔的型制、种类、功能等方面看，是多种多样，极为丰富。但是值得注意的是，在以上所述佛塔中没有发现后来在西藏盛行的真正的灵塔。

如果以早期的窣堵波和支提二大种类作为分类标准去分辨上述西藏佛塔的话，公元 8 世纪在西藏出现的佛塔都基本上属于支提类。这里需要说明的是，上述众多古塔中除了松嘎尔的五座白石塔较基本完好地存在外，其余大都已成为废墟，目前已没有机会再找到一个比较完整的古塔了，但作为一种"古迹"，人们还可欣赏到它们那曾经的宏伟，从而可以想象昔日的藏族人民是多么富于智慧和勤劳。

B. **藏式佛塔的种类**

意大利著名藏学家图齐教授曾在他的《西藏考古》一书中指

出:“在几个世纪的进程中,佛教逐渐改变了其教条主义的教法,从小乘佛教发展为大乘佛教,进一步又发展到在西藏居统治地位的密乘,因而塔的形式也随之逐渐演变。然而塔的演变仅仅局限在某些已被接受的格式之内。这些格式保持着相对的稳定,工艺水平则视修造者的技巧而异。”这就是说,藏式佛塔既保持了印度佛塔的基本规格,又充分发挥了建造者的工艺技巧。藏式佛塔由此具有了自己独特的风格。正如图齐教授所说:“塔的建筑方式是千变万化的。在西藏我没有见过任何一座塔与古代的,像巴鲁特、桑奇(Sanchi),甚至与尼泊尔的普提那他(Bodhnath)那样的塔相仿。这些塔有基座,塔顶是圆形的,在建筑结构轴线的不等距离上有三个或五个‘伞状物’。”佛塔在西藏发展或演变成具有地方风貌的藏式佛塔,也是经过几个世纪逐渐完成的。换句话说,藏式佛塔是经过很长的实践摸索后,才慢慢形成或成熟起来的。

公元14世纪,布顿大师在潜心研究大藏经《甘珠尔》部的基础上,根据经中有关佛塔的论述,对西藏佛塔的格式或型制作了严格、具体的规定,可以说,从此兴建佛塔不仅在理论上有了依据,而且在具体实施上也有了统一的规定或模式,这对藏式佛塔的形成起到了不可估量的作用。后来,又由第巴·桑结嘉措在布顿大师所阐述的基础上,对佛塔的理论和具体格式重新做了修改和补充,这就意味着藏式佛塔从理论到技术都已经成熟或完善。

藏式佛塔种类很多,就塔的各种形式进行分析,可分为“意”“身”、“语”之三种塔。“意之塔”,代表最基本的精神实质以及佛陀所特有的空寂明净;“身之塔”,代表佛陀、菩提萨埵或大喇嘛(活佛)的化身;“语之塔”,则代表着一切有文字的东西,当然这些东西应该是佛陀的训教或经文。“意、身、语”这三种佛塔的标志,在深层意义上与藏密的“身、语、意”三密基本一致,详细可参见本书第四章,在此不赘。

在理论上,藏式佛塔可分为八种类型,即叠莲塔(或堆莲塔)、菩提塔、吉祥多门塔、神变塔、神降塔(或降凡塔)、和平塔(或合好塔)、殊胜塔(或幸福塔)、涅槃塔。据传这八种类型的佛塔源于获得佛陀舍利的八组人所修建的原始窣堵波:叠莲塔是按照迦毗罗卫(印度地名)窣堵波建造的;菩提塔是按照玛格达(印度地名)窣堵波建造的;吉祥多门塔是按照佛陀第一次讲经并转动法轮的地方鹿野苑的一座窣堵波建造的;神变塔是按照斯拉瓦斯蒂(印度地名)窣堵波建造的;神降塔是按照桑卡斯亚(印度地名)的一座窣堵波建造的;和平塔是按照拉杰格里(印度地名)的一座窣堵波建造的;殊胜塔是按照吠舍离(印度地名)窣堵波建造的;涅槃塔是按照拘尸那迦(印度地名)的窣堵波建造的。

以上八种不同类型的塔,实际上代表着佛陀一生中的八个不同阶段或成就,或者说佛陀的八个不同的精神意境。如拉萨布达拉宫内的如来八塔,青海塔尔寺前的八座如来灵塔等,都是具体体现上述八种类型塔的群塔。这类群塔在藏区不胜枚举,因为藏族信徒常以建造整套八塔来纪念释迦如来从诞生到涅槃的八大成就。

C. 具有双重功能的灵塔

灵塔,因为塔内供奉着活佛以及在藏传佛教上有巨大成就的大师的骨灰,故名灵塔。它是藏式佛塔的重要组成部分。灵塔既是佛塔,同时又兼作陵寝,所以,具有不可替代的双重功能。灵塔在体积上可以根据环境条件等而有各种不同的级别,即可大可小,大到几十米高,小到一米左右高,甚至更小;在质地上也可按照各自的条件等因素有简单和贵重的规格,简单朴实的灵塔多采取以石砌成,一般寺院周围建造的灵塔均属于此类;华丽贵重的灵塔有铁、铜、银质到由黄金包装的,这类灵塔主要供奉在寺院里的某个殿堂内,供人们顶礼膜拜,当然也供游人观赏;灵塔在型制上采用了上述如来八塔中的几种,如《塔尔寺志》中记载:“在此前面佛龛之上奉安有:救怙主阿嘉仁波伽·耶协克珠嘉措(智慧善成海)的灵骨塔(形式为尊胜塔);又有救怙主嘎敦赤巴·罗桑登比尼玛(善意教日)的灵骨塔附有金伞盖;又有救怙主·色多诺门汗·昂旺登比绛称(语自在教幢)的灵骨塔(形式为天降塔);又有救怙主达泽·耶协格桑(智贤劫)的灵骨塔;又有救怙主嘎敦赤巴·昂旺土登登比尼玛(语王能仁教日)的灵骨塔(形式为菩提塔)附有伞盖等。"由此可见,灵塔在型制上多采用八塔中的三种类型,即殊胜(或尊胜)塔、神降(或天降)塔和菩提塔。

至于灵塔这种引人注目的藏式佛塔何时在西藏出现并得到流行,有人作过考证:"随着佛教在西藏的流行,约在吐蕃分裂时期(9世纪中叶至11世纪中叶)开始出现塔葬。凡佛教上层人物去世,其遗体往往完整保存在灵塔内,或将遗体火化,把骨灰葬于塔内,以作供养。如西藏阿里古格出家国王意希沃(吐蕃末代王朗达玛五世孙)的遗体就保存在灵塔内;西藏佛教噶当派祖师阿底峡死后,其弟子仲敦巴将其骸骨存放在聂塘度母寺宝瓶内;格鲁派创始人宗喀巴的遗体亦供养在达孜甘丹寺灵塔内。"[①]通过引言可以认定灵塔是藏传佛教"后弘期"的产物,之后,随着藏传佛教的蓬勃发展,灵塔在西藏普遍盛行。另外,通过引言我们还可得知,灵塔内不仅存放火化后的骨灰,而且尚能安置完整的遗体。这类在灵塔内保存完好的遗体,是经过特殊处理后安置的。比如,第十世班禅大师的遗体就完整地安置在一座金质的灵塔之内。这座灵塔位于扎什伦布寺的"释颂南捷"大殿内,灵塔面积为253平方米,塔高11.56米,塔身以金皮包裹,并镶嵌各种珠宝;塔身四周绘有菩陀、菩提、本尊等壁画和坛城;塔底装藏各类谷物、茶叶、盐、干果、糖,药材以及袈裟、藏装等物品;灵塔中层装藏各种版本的经书及历代班禅的著作;灵塔上层的佛龛内安放大师法体及其生前使用过的衣物和宗教法器等。整个灵塔金光闪闪,雄伟壮观。这种保存遗体的方法在藏族地区或称之为"肉身之制",或称之为"塔葬",它可体现藏传佛教的又一种别具特色的丧葬文化。

① 《文物》,1985(9)。

灵塔在西藏有近十个世纪的发展历史，其数目之多，已不可一一述之。故在此仅就其中最具代表性的一座灵塔作全面介绍，意在以一斑窥其全豹。

在西藏拉萨市中心的布达拉宫红宫内供奉着历世达赖的灵塔，其中五世达赖罗桑嘉措（1617—1682 年）的灵塔是建造最早、规模最大、装饰最华丽的一座。这座灵塔是由当时的摄政王第巴·桑结嘉措于藏历第十二饶迥的金马年（1690 年）与布达拉宫红宫同时修建的。“据第巴·桑结嘉措所著藏文《金塔目录》记载：为修建五世达赖灵塔及红宫，从全藏召集石匠五百名，木匠二百五十六名，画工二百六十名，还有金匠、铜匠、铁匠、铸工、錾花工、镶嵌工等六千余名工匠。”[①]从中可以想见当时建造五世达赖灵塔的宏大工程。

五世达赖的灵塔位于红宫中最大的殿堂，即司西平措大殿的西侧。灵塔基本为方座圆身，外用金皮包裹，通高 14.85 米，由塔座、塔瓶、塔刹三部分组成。“塔座为方形，高 6.3 米、边长 7.6 米。中部正面相对锤揲两只狮子，正中为一高 1.15 米、宽 1.02 米的佛龛，中供吉祥天女。塔瓶连同瓶座高 4.48 米，塔瓶中空，正面有一门，高 2.52 米、宽 2.5 米。门内正面供奉泥塑涂金观音像，后面为经过处理、面向西南而坐的五世达赖遗体。塔刹由十三天、月盘、日盘及宝珠组成，高 4.34 米。

“塔身上镂刻各种具有藏族特色的图案，并镶嵌数以万计的各种玉石、珍珠、钻石、琉璃等，五光十色，熠熠生辉。据《金塔目录》记载：修建灵塔共用黄金十一万九千八十二两三钱七分，珍珠三千八百一十二颗，其中有在印度南部森林中藤叶上经长期雨淋形成的叫做‘纬粒’的珍珠，有在印度东部贾拉德瓦岛上‘格拉树’树叶上经长期雨淋形成的叫做‘壤巴’的珍珠；有从大象脑中取出的叫做‘卡杂’的珍珠，有从土耳其的蛇脑中取出的叫做‘拔’的珍珠，有

① 《文物》，1985（9）。

产自斯里兰卡贝壳内的叫做‘西碧’的珍珠。这些珍珠大如核桃，小如绿豆。此外，还有清朝顺治皇帝赐给五世达赖的珍珠瓔珞及五世班禅罗桑益西的珠链。”①

从这些引言中我们不仅了解到五世达赖灵塔的质地、结构等整体面貌，而且还可获得五世达赖灵塔之所以举世闻名的真正价值。

至于五世达赖灵塔的型制，根据《金塔目录》②，其采取了佛教八大善逝（如来）灵塔之一“菩提塔”的模型。菩提塔是西藏最常见的佛塔形式之一。在藏区随处都可看到的普通菩提塔的形制：塔基是方形的，塔底有一级或多级台阶，塔基上是一个圆形瓶状塔肚，塔肚上又有七个或十三个“伞状物”，它们有共同的中心轴线。整个建筑物的顶部有一个通常是镀金的金属铃，上面支着一个月牙形及圆形的东西，它们分别代表着月亮和太阳。这种建筑结构加深了人们对宗教的神秘感。

灵塔在藏族信徒的心目中占有极其崇高的地位，在藏族地区，大多数寺院内都供养着各自已圆寂的大活佛的灵塔。这样，灵塔既是各寺院的无价之宝，又可供广大信徒磕拜，所以说灵塔是一种多功能的藏式佛塔。

D. 素有“塔中寺”或“十万佛塔”之称的塔中之最

这座“塔中之最”位于西藏江孜平原年楚河畔江孜镇西端的白居寺内。该塔藏语称དཔལ་འཁོར་མཆོད་རྟེན（白阔却旦），汉语一般称“白居塔”。白居寺也因为有了白居塔而遐迩闻名，被列为西藏自治区重点文物保护单位。白居寺全称“吉祥轮胜乐大寺”。一般通称“班廓曲第”，意为“吉祥轮寺”。根据《江孜地区佛教源流》、《黄琉璃》等史料，白居寺是由江孜王帕巴贝之子贡嘎帕于1390年

① 《文物》，1985(9)。
② 第司·桑结嘉措：《金塔目录》（藏文版）西藏人民出版社，1990。

创建。

白居塔是寺院中最为雄伟华美的一座建筑物,于1414年由宗喀巴的大弟子克主杰主持,贡嘎帕之孙江孜法王曲吉热丹衮桑帕动工兴建。历时十年,耗百余万工日才完成。“全塔高43米,塔座占地2200平方米,塔身呈八角形,红白染身,木石相衔,层层连接而上,再配以铜壳罩顶,幛幔围绕。塔瓶直径为20米,圆柱形,内设佛殿四间,十三天采用早期喇嘛塔的做法,比较粗壮。全塔高九层;远望,塔顶金光闪闪,酷似缅甸的仰光大金塔;近看,塔的基座,像阶梯似的依次向上垒筑,又好像来到了埃及的金字塔前,十分华丽壮观。”[①]白居塔内有大门12道,小门96道,共108门,这与佛教的吉祥数108完全一致,塔内有佛殿、经堂、龛室77门,其内都藏有各类佛像,可供信徒朝拜,因此,白居塔素有“塔中寺”之称。

塔内保存着各类雕塑192个,壁画九千八百多幅。雕塑和壁画中的神佛像达十万余尊。对此,有人这样描述:“如果说这座古塔在藏族建筑史上是一大珍品的话,那么古塔中的十万佛像则是西藏宗教艺术中的奇迹了。跨进十万佛塔,似乎进了西天佛国,这里几乎有着佛教世界中的一切佛和菩萨。”[②]故而,白居塔有“十万佛塔”之称。

至于白居塔的型制,人们一般称其为菩提塔,但它与藏式八塔中的菩提塔不尽相同。比如白居塔的塔顶十三天比较粗壮,与后期纤细的风格大不一样,塔的东西、南北方向建筑外轮廓线与座宽基本上相等,构成全等边三角形,这种构图原理的运用,使得建筑物具有很好的比例,并给人以强烈的印象。从整体上看,白居寺也由塔座、塔瓶、塔顶三部分组成,塔座是四面八角,有五层,线条明快,式样别致,庄严稳重。五层塔座之上是圆形塔瓶,有八门,代表菩萨的四双慧眼,标志着佛法无边。塔顶十三天则代表了修成正

① 徐华铛:《中国古塔》,轻工业出版社,1986。

② 《中国西藏》,1989(1)。

果的十三个阶段。

实际上白居塔是一座融八塔特色于一身的造型优美、雄伟坚实的巨大佛塔，不愧为藏式佛塔建筑中独一无二的珍品，正可谓“塔中之最”。

通过白居塔的结构造型，我们还会发现藏式佛塔的建筑方式是不拘一格、千变万化的，且具有很高的艺术性和实用性。从这些角度去看，藏式佛塔为促进西藏整个建筑、绘画艺术等事业的发展作出了巨大贡献。所以，图齐教授曾在他的《西藏考古》一书中指出：“门塔，不仅仅因为它们是西藏神圣建筑的典范，而且其壁龛中的装饰也使人颇感兴趣。这些装饰为西藏绘画在种种外来艺术影响下逐渐形成其统一风格的演变过程提供了极有价值的资料。逐渐地这种统一的风格在全西藏占据了统治地位。这种模式的叫法基于这样一个事实：在不同的层次上有若干内部相通的神龛。朝圣者可以爬到建筑物的顶部。建筑物的藻井上有最神秘的宗教神灵的图像。神龛依层逐渐变小，墙壁上绘有各种神灵的壁画，最常见的是密宗教义的符号或神圣经文上所附的插图。绘画是不同派别的工匠之杰作。这些绘画在当时对于形成西藏传统的绘画风格起了一定的作用。”由于佛塔在西藏出现的时间较早，加上藏族人民对其付出过长期的心血和智慧。为此，藏式佛塔成为西藏建筑、绘画艺术等的源泉之一。

E. 塔群——一百零八

塔群是藏式佛塔中规模最大的一群佛塔，这由一百零八座相对独立、大小一样而样式各异的佛塔排列而成，其形制基本上都属于八类佛塔的范畴。建造塔群虽然是一项庞大的工程，但在藏区不乏这一宏伟的建筑群。正如图齐教授在他的《西藏考古》一书中指出的那样：“我们很容易在人们视为神圣的地方附近见到用土坯或砖坯建成的成排的塔。在这种情况下，一共得有 108 座塔，这是按照经文的要求而修造的。108 座塔排成一排的习俗在西藏西部十分常见的，但在其他地区则很少见。无疑，这种习俗可以追溯到佛教的前弘时期。”引言中指出塔群“在其他地区则很少见”，这一提法不太符合实际，因为塔群不仅在西藏西部，而且在西藏其他地区也能看到。如《西藏风物志》记载：“十五世纪初宗喀巴曾在帕邦卡岩石后的山洞里修行，至今人们仍称之为宗喀巴修法洞，该洞西侧排列有一百零八座土石建造的佛塔，为宗喀巴的弟子们所建，据传每座塔内藏有宗喀巴的念珠一颗。”帕邦卡位于西藏拉萨市北郊九公里处色拉寺西侧的山坳里，是一处历史最悠久的藏传佛教圣地。尽管拉萨三大寺建成后，帕邦卡逐渐衰落下去，但仍不失为信徒心目中的神圣地位。

另外在西藏山南地区乃东县境内也有一处雄浑的石砌塔群。这一塔群现被称为“曲丁加泽杰排塔”，《乃东县文物志》记载：“排塔位于颇章区向阳公社布仁村西南约二华里的山谷中，它东西一线整齐排列，犹如一道长城，成为这个山谷最醒目的标志。排塔由塔墙和塔身两部分组成。塔墙残长 360 米，宽 3 米，高 14 米。塔墙上部置塔身。塔身方形，高低分为四个层次，逐层向上叠涩收缩。塔身高 1.7 米，每层高 0.4 米，收分 0.1 米，塔身上还应有塔顶，今已无一存留。塔身尚存 119 座，各间距 1 米排布。排塔系石砌结构。它的石料系从附近采来并经过一定加工的。这些大小悬殊、形状不一的石块经过并不十分精细的加工，被显然富有经验的匠工巧妙地垒砌成平齐如削、规整雄浑的建筑艺术杰作。”由于西藏的塔群很多都已毁坏，现在无从描述它们的真实面貌，唯独曲丁加泽杰排塔是西藏现存最好的一处塔群，但此塔群也受到严重破坏，目前已残缺不堪。正如《乃东县文物志》记载：“排塔‘文革’中受到严重破坏，东部塔墙毁掉了一段，约当 9 座塔身的长度。推算原排塔总长度应在 406 米以上。幸整个建筑主体尚大部存在，仍是西藏地区现存最好的塔群之一。”因此，我们只有通过曲丁加泽杰排塔领略西藏塔群的古貌。

值得一提的是，藏式佛塔是一种在遵循基本规则的前提下可以千变万化的建筑形式,万不可用一种模型去套另一种模型,故曲丁加泽杰排塔也不能完全反映其他塔群的规模、型制等,其中有一条规律可以肯定,塔群无论其规模、质地如何都必须是排成一行的,不可杂乱无次序;其次塔群应达到108座,不可少于这个数,但允许超过,上述曲丁加泽杰排塔"塔身尚存119座",加上已毁掉的"约当九座塔身",共达128座佛塔,这已超过108的数目,根据有关资料,大多数塔群的数目固定在108上。

至于108这个神秘的数字,有人从不同的文化背景,以各种角度作过研究,比如:"寒山寺钟声名扬海内外,它整整敲108下;受中华文化熏陶,日本除夕夜全国寺院也敲钟108下;中国古律学中,'徵'的律数为108;泉城济南,古时候有趵突等四大泉群,共有泉点108;梁山好汉也是108;在中国武术中,有108个制人穴位。中国古籍中,108不胜枚举。明代有人解释寒山寺钟声为:12个月、24节气、72气候,合为108。至于其他,除认为古人多使用9和9的倍数之外,其余的只有归于自然了。"①引言中虽然列举了许多与108有关的现象,但最终并没有给出什么结论。

在藏族文化圈里也可举出很多108的例子,比如藏文大藏经中的《甘珠尔》部是108帙;藏族信徒手中的念珠是108珠;僧侣念诵咒语是108遍;上述塔群是108座等等。但在藏族文化圈内出现的108都与佛教密切地结合在一起,不可分离。108这个数字最初在西藏出现时也与佛教有关,比如《汉藏史集》记载:"当时吐蕃兴建108座佛寺。"这是108第一次在西藏出现的记载,其年代是公元7世纪中叶松赞干布时期,实际上当时没有建造108座佛寺,只建成18座,说108是一种祈愿,因为佛经中提到108是一种吉祥数。由此可以得出结论:108是佛教中制定的一种吉祥数。从中也可理解塔群为什么要用108座佛塔组成。

根据《乃东县文物志》,曲丁加泽杰排塔这一浩大的工程约当

① 《奇妙的一百零八》,载《历史大观园》,1992(10)。

17 世纪由著名医生奔吉日乃加措主持动工完成的。由此看来,塔群大都是在藏传佛教后弘期及至格鲁派兴起后出现的,比如上述帕邦卡塔群、曲丁加泽杰塔群都是 15 世纪以后建造的。

塔群的质地也是各种各样,上述三种塔群均采用了不同的原料,第一种用土坯或砖坯建成;第二种用土石建成;第三种全用石块建成。可见,塔群在采用原材料上不拘一格,可以因地制宜。

在藏族地区,建造佛塔一般认为是对佛教的虔诚至极的行为,建筑者和资助者均会因此而赢来功德。一旦一座佛塔建成,特别是建在村庄、寺院、圣址的佛塔会使广大信徒络绎不绝、永久性地前来转塔朝拜,这是体现利己利他的大乘佛教精神的最好途径。在如此精神的推动下,从古至今,藏族信徒始终热衷于建造佛塔,他们不惜耗费巨大的人力物力在藏区这块辽阔的土地上建起了无数座藏式佛塔。塔群是藏式佛塔发展的最高形式。

当然,建造佛塔也有针对性,曲丁加泽杰塔群就是一个明证,《乃东县文物志》记载:“这位兼以医道的虔诚佛教徒对充满残酷无情的战争和瘟疫的动荡不安的社会怀有深深的疑虑和不安,期望能有一个和平、安定、美好的社会。这条长达数百米的排塔,正是出于这种美好的、善良的愿望而修建的,目的是以此祈求战争、疫病的永远消除。”藏式佛塔的功能由此可见一斑。

综上所述,藏式佛塔除了它的使用性:可以盛放圣贤的舍利,还可以放置活佛骨灰或遗体以及经书、圣物等外,它的更深层意义和象征性,便是供广大信教群众朝觐礼拜。因为每座藏式佛塔中都藏有各种圣物,这些圣物赋予每一座塔以“灵性”,并使塔具有了区别于其他建筑物的神圣性质。为此,人们围绕藏式佛塔转经所获得的精神利益是无法估量的。出于这种目的,藏族地区的广大信徒无不去环绕佛塔转经,甚至有众多信徒抽出一定时间专门环绕佛塔或佛塔正面磕十万个长头。可见,藏族佛教徒笃信佛塔能给他们精神上带来诸多的帮助。从理论上讲,藏传佛教信徒转塔的现象也可视为纯洁信徒自身的最为有效的宗教行为。

从宗教信仰的角度讲,藏式佛塔的大量建成,大大满足了广大信徒的宗教心理。因为绝大多数藏式佛塔是开放性的,它们一般都建在十分方便的地段,而且一年四季不分昼夜地对外开放着,信教群众随时随地均可朝拜。这对广大信徒,特别对俗家信徒来说是一件再方便不过的事了。藏区的许多农村里都建有佛塔,这样一来在家信徒就不用时常长途跋涉地去远处寺院参加朝佛活动了,信徒们只要有点时间和毅力,随时都可在自家门前向佛塔磕拜过宗教生活。藏族信徒普遍信仰或崇拜藏式佛塔是藏传佛教走向世俗化的一个重要标志。

总之,从信仰的角度看,藏式佛塔是藏族信徒的一种崇拜对象,而从外在形式看,它又是一种别具风格的藏传佛教建筑艺术,但从它所包含的深层意义上理解,它则是藏传佛教的一种象征物。因此,藏式佛塔便具有了多功能的性质。

附　　录

附录一　　藏传佛教宗派、僧职和活佛之称谓

一、藏传佛教的宗派称谓

藏传佛教，又名藏语系佛教，主要流传于我国藏族居住地区。与汉传佛教一样同属北传大乘佛教。它既有丰富系统的佛教经典与理论，又有严密深奥的实践修证次第，故在世界佛教史上占有十分重要的地位。

仅就藏传佛教的称谓而言，也极其繁多，除教内的喇嘛僧人以外，多数人都难以明辨。因此，在藏传佛教的称谓上曾出现一些不大实际的俗名，从而在社会上产生一些不良影响。如将藏传佛教称为“喇嘛教”、格鲁派称为“黄教”、萨迦派称为“花教”、噶举派称为“白教”、宁玛派称为“红教”，以及将僧职夏奥称为“铁棒喇嘛”等等。随着社会各界与藏传佛教界的交往日益增多和学术界对它的深入研究，过去流传的一些不大贴切的藏传佛教称谓逐渐得到纠正。但是其中的个别俗名迄今仍不时在许多书籍或报刊上沿用。故笔者拟首先对藏传佛教的宗派称谓作一介绍。这不仅有利

于尽快确立藏传佛教诸教派的正确统一的称谓，而且将有助于人们从整体上认识藏传佛教。

首先，藏传佛教这一总称谓在教内外、国内外必须确定下来，不容随意更改任意命名。藏传佛教这一称谓是相对于汉传佛教、南传佛教等不同佛教支派而言的，无论是区域上的区别，还是语系上的异同，都能在这一称谓中得到体现。因此，藏传佛教是通过藏语言流布在以青藏高原为主要区域的佛教支派的最准确而科学的称谓。

而“喇嘛教”中的“喇嘛”一词，在藏语里最初是从梵文(Gu Ru，固茹)二字的义译而来的，意为“上师”或“导师”，一般指佛学知识渊博并收徒传教的高僧大德。后来由于大多数“活佛”起始于某高僧大德，而且许多“活佛”本身能够培养成为佛学知识渊博的大师。所以，广大信徒对“活佛”也亲切地称之为“喇嘛”，从此“喇嘛”这一称谓又成为藏传佛教“活佛”的一种别称。然而，将藏传佛教称为“喇嘛教”，不但在概念上极为模糊、狭窄，而且还带有片面性。

其次，藏传佛教内部的诸多宗派的称谓，也值得清理，应该统一，不可一个宗派有几种称谓，尤其是那些不切实际的俗名，理应彻底废除。因为藏传佛教的每一个宗派在各自的教派内及信教群众中只有一个正统的称谓，而且均有其产生的特定历史背景以及各自所蕴含的深层意义。具体分述如下：

宁玛派，是藏传佛教的重要宗派之一，其宁玛二字是藏文(Nying Ma)一词的汉文音译，意指“古”或“旧”。宁玛派即古派或旧宗派，是相对于“新派”而言的。因为宁玛派密宗的教法仪轨等传承源于“前弘期”(公元7—9世纪)，其余诸多宗派所奉行的密法均产生于“后弘期”(公元10世纪之后)。因此，宁玛派在藏传佛教诸多宗派中是历史最悠久的一个宗派，故命名为宁玛派。因此，宁玛派在汉文书籍或期刊中不该俗称“红教”或“红帽派”之类，而应该称“宁玛派”。

噶举派，是藏传佛教的重要宗派之一。该派很注重对密法的修习，而对于密法的修习，又必须通过口授耳传的方式进行。也就是说，该派是一个以领受语旨教授而传承的教派，故称噶举派。“噶举”一词是藏文(Bkav Brgyud)二字的汉文音译，其中“Bkav”(噶)字的本意为佛语或佛陀的教法；而“Brgyud”(举)字则指“传承”，因而“噶举“一词可解释为佛陀的教法传承。总之，噶举派这一称谓最能体现该宗派特有的传教风格，再不应出现“白教”之类的俗名。

值得一提的是，噶举派又是藏传佛教诸多宗派中支系最多的一大宗派，它在历史上曾拥有过14支直系派别。它们分别是：香巴噶举、达波噶举、噶玛噶举、蔡巴噶举、拔绒噶举、帕主噶举、止贡噶举、达隆噶举、周巴噶举、雅桑噶举、绰浦噶举、秀赛噶举、耶巴噶举、玛仓噶举。其中绝大多数目前仍在广袤的青藏高原建寺立庙，保持着自己的宗派风格。

萨迦派，是藏传佛教的重要宗派之一，是由昆·贡却杰布(1034—1102年)创立的。这位大师当时在后藏仲曲河谷北岸购买一块土地，并在此地兴建一座寺院作为自己的传教基地，而建筑寺院的位置正好处在一片灰白色的土地之上，便将该寺命名为萨迦寺，“萨迦”一词是藏文(Sa Skya)二字的汉文义译，意为灰白色的土地。后来萨迦寺作为传教中心便形成了一个宗派，该宗派也随之起名为萨迦派。可见，萨迦派这一称谓在自己的宗派史上有着特殊的意义。但是，有些教外人士以萨迦寺的外墙上涂刷红、白、蓝三种颜料为由，将萨迦派俗称为“花教”，这种称谓极其不妥。

格鲁派，是藏传佛教中最后形成的重要宗派，由宗喀巴大师(1357—1419年)创立。宗喀巴是藏族近代史上出现的一位名副其实的伟大人物，他不仅是藏传佛教格鲁派的创始人，而且是一位世界著名的佛学家、哲学家、思想家和宗教改革家，在藏传佛教史上被尊称为“第二佛陀”。宗喀巴主张僧侣要严持戒律，并积极倡导学经要遵循次第。因此，人们称宗喀巴创立的宗派为格鲁巴，即格鲁派。“格鲁巴”是藏语“啼明 qV”(dge—1ugs—Pa)的汉文音译,意为“善规者”或“善规派”。这一称谓突出了格鲁派在藏传佛教诸多宗派中倡导严守佛教戒律的风范。所以,俗人以宗喀巴曾戴黄帽为由给该宗派起一个“黄教”或“黄帽派”的别名,实为不妥。

噶当派,是藏传佛教宗派之一,是阿底峡尊者(982—1054 年)倡导,由仲敦巴(1005—1064 年)创立的。噶当一词是藏语(Bkav Gdams)的汉文音译,意指“佛语教授”。这是表明佛祖所讲的经律论三藏在内的一切教义,均包含在阿底峡建立的“三士道”的理论之中。因为“三士道”理论的继承和发扬者便是该派,所以,取名为噶当派。

觉囊派,是藏传佛教宗派之一。由域摩·弥觉多吉(约 12 世纪初人)的第五代弟子贡邦·特杰尊珠(1243—1313 年)在后藏拉孜东北的觉摩囊地方建立起一座觉囊寺,该寺成为该派的祖寺,觉囊派就因该寺而得名。觉囊派以“他空见”为主要学说,因而在藏传佛教史上曾对他空见学说产生过较大争论。

希解派,是藏传佛教宗派之一,由帕丹巴桑杰(? —1117 年)创立。希解一词是藏语(Zhi byed)二字的汉文音译,意指“能寂”、“寂灭”或“能止息”等。不难看出,命名为希解派的主要原由在于如能遵照该派教义修炼,便可熄灭人间一切苦恼及其根源,并停止生死流转这一宗派旨意。

觉域派,是藏传佛教宗派之一,同时又是藏传佛教史上惟一由出家女性创立的宗派。觉域一词是汉文音译,它在藏文典籍中有两种写法,由此而蕴含两层意思,但比较常用的写法则是(Gcod Yul,觉域),这里的(Gcod,觉)字,意指“断”或“断灭”;“Yul”(域)字意为“境”。因此,觉域一词则表明了该宗派的教法能够断灭人世间的所有苦恼的根源。另一种写法为“(Spyod Yul,角域),这里的(Spyod,角)字又意味着“行”,而“域”字的意思同上。角域一词则意味着通过心里训练并体悟一切皆空的万物本性,从而达到涅槃境界这样一种深层意义。

布敦派和普东派，是藏传佛教诸多宗派中的两支小派别。两派的称谓均取自二位创立者的姓氏，在此从略。

总而言之，藏传佛教诸多宗派的称谓，不仅体现了各宗派所蕴含的鲜明特色，而且还反映着青藏高原特异的人文地理风情，应予正确的认识和必要的尊重。

（原载《法音》1999 年第 4 期）

二、藏传佛教的僧职称谓

藏传佛教的僧职，在教内已形成一整套既严格又分门别类的选拔制度，它是维系藏传佛教寺院及僧团秩序、开展各类宗教活动的重要组织保障。其称谓众多，概括来说，大体上可分为封号性僧职称谓、学位性僧职称谓、戒律性僧职称谓和寺院组织中之僧职称谓。

1. 封号性僧职称谓

封号性僧职称谓，是由历代中央王朝授封的一种僧职称谓，在藏传佛教诸多僧职称谓中最具声望。这类僧职起始于元朝，1260 年，忽必烈即帝位后，封萨迦派第五代祖师八思巴·洛哲坚赞为国师，授予玉印，领总制院事，统领天下释教；1269 年，忽必烈又晋封八思巴为帝师，从而促使了西藏政教合一制度的正式形成。自此西藏政教合一制度对藏族地区的社会产生了深远的影响。

大宝法王，是明朝对藏传佛教噶举派高僧活佛授予的僧职称谓。1406 年，噶玛噶举黑帽系第五世活佛德银协巴应明朝永乐皇帝之邀抵达南京，受到明成祖的盛情款待，并受封为“万行具足十方最胜圆觉妙智慧善普应佑国演教如来大宝法王西天善自在佛领天下释教”，简称“大宝法王”。这一封号遂成为噶玛噶举黑帽系活佛的专用尊号，沿袭至今，如第十七世噶玛巴活佛就是当今在世的“大宝法王”。

大慈法王，是明朝对藏传佛教格鲁派高僧授予的僧职称谓。1413 年，作为宗喀巴大师大弟子之一的释迦益希（又名绛钦曲杰）

代宗喀巴进京应诏，受到明廷的盛大欢迎，于1415年被明成祖封为“妙觉圆通慈普应辅国显教灌顶弘善西天佛子大国师”；1429年，释迦益希再次应邀进京，并在内地留住造寺传法，遂于1434年又被明宣宗皇帝封为”万行妙明真如上胜清净般若弘照普慧辅国显教至善大慈法王西天正觉如来自在大圆通佛”，简称”大慈法王”。

大乘法王，是明朝对藏传佛教萨迦派高僧授予的僧职称谓。1413年，萨迦派高僧贡噶扎西（汉籍中称昆泽思巴）应明朝廷之邀抵达南京，被明成祖封为“万行圆融妙法最胜真如慧智弘慈广济护国演教正觉大乘法王西天上善金刚普应大光明佛领天下释教”，简称“大乘法王”。

大智法王，是明朝对藏东地区的藏传佛教高僧授予的僧职称谓。明朝永乐初年，朝廷邀请岷州地区的藏族高僧班丹扎西入朝，并让他在内地长期留住；明宣宗时被授予“净觉慈济大国师”；明代宗时再晋封为”大智法王”。

阐化王，是明朝对藏传佛教帕主（也作帕竹）噶举派高僧授予的僧职称谓。1406年，明成祖封当时的帕主噶举派主寺泽当寺第五位寺主扎巴坚赞为“阐化王”。

除了以上数位僧职较高的法王外，明朝政府授予的藏传佛教僧职称谓，可谓不胜枚举，诸如赞善王、护教王、阐教王、辅教王以及西天佛子、灌顶国师、灌顶大国师等等，在此不一一赘述。

清朝时期，清政府继续对藏传佛教高僧，特别对格鲁派大活佛授予至高无上的僧职头衔，比如达赖、班禅、章嘉、哲布尊丹巴等。由于这一时期授封的僧职称谓大都是藏传佛教界具有广泛影响并形成制度化的活佛系统，故准备另文专述。

2. 学位性僧职称谓

学位性僧职称谓，在藏传佛教界具有很高的地位和威望。因为这一僧职称谓是极少数僧侣经过长期的清苦修学而获得的一种宗教学衔，它能够显示各自在佛学知识领域具有的颇高的专业水准和身份。这一宗教学衔在藏语中总称为“格西”（汉文意译为“善知识”）。“格西”中又有不同级别的具体称谓，诸如“拉然巴”、“措然巴”、“林赛巴”、“多然巴”、“阿然巴”、“曼然巴”、“噶然巴”等。

拉然巴格西，是藏传佛教格西中级别最高的学衔，也是藏传佛教显宗中最高的学位。每位申请拉然巴格西学位的考僧，必须在拉萨大昭寺举行的祈愿大法会期间，通过三大寺（甘丹寺、哲蚌寺、色拉寺）高僧提出的佛学疑难问题的答辩，并得到认可才能获取这一宗教学衔。

措然巴格西，是仅次于拉然巴的一种格西学位。每位考僧只有通过拉萨小昭寺举行的大法会，并在拉萨三大寺众高僧前答辩佛教经律论取胜，才能获得这一宗教学衔。

林赛巴格西，该学衔排在措然巴格西之后，是某位学僧在拉萨三大寺中的任何一寺内通过答辩佛教经论而考取的一种格西学位。

多然巴格西，是某位学僧在各大寺院大经堂门前的石阶上举行的法会上通过答辩佛教经论而获取的一种格西学位，排在林赛巴格西之后。凡是具备条件的各大寺院均可授予多然巴格西的宗教学衔。

除了上述四种不同级别的格西学位之外，还有一些专业性较强的格西学位，比如，阿然巴、曼然巴等。

阿然巴格西，是某位学僧在各大寺院的密宗学院中通过对密宗理论的研习以及实践修炼而获得的一种格西学位。一般而言，进入密宗学院修学的条件比较严格，其学僧必须先经过在闻思学院研读藏传佛教五部大论的阶段，并在此毕业后才有可能升入密宗学院深造；最好是取得上述格西学位中的任何一项后，被选派或推荐到密宗学院研修，最后取得阿然巴格西的学衔。阿然巴格西的学衔也有等级差别，如在拉萨上、下密宗学院中取得的阿然巴格西学位，是至高无上、最为权威的密宗格西的头衔。

曼然巴格西，是某位学僧在藏传佛教各大寺院医学院长期研习藏医药学而获得的一种格西学位或藏医学位。由于医学院所学理论知识极为广泛深入，而且还要经常进行在野外采药等实践，故其研习时间相对较长。

另外，藏传佛教寺院中还有“噶然巴”、“热绛巴”等级别较低的宗教学衔，在此不一一赘述。

3. 戒律性称谓

戒律性称谓，藏传佛教同其他佛教流派基本一致。比如，藏传佛教中的戒律性称谓，大体上可分为七类：即格聂、格聂玛、格策、格策玛、格隆玛和格罗玛。

格聂，即居士，又名“近事男”，是受皈并守护居士五戒而可居留俗家的男性，也就是指在家行持佛法的佛教徒。其梵文音译为优婆塞或邬婆索迦。居士中又可分为六种：即归依居士、一戒居士、数戒居士、多戒居士、圆戒居士和梵行居士。

格聂玛，即女居士，又名“近事女”，是受皈并守护居士五戒而可居留俗家的女子，也就是指在家行持佛法的女佛教徒。其梵文音译为优婆夷或邬婆斯迦。

格策，即沙弥，又名“勤策男”、“劳策”、“求寂”等，是出家并守护沙弥十戒（又说为三十六戒）的僧侣。其梵文音译为室罗摩尼罗。

格策玛，即沙弥尼，又名”勤策女”、”求寂女”，是出家并守护沙弥十戒的出家女性或尼僧。

格隆，即比丘，又名“净乞食”、“乞士”，是受持《毗奈耶经》中所述二百五十三条戒律的僧侣。其梵文音译为比丘或苾刍。比丘僧在广大藏传佛教信徒中享有崇高的地位。

格隆玛，即比丘尼，又名“女乞善”、“乞净食女”，是具足受持三百六十四条戒律的出家女性或尼僧。她们在藏传佛教界也具有较高的威信。

格罗玛，即正学女或正学尼僧，是专为出家尼僧受持的介于沙弥尼戒与比丘尼戒之间的一种戒律。一般受持此戒两年后就有资格受持比丘尼戒。其梵文音译为“式叉摩那”。

4. 寺院中的僧职称谓

寺院中的僧职称谓，也就是在藏传佛教寺院组织机构中任职的各类僧官的称谓。由于藏传佛教拥有众多不同的宗派支系，各个派别都有自己的一整套僧职体制，而且各派内部又有细微差别，限于篇幅，在此就不详述了。但值得说明的是，格鲁派作为藏传佛教中势力最大、影响面最广的宗派，它在寺院中建立起来的健全而完善的机构体制的僧职制度，对其他宗派产生了巨大影响，且各个宗派纷纷参照推行格鲁派的寺院制度，从而使藏传佛教寺院中的僧职设置在大体上趋于一致。为此，在这里主要以格鲁派为例介绍藏传佛教寺院中的僧职称谓。

格鲁派大型寺院中的僧职主要有"赤巴"、"措钦夏奥"、"措钦翁则"、"措钦吉瓦"、"堪布"、"格贵"、"翁则"、"郭聂"等。

赤巴，即"法台"或"总法台"，其宝座设在各大寺院的大经堂内。大经堂是藏传佛教寺院中的最高权力机构，重大宗教活动就在大经堂举行。"赤巴"，就是掌管全寺一切宗教活动或事务的负责人，在全寺主要扎仓(学院)堪布中推荐具有渊博佛学知识、德高望重的高僧来担任。如著名的"甘丹赤巴"就是继席格鲁派祖寺甘丹寺宗喀巴大师法统宝座的享有崇高威望的僧职称谓，它是藏传佛教第一赤巴。"赤巴"这一职位的任期依各个寺院的情况而各异。值得提出的是，在历史上不少寺院的赤巴由寺主活佛来兼任，比如，第一世至第五世达赖喇嘛曾任哲蚌寺赤巴；历代拉卜楞寺寺主嘉木样活佛常任该寺赤巴，如此等等。

措钦夏奥，这一僧职在各大寺院中扮演司法官的角色，负责全寺僧纪纠察工作，也就是执行寺院里规定的各项清规戒律的高级僧官。

措钦翁则，这一僧职可以说是寺院里的教务长，主要负责管理各大寺院大经堂内举行的各类宗教活动。比如，从经常性的诵经等宗教活动到举办大型宗教仪轨，均由"措钦翁则"来领导。由于措钦翁则时常在大经堂内领诵经文，故又俗称"领诵师"、"举腔师”等。

措钦吉瓦，任这一僧职的僧侣在各大寺院内充当大管家的角色，主要负责管理全寺的财物或后勤工作，堪称寺院中的后勤部长。

堪布，又名师傅、大师、亲教师等，梵文音译为“邬波驮那”。担任这一僧职的高僧是藏传佛教各个寺院或大型寺院中各个扎仓（学院）的权威主持人，相当于汉传佛教寺院中的方丈。由于担任堪布这一僧职应具备渊博的佛学知识，因而必须是寺院或扎仓中最有学问的德高望重的高僧，故在藏传佛教寺院中担任堪布这一僧职的僧人大都是获得格西学位的高僧大德。

格贵，主要掌管各个寺院或扎仓僧众的名册和纪律。所以又名为纠察僧官、掌堂师。实际上，格贵是负责维持僧团清规戒律的寺院执事，历史上藏传佛教各大寺院的纠察僧官巡视僧纪时，常随身携带铁杖，故有“铁棒喇嘛”之俗称。格贵的职责与上述“措钦夏奥”基本相同。

翁则，是掌管寺院大经堂或扎仓经堂内的诵经功课和宗教仪轨的僧官称谓。由于翁则常要在法会上指导僧众诵经或亲自领诵经文，一般由熟悉各类经文且声音洪亮的僧人来担任这一僧官。翁则的职责也与上述“措钦翁则”相一致。

郭聂，是掌管各个寺院或扎仓中一切财物的僧官称谓。因而又被称为寺院管理员、扎仓管家。郭聂的工作性质类同于上述“措钦吉瓦”。

总之，藏传佛教的僧职称谓真可谓五花八门、丰富多彩。了解这类称谓，对于正确认识藏传佛教深厚的文化内涵和健全的组织制度，以及这些僧职在藏传佛教中发挥的重要作用，便利各界人士与藏传佛教界的交往都具有重要的意义。

三、藏传佛教的活佛称谓

“活佛”,是藏传佛教发展到一定社会历史阶段的产物,也是青藏高原这块神奇的雪域之地培育出的一种独特的宗教文化现象,在世界宗教舞台上独树一帜。时至今日,各宗派的“活佛”依然是藏传佛教中最重要的宗教神职人员,扮演着不可替代的重要角色,在广大信教群众中享有至高无上的宗教地位。至于其称谓,在汉文中写作“活佛”,从字面上看,这一称谓不十分准确,因为在藏文中其本义是指“转世尊者”,而且“活佛”在藏语中则有多种不同的尊称,其中最为常用的有“珠古”、“喇嘛”、“阿拉”、“仁波切”等。下面就这些常用的活佛称谓作一简单阐释。

“珠古”,是藏文(Sprul Sku)的音译,意为“化身”,这是根据大乘佛教法身、报身、化身三身之说而命名的。藏传佛教认为,法身不显,报身时隐时现,而化身则随机显现。所以,一个有成就的正觉者,在他活着的时候,在各地“利济众生”;当他圆寂后,可以有若干个“化身”。换句话说,在这种佛教理论的指导下,藏传佛教认为十地菩萨为普度众生而变现之色身,最终在人间找到了依托之物,即“转生或转世之活佛”。故“珠古”(即化身)是多种称谓中最能表达“活佛”所蕴含的深奥义理和精神境界的惟一准确、全面的称谓,因而是“活佛”的正统称谓。

“喇嘛”,是藏文(B1a Ma)的音译,该词最初是从梵文(Gu Ru,固茹)两字意译过来的,其本意为“上师”;然而在藏文中还含有“至高无上者或至尊导师”之意思。因此,后来随着活佛制度的形成,“喇嘛”这一尊称又逐渐成为“活佛”的另一重要别谓,以表示活佛是引导信徒走向成佛之道的“导师”或“上师”。

“阿拉”,是藏文(Aa lags)的音译,该词在字面上看,没有实际的意义,是一种表达恭敬的语气词;自从成为“活佛”的别称之后,该词就有了实际的内容。在不少藏族地区尤其是安多藏区以“阿拉”一词来尊称活佛,并成为活佛的专用名称,从而完全代替了活佛的另外两种重要称谓，即“珠古”和“喇嘛”。因此，“阿拉”一词已蕴含一种引导信众从黑暗走向光明的殊胜意义。

“仁波切”，是藏文（Rin Po Che）的音译，意指“珍宝”或“大宝”。这是广大藏族信教群众对活佛敬赠的最亲切、最为推崇的一种尊称。广大藏族信徒在拜见或谈论某活佛时，一般称“仁波切”，而不呼活佛系统称号，更不直接叫其名字。在活佛的多种称谓中，“仁波切”是惟一普遍使用的一种称呼。

关于活佛的转世制度，发端于12世纪初。公元1193年，藏传佛教噶玛噶举派的创始人都松钦巴（意指圣识三时，三时即过去、现在和将来）大师，临终时口嘱他将转世，后人遵循大师遗言寻找并认定转世灵童，从而开了藏传佛教活佛转世之先河。此后，活佛转世这一新生的宗教制度相继被藏传佛教各宗派所普遍采纳，并在长期的发展过程中，逐步形成了对于活佛转世灵童的寻找、认定、教育等一整套严格而系统的制度。使活佛世系像雨后春笋般地在青藏高原出现。据估计，目前整个藏传佛教活佛的总数可达近万人。

在此值得提出的是，在藏传佛教各宗派中分别产生了不同的各类活佛系统，而且每个活佛系统的称谓都有自己特殊的因缘和象征意义。这里就其中具有代表性的几个活佛系统的称谓作简要剖析。

噶玛巴活佛系统的称谓，是以自己所属宗派的名称命名的，即取自噶玛噶举派的“噶玛”（KaRma）。追本溯源，该宗派的名称得自祖寺的寺名，而祖寺的名称来自某一地名。公元1157年，都松钦巴在昌都类乌齐附近的噶玛地方创建一座寺院，随即取名为噶玛拉顶寺（或称噶玛丹萨寺）。他以该寺作为道场，大力宣讲噶举派教法以及自己的佛学观点，遂形成噶举派中最具活力的一支派别，并以噶玛拉顶寺的寺名作为该派的名称。后来噶玛噶举派中产生藏传佛教史上第一位转世活佛，亦以宗派的名称命名；当噶玛噶举派中形成两大活佛系统时，仍然称“噶玛巴”，即分别称“噶玛巴·黑帽系”和“噶玛巴·红帽系”，其中红帽系活佛转世至第十世时被迫中断；而黑帽系活佛一直沿袭下来，至今已转世至第十七世，即第十七世噶玛巴，现驻锡于西藏自治区楚普寺。总之，噶玛巴活佛是藏传佛教史上历史最悠久、转世最多的一大活佛系统。

达赖喇嘛、班禅额尔德尼等格鲁派活佛系统的称谓，是历代中央王朝授封的。例如，公元1578年，第三世达赖索南嘉措在青海湖畔的仰华寺与蒙古土默特部俺答汗会面，互赠尊号，俺答汗赠索南嘉措以“圣识一切瓦齐尔达喇达赖喇嘛”。其中“瓦齐尔达喇”是梵文（VajraDhara）的音译，意为执金刚；“达赖”是蒙古文音译，意为“大海”；喇嘛是藏文音译，意为“上师”。这就是达赖喇嘛活佛系统称谓的最初由来。公元1653年，清朝顺治帝又授封第五世达赖喇嘛为“西天大善自在佛所领天下释教普通瓦赤喇但喇达赖喇嘛”。从此达赖喇嘛这一活佛系统的称谓才被确定下来，成为藏传佛教格鲁派两大活佛系统之一的尊号。

达赖喇嘛（TaLaBlaMa）被藏传佛教认定为观世音菩萨的化身，现已转世至第十四世达赖。

班禅额尔德尼（PanChenAerTeNi），是藏传佛教格鲁派两大活佛系统之一，被认为是无量光佛的化身。公元1645年，蒙古和硕特部固始汗向第四世班禅·罗桑确吉坚赞赠以“班禅博克多”尊号。尊号中的“班”字是梵文“班智达”的缩写，意为通晓“五明学”的学者；“禅”字是藏文“禅波”的缩写，意为“大”或“大师”；“博克多”是蒙古语，意为“睿智英武的人物”。从此班禅成为这一活佛系统的称谓。公元1713年，清朝康熙帝又授封第五世班禅·罗桑益西为“班禅额尔德尼”。“额尔德尼”是满文，意为“宝”。之后，班禅额尔德尼这一称谓被确定下来，当然，有时仍简称“班禅”。现在班禅额尔德尼活佛系统已转世至第十一世。其驻锡地为西藏扎什伦布寺。

帕巴拉（Vphags Pa Lha）活佛系统的称谓，是以印度佛教史上著名的圣天大师的名字命名的。藏文“Vphags Pa Lha（帕巴拉）”是

“圣天”的意译。历代帕巴拉活佛的驻锡地为昌都强巴林寺,现已转世第十一世帕巴拉活佛。

嘉木样活佛系统的称谓,是以创建甘肃拉卜楞寺高僧的尊号命名的。因为这位博学的高僧成为第一世嘉木样活佛,其全称在藏文中写作 Vjam Dbyangs Bzhad Pa(嘉木样协巴),意为“文殊”。从而不难理解,嘉木样活佛系统是指文殊菩萨的化身。现转世至第六世嘉木样活佛,驻锡地为拉卜楞寺。

贡唐(Gung Thang)活佛系统的称谓,是以贡唐寺的名称命名的。第一世贡唐活佛的晚年是在西藏贡唐寺度过,并在该寺开始成为转世活佛。所以,贡唐活佛与贡唐寺有着密不可分的因缘关系;从第二世贡唐活佛开始迎请到拉卜楞寺驻锡,故历代贡唐活佛的驻锡地为拉卜楞寺,而不是西藏的贡唐寺。现已转世至第六世贡唐活佛。

此外还有其他许多活佛系统,诸如章嘉活佛、哲布尊丹巴活佛、夏茸尕布活佛、热振活佛、多杰札活佛、夏日东活佛、策墨林活佛、第穆活佛、司徒活佛、降阳钦则活佛、土观活佛等等,其称谓各有自己的来源与特殊含义,由于篇幅所限,在此就不一一介绍了。

(原载《法音》1999 年第 6 期)

附录二　藏传佛教寺院教育的发展历史及其特质

藏传佛教“寺院教育”，是一个以弘扬藏传佛教为惟一教学宗旨，以藏族地区的各个藏传佛教寺院为教学场所，全面灌输或系统传授藏传佛教义理及宗教仪礼或宗教实践，并涉及整个藏族传统文化的教育体制。因此，藏传佛教寺院教育不仅有着悠久的发展历史，而且具有与众不同的诸多特质，它在藏族传统教育史上占有特殊而重要的地位，甚至可以断言，寺院教育曾在藏族历史上完全垄断过藏族社会的整个文化教育。下面从格鲁派寺院教育的角度，仅对藏传佛教寺院教育的发展历史及其特质作初步考述。

一、寺院教育的发展演进历程

藏传佛教寺院教育，最初是伴随佛教的传播而产生，后来随着藏传佛教的兴盛而发展。寺院教育大致经过了初创时期、中兴时期和发展时期三个不同的发展演进历程。

1. 初创时期

藏传佛教寺院教育初创于公元8世纪，当时吐蕃创建的第一座正规寺院，即桑耶寺是开端“寺院教育”的第一座藏传佛教寺院，迄今已有一千二百多年的悠久历史。[①] 桑耶寺落成后，最初只有七名藏族出家僧侣，但很快发展到三百多人，再加上从天竺、泥婆罗、唐朝等周边国家地区聘请的大批佛教高僧大德，当时在桑耶寺内居住的僧侣人数已初具规模。因此，在桑耶寺内设立译经院、讲经院和修行院等传播或修习佛教的专门学院。根据《巴协》记载：在桑耶寺大殿四周建有四大洲八小洲之称的学院或佛殿，如东边有

① 桑耶寺是天竺高僧寂护和莲花生在赤松德赞的大力支持下，于公元774年主持动工兴建，经五年于778年竣工。关于创建桑耶寺的年代，藏文史书中的记载不尽一致。

清净律藏院(RnamDagKhrimaKhangGling)、智慧文殊院(Mkhyen-RabVjamDpalGling)、妙音语言院(BrdvSbyorTshangMangGling),南边有降魔居士院(BdulVdulSngagsPaGling)、圣大悲观音院(AvryP-aLoviGling)、译经天竺院(SgraBsgyurGling),西边有毗若遮那院(BeeRoTsaNaGling)、弥勒院(ByamsPaGling)、禅定院(BsamGtan-Gling),北边有聚宝院(RinChenSnaTshogsGling)、菩提发心院(SemsBskyedByangChubGling)、护法贝哈院(DkorMdzodDpeHar-Gling)。[1] 从当时桑耶寺各个学院所发挥的作用来看,每个学院皆凸现了各自的专业侧重点,如清净律藏院主要用于讲经或出家僧尼受戒的场所,藏族"七觉士"就是在这里受戒出家,成为吐蕃第一批比丘僧团;[2]智慧文殊院是研习佛学的场所;妙音语言院是学习多门语言的场所;降魔居士院是专门举行密宗法事的场所;圣大悲观音院是赞普赤松德赞修持本尊马头明王的场所;译经天竺院是专门翻译佛经的场所;毗若遮那院是授记预言的佛殿,弥勒院是预测未来的佛殿;禅定院是专门坐禅修炼的场所;菩提发心院是高僧大德讲经和出家人修行发菩提心的场所。

可以看出,桑耶寺的创建,不仅为吐蕃佛教建立了正规的宗教活动场所,而且开辟了修习佛法的中心。正如桑耶寺不仅成为吐蕃王朝的宗教活动中心、文化教育中心,而且更是翻译佛经的重要场所。当时赤松德赞从天竺、唐朝等地邀请许多佛教学僧和高僧大德到吐蕃,并偕同吐蕃本族的学僧一起在桑耶寺译经院从事佛经翻译,而且当时翻译佛经的情景,在《桑耶寺简志》[3]中有具体描述。

特别是寂护在当时主持并讲解翻译律藏经典和中观思想,从而在吐蕃开创了讲经听法的学风。正如"静命堪布负荷讲说从律

---

① 详见《巴协》,47-49页,北京,民族出版社,1982。

② "七觉士"史称"七试人",分别是巴·赛囊、桑希、玛·仁钦乔、昆·鲁意旺布松、巴郭·比若札那、恩兰·嘉哇却央、拉松·嘉威祥曲七人。

③ 《桑耶寺简志》,18页,西藏人民出版社,1987。

藏到中观的说法重任，打开讲听之风。”①引言中的静命即寂护，所谓的讲听之风，就是指树立讲经说法的范例。这是注重对佛教显宗理论学习的一种重要举措。所以，后世藏传佛教信徒将各大寺院内设立的显宗学院的前身追溯到吐蕃时期的桑耶寺。另外，根据《如意宝树史》记载，寂护在桑耶寺译经院主持译经的同时，在桑耶寺清净律藏院传授别解脱律仪戒，在菩提发心院传授菩萨戒。尤其是寂护在吐蕃时期常住桑耶寺菩提发心院，宣讲自己的《中观庄严论》和智藏的《中观二谛论》，在吐蕃建立了佛教显宗中观思想的主导地位。

总之，吐蕃时代作为藏传佛教产生或形成时期，主要以传播佛法、翻译佛经、组建僧团和设立宗教仪轨为中心，同时，围绕译经而开展讲经说法，从而拉开了创建寺院教育的序幕。可以断言，藏传佛教“寺院教育”的雏形早在吐蕃时期就已基本成型。

2. 中兴时期

藏传佛教寺院教育经过初创时期，便遭遇朗达玛灭法运动而彻底中断，后来随着藏传佛教“后弘期”的肇始而复兴，特别是噶当派高僧对寺院教育的兴起做出了巨大贡献。1073 年，噶当派高僧俄勒贝喜饶（RngogLegsPviShesRab）在拉萨以南、聂塘以东的地方（今堆龙德庆县境内）创建一座寺院，最初叫桑浦乃托寺（Gsang-PhuSneThogDgon），后简称桑浦寺。当时桑浦寺以弘扬藏传佛教因明学及佛经辩论而著称于整个藏传佛教教育界。俄勒贝喜饶是阿底峡尊者的四大弟子或三大弟子之一，曾赴康区亲近赛尊（SeBt-sun）大师，深入学习佛教三藏，学业圆满后，于 1045 年返回前藏，建立讲经院，培养了众多学僧弟子。阿底峡尊者在聂塘传授佛法期间，俄勒贝喜饶遂前往阿底峡处听讲不少佛经，还请阿底峡和那措译师翻译了《中观心论注》（DbuMaSnyingPoviTiKa），复请阿底峡撰写了《中观教授论》。他建造桑浦寺后，经常往返于热振寺与桑浦

① 《土观宗派源流》，28 页。

寺之间，沟通关系、交流经验，共同弘扬阿底峡的教法体系。俄勒贝喜饶去世后，由他的侄子、著名弟子俄罗丹喜饶(RngogBloLdan-ShesRab)继任桑浦寺住持。

俄罗丹喜饶(1059－1109年)，从小跟随俄勒贝喜饶叔叔学习佛法，由于他天资聪慧，深得叔叔喜爱，17岁时便派往克什米尔求法，途经阿里时又巧遇并参加了著名的阿里丙辰法会。① 俄罗丹喜饶在阿里得到孜德王(Mngav Bdag Rste Lde)的儿子旺秀德(Dbang Phyug Lde)的资助，使他在克什米尔专心留学达17年，广拜名师系统研习佛法。留学期间曾应旺秀德的请求，同班智达噶丹嘉布一起翻译了《量庄严论》。俄罗丹喜饶学成返回故乡后，依然拜师学法不辍，还曾赴尼泊尔拜阿都拉亚巴寨等大师专门修习密法。从尼泊尔归来，俄罗丹喜饶开始校订或翻译佛经，成为一名著名的佛经翻译家。同时，他以桑浦寺为中心在拉萨、桑耶、聂谷那、聂岗土、藏绛喀等地，讲经说法，广收徒弟。他主要传授因明学、慈氏五论、中观等佛教显宗经论，其学僧弟子逐渐达到二万三千多人，其中能够宣讲佛法的有二千一百三十多人，阐释经论的有一千八百多人，讲解量决定论的有二百八十多人，讲授量庄严论等大经的有55人。1109年，俄罗丹喜饶在桑耶寺附近的旅途中去世，享年50岁。在数万名徒弟中有四大著名弟子，即香蔡邦曲吉喇嘛(ZhangT-sheSpongChosKyiBlaMa)、卓罗巴洛智琼奈、琼仁钦札和寨喜饶帕。这四大弟子继续弘扬俄叔侄开创的桑浦寺教法体系，即因明学和辩经学，后来这两门学科在藏传佛教寺院教育中得到蓬勃发展。

香蔡邦曲吉喇嘛主持桑浦寺期间，学僧猛增，寺院扩建，寺院教育趋于完善。当时以俄罗丹喜饶灵塔为中心，在东边由恰巴曲吉桑格(PhyaPaChosKyiSengGe)讲授因明学，在南边由嘉强日瓦(RgyaMchingRuBa)讲授般若，在西边由仁钦次臣(RinChenT-

① 丙辰法会是阿里王孜德召集全藏区的学通佛教三藏的所有大师级的学僧，于火龙年(1076年)在阿里举行的大型法会。该法会是藏传佛教后弘期内的一大盛事，因而在藏传佛教史上具有一定的影响。

shulKhrims）上师讲授现观庄严论，在北边由云丹喜饶（YonTanShes-Rab）讲授律藏。[1] 特别是恰巴曲吉桑格将因明学分类分科并根据学僧的佛学水平分成五个班级，而且建立相互提问解答的辨经制度，使藏传佛教因明学或辩论学更加科学化。这一时期除了桑浦寺外，还有不少寺院初步建立了学习五部大论的教学机制，诸如蔡贡唐（TshalGungThang）、德瓦坚热瓦堆（BdeBaCanRaBaStod）、纳唐（SnarThan）、萨迦（SaSkya）、昂仁（NgamRing）、夏鲁（ZhaLu）、楚普（KhroPhu）、奈宁（GnasRnying）、矫摩隆（SkyorMoLung）、布东（BoDong）、巴南嘎东（PaRnamDgavGdong）、堆隆措麦（StodLungMt-shoSmad）、斯普（ZurBu）、桑日（BzangRi）、泽当（RtsedThang）等二十多个学经院，[2]则是为积极推行学习五部大论、建立健全寺院教育体制做出重要贡献的寺院。[3] 至此，藏传佛教后弘期内产生的以桑浦寺为中心的藏传佛教寺院教育体制基本形成。

3. 发展时期

随着藏传佛教寺院的蓬勃发展，寺院教育在藏族地区日臻完善，特别是后起之秀格鲁派的创立，大大促进了寺院教育的长足发展。1409 年，宗喀巴大师在拉萨以东的卓日窝切山腰创建了甘丹寺，并在该寺推行严守佛教戒律，遵循学经次第，提倡先显后密即显密相融的佛学体系，并成功地建立了有章可循的寺院机制和一整套严格的教学体制。实际上，宗喀巴早在他 36 岁时就开始招收徒弟讲经说法，先后在各地讲授《现观庄严论》、《因明》、《中论》、《俱舍论》等；还专门研习噶当派的教法及《菩提道炬论》等重要经论，同时系统修学萨迦派的“道果法”、噶举派的“大手印法”等各种密法。因此，宗喀巴最终通达各派显密教法，以中观为正宗，以噶当派教义为立宗之本，综合各派之长，并亲自实践或修行为证验，建立了自己的佛学体系。也就是说，宗喀巴将噶当派的佛学思想

① 详见《东嘎洛桑赤列选集》（藏文），213 页，中国藏学出版社，1997。
② 详见《东嘎洛桑赤列选集》（藏文），215 页，中国藏学出版社，1997。
③ 详见《东嘎洛桑赤列选集》（藏文），215 页，中国藏学出版社，1997。

作为自己的理论基础,同时兼容各派学说之长,建立了格鲁派的教义或佛学思想体系。故在格鲁派形成的初期阶段,人们称格鲁派为新噶当派,许多噶当派寺院也纷纷归入格鲁派。

1416 年,宗喀巴大师命他的弟子降央曲杰(1379—1449 年)在拉萨西郊创建哲蚌寺;1418 年,宗喀巴的弟子绛钦曲杰(1352—1435,又名释迦益希)在拉萨北郊创建色拉寺。拉萨三大寺的创建奠定了立宗的基础。以甘丹寺为主道场的新宗派,即格鲁派开始形成,为藏传佛教诸多宗派画下了一个圆满的句号。特别是格鲁派在继承桑浦寺寺院教育的基础上,创造性地发展了藏传佛教寺院教育。比如,宗喀巴不仅富有创见性地将五部大论有机地结合在一起,而且在格鲁派寺院内建立了学科分类、高低分层的教学体制,寺院教育更加系统化。具体而言,宗喀巴根据五部大论的相互关系和内容深浅不同等特点,制定先学摄类学,认为摄类学或释量论是开启一切佛学知识之门的钥匙;其次为般若学,认为般若学是佛学的基础理论;之后为中观学,认为中观学是建立佛学观点的理论基石;而后为俱舍论,认为俱舍论是领会小乘之因、道、果理论的权威经典;最后是戒律学,认为戒律学是了解和遵循佛教戒律学的历史和规则,以及如何修持和授受佛教戒律的经典理论。可见,宗喀巴在融会贯通五部大论的基础上建立的教学方法,是一种系统掌握佛教三藏的颇具科学性的寺院教育体制,在藏传佛教寺院教育史上具有创新性。所以,这一教学体制很快在格鲁派各大寺院推行,并对其他宗派的寺院教育产生深远影响。这是宗喀巴对藏传佛教寺院教育事业做出的突出贡献。

二、寺院教育的模式及内涵特质

藏传佛教寺院教育具有与众不同的独特风格,无论从教育模式、学科内涵,还是在学位制度等方面皆有自己的显著特质,其特质主要反映在教材、教学和学位三个方面。

1. 教材

就一般而言,佛教五部大论①是藏传佛教寺院教育中的主要教材。因为五部大论涵盖了佛教三藏,即经藏、律藏和论藏。比如,因明学、中观学和俱舍论属于论藏,而且作为论藏的精华略论;般若学属于经藏,而且作为经藏的精华略论;戒律学属于大小乘律藏,而且作为大小乘律藏的精华略论。值得提出的是,五部大论在佛教显密二宗中纯属佛教显宗理论,它不更多涉及密宗实践修持内容。五部大论最初是在后弘期兴起的藏传佛教六大显宗学院中开始全面学习,逐渐成为主要教材。这六大显宗学院分别是桑浦寺、德瓦坚热瓦堆扎仓、蔡贡塘寺、巴南嘎东寺、矫摩隆寺和斯普寺,后来格鲁派寺院继承这一学风,并得以发扬光大,至今五部大论依然是各个寺院教育中无可替代的重要教材。

藏传佛教认为,印度古贤二圣六庄严②是全面继承和严格遵循释迦牟尼佛法的无与伦比的八位杰出论师,他们的有关论著则是最具权威的佛学经典论著。所以,五部大论中的因明学以陈那和法称的论著为准,中观学以龙树师弟的论著为准,俱舍论以无著兄弟的论著为准,戒律学以释迦光和功德光的论著为准。同时,系统学习二圣六庄严的经论,还意味着最终实现树立佛学中观思想的宗旨。

从佛学见、修、行的角度看,大乘之"见"是在中观学和因明学中阐述或体现,而大乘之"行"则在般若学中阐述或体现;小乘之"见"和"行"都在俱舍论中阐述或体现;大小乘之共同戒律是在戒律学中阐述或体现;而大小乘之"修"则在"见"和"行"的阐释中涉足。所以,学习五部大论,将会明辨大小乘在见、修、行上出现的细微差异或不同观见,与此同时,有助于理解佛教四大宗派③中逐次

① 即《因明》(sthad - ma)、《般若》(phar - phyin)、《中观》(dbu - ma)、《俱舍论》(mngun - pa - mdzod)、《律学》(vdul - ba)五部大论。

② 二圣是指释迦光和功德光,六庄严分别是龙树、圣天、无著、世亲、陈那和法称。

③ 指一切有部、经部、唯识宗和中观派。

升华的佛学思想。

根据格鲁派的阐释，释迦牟尼开创的佛教正法，归根结底是由教义理论和实践证验构成，因而一切“教”的正法，则摄在经、律、论三藏之中；一切“证”的正法，又摄在戒、定、慧三学之中。为此，提倡三藏不可偏废，而三学又必须全面修习。也就是说，凡是立为佛教正法者，其见、修、行三者不可违背三藏教法；自心行持，也要随顺三学证法。同时，还要具备方便智慧双运之道，以及空性大悲之觉悟。正因为有了如此的宗教见地，方令每个学僧力争做到对于经藏，多闻深思，在大小乘的三学上，认真修习；对于律藏也要尽力修习，通达戒、定二学；对于论藏也要不断研习，获取通晓诸法性相的智慧。特别是戒、定、慧三学在寺院教育中成为必须遵循的三条修习佛法的途径，其中缺一不可。为此，制定出具体的教学内容即教材，如在戒律学方面，主要学习《律经》；在定学方面，重点学习《现观庄严论》；在慧学方面，主要学习《中论》、《因明学》、《俱舍论》。在寺院教育中之所以对佛教三学极为重视，自有其道理，认为三学中的戒律学是佛教的根本，是修法的基础；而定学是约束自心、避免散逸的途径；慧学就是增长智慧、不昧于解脱之道，故有无戒不定，无定不能生慧之说。这便是藏传佛教寺院教育中竭力系统研习五部大论的重要因素。

2. 教学

藏传佛教寺院教育在教学方式上也有自己的独特风格，以格鲁派六大寺院之一的拉卜楞寺为例，该寺按照佛教显、密宗的分科原则，在寺内设立六个学院，即闻思学院、续部下学院、续部上学院、喜金刚学院、时轮学院、藏医药学院。除了闻思学院外，后五个学院可纳入密宗范畴。然而，学院中规模最大、学僧最多的则是闻思学院，即显宗学院，其内部分设 13 个不同的学科班级，整个学期最少也在 15 年以上。显宗学院主要学习佛教五部大论，重在全面理解和深刻领会。也就是说，每位学僧通过师授、背诵和辩论的形式，渐次精通佛教《因明》、《般若》、《中观》、《俱舍论》、《律学》五部大论。

特别是辩论和背诵是藏传佛教寺院教育中最具特色的学习方法,通过辩论可提高学僧的哲学思辨能力,从而能够进一步领会藏传佛教的深奥义理。就一般而言,背诵经文和辩论佛学疑难问题,则是藏传佛教寺院教育中的两大行之有效的教学方式。所以,许多寺院里的学僧将自己的学习时间主要花在背诵经文和辩论佛学疑难问题之上。如果说,背诵经文是打好宗教理论基础的唯一手段,那么,辩论佛学疑难问题则是深刻理解宗教玄妙义理的重要途径。

因此,在各个寺院学习的年轻僧人,尤其是藏传佛教格鲁派学僧将自己的主要精力放在背诵经文和辩论佛学疑难问题之上。比如,他们在寺院日常生活中将早晚的时间主要用于独自背诵经文,而早晚背诵的经文又成为参加上午或下午集体辩论佛学疑难问题时广为应用或印证的理论武器。所以,背诵经文和辩论佛学难点已成为藏传佛教寺院教育中相辅相成的两大学经方法,犹如一车之两轮,缺一不可。实际上,这一学经方式的形成,主要取决于藏传佛教寺院的考试制度。如寺院考试制度不但严格,而且与众不同,具有自己的独到之处。其中背诵经典考试和辩论考试,则是寺院教育考试的主要方式。如在背诵经文的考试中,背诵的经典越完整、篇幅越长,其考试成绩就越优异;辩论考试是以正方或反方的形式进行辩论,在藏传佛教的宗教术语中被称为立宗辩论,用现代语言来讲,就是围绕某学说或论点进行答辩,提出其中的许多疑难问题,让答辩人一一解答或简明扼要的阐释,如对答如流或阐释深入浅出,其答辩人的辩论考试及格或成绩优异,否则,其答辩考试不能通过,需要重新复习,有待补考。尤其是这一考试方式从低年级就纳入僧人的学经之中,并对学僧的学习起到促进作用。由于藏传佛教经院教育提倡并重视辩论这一学经方式,每位学僧个个思维敏捷或善于辩论,并具有超常的哲学思辨能力。

总之,在显宗学院学习的学僧,其学习过程是广闻博学,背诵强记,多维思考,反复辩论,从而达到对"五部大论"的娴熟理解和融汇贯通,最终顺利考取格西学位,并进入密宗修习阶段。密宗修习的年限无期,主要取决于学僧的勤奋、智慧、悟性等个人条件来不断提升或获得成就。

3. 学位

藏传佛教格西(Dge Bshes)[①]学位,是随着寺院教育的不断发展而逐步建立起来的一种宗教学位制度。格鲁派三大寺没有创立之前,在藏传佛教教育界已经产生授予格西学位的教学体制,而且有不同级别的格西学位称谓,如然绛巴(Rab Vbyams Pa)、噶西巴(Bkav Bzhi Pa)、噶俱巴(Bkav Bcu Pa)等格西。如在五部大论中只精通般若学后可考取然绛巴格西学位,五部大论中学完除了因明学外的其它四门学科后可考取噶西巴格西学位,学完五部大论后可考取噶俱巴格西学位。后来在拉萨创建格鲁派三大寺,使授予格西学位的制度日臻完善,尤其是第四世班禅罗桑却吉坚赞在代理甘丹寺赤巴(法台)期间,在拉萨传昭大法会上创立了授予拉然巴(Lha Ram Pa)格西学位的制度。[②]

除了拉然巴格西之外,还有许多不同级别或专业的格西学位,诸如"措然巴"(Sthogs Ram Pa)、"林赛巴"(Gling Gsal Pa)、"多然巴"(Rdo Ram Pa)、"阿然巴"(Sngags Ram Pa)、"曼然巴"(Sman Ram Pa)、"噶然巴"(Bkav Ram Pa)等。

措然巴格西,是仅次于"拉然巴"的一种格西学位。每位考僧在拉萨小昭寺举行的大法会上,通过在拉萨三大寺众高僧前答辩佛教经律论后,才能获得这一宗教学位。

林赛格西,该学衔排在措然巴格西之后,是某位学僧在拉萨三

---

① 在藏语中拼写为"DgeShes"(格西),在汉文里意指"善知识"。

② 每位申请拉然巴格西学位的考僧,必须在拉萨大昭寺举行的祈愿大法会期间,通过三大寺(甘丹寺、哲蚌寺的色拉寺)高僧提出的佛学疑难问题的答辩,并得到认可才能获取这一宗教学衔。按历史定制,每年会产生七名拉然巴格西,届时举行隆重的庆典会,在会上颁发格西学位证书和奖品。

大寺中的任何一寺内通过答辩佛教经论而考取的一种格西学位。

多然巴格西，是某位学僧在各大寺院大经堂门前的石阶上举行的法会上通过众僧前答辩佛教经论而获取的一种格西学位，排在林赛格西之后。凡是具备条件的各大寺院均有资格授予多然巴格西学位。

阿然巴格西，是某位学僧在各大寺院的密宗学院中通过对密宗理论的研习以及实践修炼而获得的一种格西学位。一般而言，进入密宗学院修学的条件比较严格，其学僧必须先经过在闻思学院研读藏传佛教五部大论的阶段，并在此毕业后才有可能升入密宗学院深造；最好是取得上述格西学位中的任何一项后，被选派或推荐到密宗学院研修，最后取得阿然巴格西学位。阿然巴格西中也有等级差别，如在拉萨上、下密宗学院中获取的阿然巴格西，是至高无上、最为权威的密宗格西学位。

曼然巴格西，是某位学僧在藏传佛教各大寺院的藏医学院长期研习藏医药学而获得的一种格西学位或藏医学位。由于藏医学院所学理论知识极为广泛深入，而且还要经常进行野外采药等实践，故其研习时间相对较长。

此外，许多藏传佛教寺院中还授予“噶然巴”（Bkv Ram Pa）、“然绛巴”等级别较低的宗教学位，在此不一一赘述。

总之，考取宗教学位，是每一名出家僧人的一大宿愿，也是显示自己佛学知识水准的主要头衔。然而，藏传佛教寺院教育中的格西这一宗教学位并非人人能够考取，而是极少数僧侣经过长期勤奋修学才有机会获取。一旦获得格西学位，特别在大昭寺举行的大考场通过“拉然巴”格西学位的考试，在藏传佛教界具有很高的荣誉和宗教地位。因为拉然巴格西，是藏传佛教格西学位中级别最高的宗教学位，也是藏传佛教显宗中最权威的学衔。

三、结语

综上所述，藏传佛教寺院教育经过了一个循序渐进、不断创新、逐步完善的发展历程，它作为一种教育模式，更具有诸多与众不同的特质。藏传佛教“前弘期”作为寺院教育的初创时期，围绕佛经翻译开办了讲经说法的学院；而“后弘期”作为寺院教育的中兴时期，随着因明学的兴起而形成了研习五部大论的学风；至宗喀巴时代作为寺院教育的发展时期，伴随格鲁派三大寺的创立而建立了系统学习五部大论的教学体制。尤其是寺院教育特有的教育资源、教学方式、学科内容、考试规则和学位制度，从不同角度反映了藏传佛教高度发达的培养贯通佛教三藏的高僧大德的教育体系。可以说，藏族地区的数千座寺院既是信仰和传播藏传佛教的摇篮，又是继承和发展藏传佛教文化的学府。

（原载《世界宗教研究》2004 年第 3 期）

附录三　藏传佛教密宗与北京雍和宫

一、密宗在藏传佛教中的地位

佛教自公元7世纪中叶正式传入藏土，虽经历了一些坎坷，但最终得到了惊人的发展。在其发展过程中有过两次大高潮，即藏文史籍中所谓的“前弘期”和“后弘期”，经过这两次大高潮，基本上形成了博大精深的藏传佛教。

传入藏土的佛教之所以称为藏传佛教，除了传播的时间、地区、宗派、路线、文化背景、语言文字等外在因素外，还有其更主要的内在因素，即密宗在藏传佛教中处于核心位置。当公元7世纪佛教正式传入藏土之际，印度佛教已经发展到开始盛行密宗的阶段，对此有人做过考证：“密教时期，约七世纪至十三世纪。八世纪时最兴盛，后因外族异教徒入侵而急剧衰落，十三世纪终归消失”。[①] 因此，佛教传入藏土一开始就带有印度后期佛教的特色。史料记载：“图弥翻译出《宝云经》；藏王则作法主而讲说了《观世音六字真言》、《圣阎摩敌》及护法贡保和天女等许多法门。藏王又命许多人士修禅定，由此获得神通者亦复不少；复修建许多修行胜地，如察珠寺及许多镇肢寺庙。”[②]这是7世纪中叶吐蕃赞普松赞干布开始带头倡佛的举措，从引言中不难看出，此时主要在传播佛教密宗。值得一提的是，在藏传佛教的形成与发展的整个过程中，有两位外籍大师对树立密宗在藏传佛教中的重要地位，起到过至关重要的作用。一位是出现在“前弘期”的莲花生大师；另一位是“后弘期”的阿底峡尊者。莲花生大师来藏土前曾是印度佛教密宗大

① 罗照辉、江亦丽：《东方佛教文化》，47页，山西人民出版社，1986。

② 《青史》（汉文版），27、29页，西藏人民出版社，1985。

学那烂陀寺的一名学僧，他的佛教思想是印度佛教思想两大主流之一的龙树“中论”系统，同时又精通密宗咒语，通晓深奥的仪轨。公元8世纪中叶莲花生大师应藏王赤松德赞的邀请来到藏土，以密宗法术同藏族原有的苯教巫师们展开激烈的斗法竞争，最后取得胜利，并协同印度高僧寂护按照佛教宇宙观学说及密宗坛城模型创建了藏传佛教史上的第一座正规寺院桑耶寺；同时还建立密宗修习院，大兴密宗法术。根据《巴协》、《汉藏史集》等，当时寂护在桑耶寺龙粗宫，宣讲十善法、十八界、十二缘起；莲花生大师显示神通，特别向一些父母俱在的藏族青年男女首次传授了一种称为圆光法的使鬼神附体的法术。可以说，莲花生大师以佛教密宗法术作为有力的武器，敲开了藏族传统文化(苯教)的大门，为佛教立足于藏土立下了汗马功劳。正如莲花生大师“首先和西藏的十二女神较量，运用威力慑伏诸女神，令受灌顶而许誓守护正法”①，此十二女神即苯教的十二丹玛，她们在苯教的神灵家族中很有威慑力量，莲花生大师调伏这群神祇，标志着佛教占胜苯教。《青史》记载：“莲花生大师亲自给藏王传授《金刚橛》及《吉祥马头金刚》两种法门。特别是藏王修《吉祥马头金刚》法门，曾三次发出马鸣声，为大多数人都听到的。”可见，莲花生大师推崇的佛教密宗受到当时藏族人的敬仰，并积极接受密宗仪轨或法门。

莲花生大师不仅将印度后期佛教的密宗很顺利地移植到藏土，而且对以后的藏传佛教密宗也产生极其深远的影响。例如，藏传佛教宁玛派就自称是莲花生大师所开创的宗派，在具体修炼时将莲花生大师推崇为至上本尊神，认为莲花生作为本尊神会产生大威德，他显现了金刚身金刚性，有无量无边的功德。由此可得，莲花生大师早已超越历史人物的范畴，成为密宗诸神中的一尊很有威慑力的神佛。

阿底峡尊者(982—1054年)在“后弘期”为藏传佛教密宗的振

---

① 《青史》(汉文版)，27、29页，西藏人民出版社，1985。

兴或发展作出的贡献，也不亚于莲花生大师在“前弘期”为开创藏传佛教密宗所作出的贡献，故后人视阿底峡为藏传佛教密宗第一中兴人物。据有关史料，阿底峡尊者未来藏土前曾任印度佛教密宗大学那烂陀寺、超戒寺等的住持，是一位德高望重、名扬四海的佛教密宗大师。“后弘期”初期，藏传佛教在修行次第、密宗仪轨等方面出现较混乱现象，正如《青史》记载：“如果迎请阿底峡尊者来藏，将能破除此诸邪行，而使佛教获得饶益。”阿底峡尊者遂于1042年被阿里地区的古格王降曲奥邀请到西藏西部，开始了他对当时藏传佛教时弊的行之有效的整顿，诸如规定修行次第、端正密宗仪轨等。阿底峡尊者先后将西藏西部和中部地区的藏族高僧大德以及一切佛教人士皆引入正确的修行轨道，并在藏土巡锡约达十三年之久，最后还是没能返回故里，于1054年在距离拉萨西南方数里远的聂塘寺内示寂，终年73岁。由于阿底峡尊者在佛教显、密宗两方面具有很高的造诣，赢得当时西藏佛教界的信任和拥戴，从而重振了密宗的正统地位。

阿底峡尊者在西藏期间还校勘、翻译、著述了有关佛教显、密两宗的许多论著，为后世追随者留下了丰厚的理论依据。其中《菩提道炬论》对后世的影响更为突出，主要阐述了显密教义不相违背之理和修行应遵循次第的重要性，为后来宗喀巴大师作《菩提道次第广论》和《密宗道次第广论》两部大著提供了理论基础。

经过莲花生和阿底峡两位大师的精心栽培，密宗在藏传佛教的整个历史进程中始终占据突出的地位。当然，密宗能够在藏传佛教中占有突出地位，也有其理论依据。吕澂先生在他的《西藏佛学原论》中写到：“昔来熟知之诸大师如龙树、提婆、马鸣、慈氏、无著、世亲之作，悉见流布。”从诸位大师可看出藏传佛教遵循的经典基本上属于大乘佛教。因此，诸如般若、中观、经释、瑜伽等成为藏文大藏经中的重点要目。藏传佛教认为，在佛教显宗中要达到佛陀境界则必须经历无数劫世界的三世，这就是所谓的显宗之道，实属一段漫长而艰苦的过程。如果选择密宗之道，其修行者甚至在一世(身)中即可获得佛陀境界。这一理论的提出,无形中将密宗抬举到至高位置,成为每位修行成佛者追求的理想法门。同时,又具体指出,修习密宗,首先要经过研习《般若波罗蜜多经》的准备阶段,其目的主要是为了理解密宗之奥义,这又将显宗核心经典般若置于密宗初期阶段,从而在理论上树立了密宗在藏传佛教中的显赫地位,所以说"若有殊胜大乘种性,为善知识之所摄受,于诸共道已善修习,由大悲心最极发动,急欲救度漂流生死诸有思者,则当趣入甚深捷径金刚大乘,速疾施与一切有情惟一依处佛世尊果。"(宗喀巴《密宗道次第广论》)此段引言阐明了修习密宗必须具备几项重要条件,否则,不可修习甚深密宗法门。由此可知,密宗是藏传佛教中非人人可修的深奥大法。

二 雍和宫密宗的派别及其特色

"后弘期"是藏传佛教在佛学上出现"百花齐放,百家争鸣"的开放性时期,又是诸多教派的大生产时期。除"前弘期"传承下来的宁玛派外,又相继产生了噶当派、噶举派、萨迦派、希解派、觉囊派、格鲁派等。其中噶举派、萨迦派和格鲁派,再加上宁玛派,在密宗这一深奥领域具有很高的造诣,可以说,此四派在密宗理论上自成体系,在实践修炼上独辟路径。此四派历来就是分享藏传佛教信徒的四大支柱性宗派,在藏族地区乃至整个信奉藏传佛教的地区或民族中具有很强的影响力。所以,历史上出现元朝支持萨迦派,并推举帝师,统管藏族地区;至明朝转而对噶举派倍加重视;而清政府又不惜一切扶植和推崇格鲁派的局面。

清政府对藏传佛教的尊崇、管理以及利用大大超过元明两朝。清政府"企图把它变成一种有利而无害的工具",①先后使北京、承德、五台山成为内地藏传佛教的"三个中心"。1744 年(1745 年竣工)雍和宫改建为北京地区规模最大、地位最高、机构最完备的藏

① 张羽新:《清政府与喇嘛教》,128 页,西藏人民出版社,1988。

传佛教寺院,成为北京乃至“三个中心”的龙头。雍和宫直属清中央政府管辖,“由王室亲王中选派一人充当雍和宫最高行政首长,名叫‘领雍和宫事务大臣”①。

由于清政府独尊格鲁派,上述“三个中心”都是清一色的格鲁派。雍和宫作为内地藏传佛教寺院中的核心,更是一座典型的格鲁派寺院。例如,雍和宫内的密宗殿、显宗殿、医学殿、数学殿和法轮殿皆与格鲁派六大寺院的布局基本一致,只是规模上有所区别而已。在六大寺院中密宗殿叫续部学院,显宗殿叫闻思学院,医学殿叫医药学院,数学殿叫时轮学院,法轮殿即大经堂。这种细分学科、格局严密正是格鲁派不同于其他藏传佛教派别的主要特色之一。

从整个布局看,雍和宫也突出了密宗的地位或影响力。例如,寺内除了显宗殿外,其余殿堂大都与密宗有着密切的关系,因为这些殿内需要研修密宗仪轨。密宗殿是格鲁派纯修密宗的场所,殿内“研究密宗教义;广授法师之灌顶,教化善根弟子入密宗金刚乘门”②。数学殿(时轮学院),系密宗学院,这个学院除着重对时轮天文历算进行学习研究外,还要学习修观有关的时轮密乘。医学殿主要学习《四部医典》和《药王月珍》、《晶珠本草》等外,还要研修或举行许多密宗仪式,诸如“药师佛自入坛城和烧坛法会”,“马头金刚自入坛城和烧坛法会”,“阿閦佛自入坛城和烧坛法会”等。可以看出,密宗在雍和宫中占有绝对优势。

在密宗的具体修行方面,雍和宫也有自己的特色,因为藏传佛教的诸多密宗派别都有各自的修持方法和理论依据,如宁玛派的“修学之要,大抵区分九乘:声闻、缘觉、菩萨,三乘皆应身佛释迦所说。密乘外道,即作、修、瑜伽,三乘皆报身佛金刚萨埵所说。内道,即大瑜伽、无比瑜伽、无上瑜伽,三乘皆法身佛普贤所说。此中

① 魏开肇:《雍和宫漫录》,14页,河南人民出版社,1985。
② 罗发西等:《拉卜楞寺概况》,35页,甘肃民族出版社,1987。

复以无上瑜伽中喜金刚法为最究竟。行持从俗,不守律仪,以为观修自显现净智契证空理,而得解脱云”①。噶举派“精习瑜伽密中之密集,又无上瑜伽密中之喜金刚、四吉祥座、大神变母等法,尤于空智解脱合一之大手印法洞达奥蕴”②。至于萨迦派,“此派学说亦融会显密,而用清辩一系之中观为密乘本义之解释。又以显乘之菩萨五位(资粮、加行、见、修、究竟)与密乘四部对合而修,以为修此即自然修寂。以是于加行位中暖顶忍三昧耶断所取惑,世第一法三昧耶断能取惑,同时以菩萨智慧本性光明照耀而入大乐定,则已达密融合之境地矣”③。而雍和宫密宗的特色,可概括为“集诸派之所长”,正如“乃尊阿提沙甘丹之宗,兼取布顿之说,合一经咒,励行律义,而复撷取各派所长融为一说”④。这也是格鲁派一贯追求的风格。格鲁派提倡“先显后密”,即先打好显宗理论基础,然后进入密宗修炼(实践)。因此,雍和宫在修习次第上,先通《菩提道次第广论》,后入《密宗道次第广论》,体现了格鲁派的“先显后密的宗旨”。

三、密宗在雍和宫中的历史意义

藏传佛教密宗一般简称为“藏密”,藏密在整个佛教体系中是颇为孤立的。从以往的情况看,小乘行人固然对藏密的理论与行持有所非难,即是大乘显宗,对其恐怕也未全部首肯,在密宗本身而言,东密也极力反对藏密中的“无上瑜伽部”作为“无上”的地位。出现如此情形的缘由极为复杂,但其中有一个很重要的因素,即出于陌生,藏密由于“密”的缘故,其他佛教宗系对其颇为不了解。然而,雍和宫利用地理人缘优势,为使藏密走出小圈子作出了前所未有的成绩,在藏密的发展进程中树立了一个新的里程碑。

藏密一向极重传承加持之力,素有“密无师承,不可滥学;未经灌顶,窃法无益”之戒,令许多内地热爱佛法的人士没有机会亲近

---

① ② ③ ④ 吕澄:《西藏佛学原论》,41、41、42、43,台湾文殊出版社,1987。

藏密。1744年清廷将雍和宫改造成一座藏传佛教寺院，尤其在寺内创立密宗等相关学院，不仅为藏族以外的民族打开了一扇认识藏密的窗口，而且在内地有了全面研修藏密的合格场所。其中乾隆皇帝和第三世章嘉活佛作出了特殊贡献，乾隆皇帝带头修习藏密，促进了藏密在内地的迅速传播。“现在朕欲学习密法，请给我传授入乘法灌顶。还要把你的本尊神胜乐灌顶法传授给我！”[①]这是乾隆皇帝第一次主动向章嘉活佛提出传授藏密的要求，章嘉欣然答允，并举行隆重的灌顶仪式，给乾隆皇帝传授了全部的“胜乐铃五神”灌顶法。之后，“大皇帝又依次听受了‘吉祥轮胜乐深奥二道次教授及分支’等密法，坚持每天上午修证道次，下午修证胜乐二次第。每月初十日举行坛城修供、自入坛场、会供轮、供养等活动”[②]。而且乾隆皇帝修习藏密的信念十分坚定，“在仔细听受‘瑜伽母生起及圆满、分支’等咒语和听受‘空行修习金刚法指导’时，大皇帝将自己的坐垫收起，跪在地上，顶礼章嘉国师之脚”[③]。九五之尊的皇帝如此尊崇藏密，可谓前所未有，从而对藏密在内地的传播产生了积极影响，“追随大皇帝学习佛法并进行体验的行动，几位年轻皇子，宗室诸王，一些大小臣僚，很多没有供职的汉族豪绅以及皇妃身边的太监等也随之信奉佛教”[④]。从此掀起修习藏密的热潮，使藏密从最初的宫廷豪门贵族的小圈子中真正走向更广阔的内地社会。正如“章嘉国师前一天为很多满族人和汉族人传授的依法指导和斋戒，然后用两天时间将‘吉祥金刚怖畏十三尊灌顶法’全部传授给众人”[⑤]。由于他的特殊身份和在藏密上的卓越成就，在内地传播藏密的过程中，发挥了关键性的桥梁作用，使众多的内地人有机会体验或信奉藏密。“当今的和尚寺院中虽然讲学戒律和经藏，但是对于密宗教诫则一无所知。蒙受章嘉国师之恩，一些和尚法师也得到密乘的无上灌顶和教诫，并进行体验。在和

---

① ② ③ ④ ⑤ 《章嘉国师若必多吉传》，183、184、186页，民族出版社，1988。

尚寺院中,密乘教法也开始逐渐地传播开来”[①]。

而雍和宫始终是内地传播藏密的中心和权威机构,“显宗扎仓的喇嘛由哲蚌寺的哈东热绛巴·阿旺曲培担任,密宗扎仓的喇嘛由日喀则色派密院的喇嘛官却丹达担任,杂明扎仓的喇嘛由摩觉夏仲担任,医宗扎仓的喇嘛由彭措扎林担任,聪慧僧众的教师由三大寺和上下密院的十八名格西担任”[②]。像如此特别的藏密方面的高水准的师资队伍,在内地其他藏传佛教寺院中不多见,表明雍和宫在传播藏密这一领域已具备雄厚的师资力量。因此,雍和宫培养了许多后继者,史料记载:“集中蒙古四十九旗、喀尔喀七部及汉藏地区的五百名天姿聪颖的年轻僧人”[③]。这个数目在藏区寺院中虽不算多,但在当时内地却可谓“独占鳌头”。

雍和宫不仅是普通僧众受戒修习藏密的场所,而且大皇帝也喜欢在这里听法受戒。因为在修习藏密的过程中需要多次灌顶受戒,否则不能步步升级。为此“班禅大师和章嘉国师一同去雍和宫,为文殊大皇帝讲经说法。班禅大师给文殊大皇帝讲解‘迅捷智慧六臂依怙随许法”[④]。这是1780年第六世班禅大师在雍和宫给乾隆皇帝传授的最著名的藏密仪轨。故此处被命名为“受戒台”,供人们观赏和膜拜。

雍和宫各殿内供奉的众多藏密神佛像,包括藏密中具有共性的喜金刚等形象特异而蕴含深奥教义的神佛像,向内地人民敞开了可以通过各自的灵性(感)去自由、形象、直观地领悟藏密真谛的“秘宫”,为藏密在内地的普及起到了“画龙点睛”似的积极作用。

(原载《青海民族学院学报》1995年第2期)

① ② ③ ④ 《章嘉国师若必多吉传》,187、137,350页,民族出版社,1988。

附录四　峨眉山与藏传佛教

峨眉山作为中国内地的四大佛山之一，在中国汉传佛教史上占有重要地位。它不仅从一个侧面形象而生动地反映了中国汉传佛教的文化、建筑和艺术的发展历程，而且还真实地记录了汉族同各兄弟民族以及海外人士的友好往来。因此，峨眉山享誉海内外，并成为人们向往的佛教圣地。同时，峨眉山在藏传佛教中亦有一定的影响，本文仅对此作初步探讨。

一、峨眉山在藏传佛教中的称谓

首先值得一提的是，峨眉山在汉文典籍中有诸多各异的名称，如：

> 《山海经》称它西皇人山，《三皇经》称作胜峰，佛经《楞严经》和《华严经》都叫它大光明山，西晋张华的《博物志》上称为牙门山。“峨眉”之名，最早见于汉代的《益州记》，西晋著名文学家左思的《蜀都赋》中，也有“带二江之双流，抗峨眉之重阻”的句子。①

而今天峨眉山家喻户晓，闻名天下。

峨眉山在藏传佛教中则称“挺拔屹立的大象之山”，简称“象山”。这一称谓与峨眉山佛教信仰有一定的因缘关系，正如藏文史诗《赛马称王》②一书中认为，峨眉山的形状像一头挺立的大象而得其名；另外一些藏文书籍中也有进一步的解释：峨眉山乃普贤菩萨

① 郑石平编著：《中国四大佛山》，57 页，上海文化出版社，1985。

② 《格萨尔王传》之一，甘肃民族出版社，1981。

之道场,而普贤菩萨乘骑一头大象,故此山取名为大象山。藏区民间将以上述两种说法解释峨眉山之所以命名为大象山,更为生动有趣。由此可得,藏传佛教对于峨眉山的称谓或描述,是在佛教传入藏族地区以后,随着人们对佛经中诸多菩萨的认识以及藏、汉佛教信徒友好往来的增多而逐渐出现于藏文文献或产生于民间口碑的。

二、第六世达赖仓央嘉措与峨眉山

清朝康熙年间,西藏宗教领袖第六世达赖仓央嘉措(以下简称仓央嘉措),至峨眉山,礼拜普贤菩萨,在藏传佛教与峨眉山的关系史上,留下了流芳百世的一笔。据笔者目前所掌握的资料,这是藏传佛教高僧至峨眉山之始,亦是开藏传佛教活佛亲临峨眉山之先河。

众所周知,仓央嘉措的一生经历,充满艰难曲折而又富于传奇色彩。然而,在藏文正史或文献中对他的事迹却没有用更多的笔墨来记载,特别是对他的后半生一笔带过,几乎成为空白。故学术界对仓央嘉措的后半生众说纷纭,莫衷一是。

目前,研究仓央嘉措,主要依据《第六世仓央嘉措情歌》(简称《情歌》,按藏文原意应译《情歌》为《道歌》,故以下称《情歌》为《道歌》,《第六世达赖仓央嘉措密传》简称《密传》。由于种种原因,藏传佛教一般不公开印刷或发行这两本书。可是事与愿违,两书却在藏族民间悄然流传,从而使仓央嘉措在藏区成为历代达赖喇嘛中最为人们所熟知的一代。从现代学术研究的角度看,两书本身亦有很高的学术价值。如《道歌》在藏族高僧道歌中不仅独树一帜,而且脍炙人口,深受广大民众的喜爱,成为家喻户晓的佳作,对藏族诗歌的发展产生深远影响;而《密传》则是一本个人传记,由仓央嘉措的学生阿旺多杰执笔,记述了仓央嘉措一生的曲折而奇特的经历。仓央嘉措的一生,由于政治等诸多因素,遂成为一大历史悬案。所以,《密传》的学术价值在于它揭示了这一悬案,填补了历史空白，特别是《密传》以翔实的描述反驳了那些歪曲历史、弄虚作假、造谣惑众、诬蔑或陷害仓央嘉措的一切言论或行为，从而展示了仓央嘉措个人历史之庐山真面目。

至于仓央嘉措参拜峨眉山之缘由，却有着极其特殊的历史背景。据《密传》记载，仓央嘉措系西藏南部门隅之宇松地方人，生于藏历第十一饶迥水猪年（1683 年），父名仁增扎西旦增，母亲叫才旺拉姆。第五世达赖洛桑嘉措于 1682 年逝世，本应及时寻找灵童，但由于"当时第司・桑结嘉措忙于修建布达拉宫和新造大灵塔"①而无暇选定第六世达赖，将如此严肃、影响深远的大事拖了十几年。至藏历第十二饶迥火牛年（1697 年），第司・桑结嘉措方公开认定仓央嘉措为五世达赖的灵童，是年九月二十七日迎到那噶措则与五世班禅洛桑益西会晤，剃发受戒，取法名为仓央嘉措，十月二十五日，仓央嘉措被迎至拉萨布达拉宫，举行坐床大典。② 从此仓央嘉措成为名副其实的第六世达赖喇嘛。

但当时西藏的政局不稳定，正如"1701 年（清康熙四十年），固始汗之孙达赖汗逝世，其子拉藏汗继承汗位。拉藏汗即位后，与第司・桑结嘉措的关系日益恶化"③。年幼的仓央嘉措遂成为"西藏上层统治者与和硕特部落上层统治者之间争权夺利的政治牺牲品。"④1705 年，拉藏汗处死了第司・桑结嘉措，并欲废除第司・桑结嘉措亲自拥立的第六世达赖仓央嘉措。

藏历第十二饶迥的火猪年（1707 年）秋天，年满 25 岁（藏族人年纪均以虚岁计算，实际 24 周岁）的仓央嘉措"迎往"内地，越唐古拉山经北路至堆日措那（今青海湖附近）。而在此地则发生了令人不可预测的事件。正如《密传》指出，来自朝廷等各方面的许多压力，使"迎送"人员进退两难，仓央嘉措在广袤的青海湖畔决然舍弃

---

① 《密传》（藏文），16 页，西藏人民出版社，1981。

② 《密传》，17 页。

③ 牙合章编著：《达赖喇嘛传》，25 页，人民出版社，1984。

④ 《民族文学研究》。

显赫的名位，不得不被悄然流放，其场面感人肺腑。法尊在其著作《西藏民族政教史》中也曾指出："康熙命钦使到藏调查办理，拉藏汗复以种种杂言毁谤，钦使进退维难之时，大师乃弃舍名位，决然遁去……尔时钦差只好呈报圆寂，一场公案乃告结束。"从此仓央嘉措以极其普通的僧侣身份，开始了他那可歌可泣的流浪僧生活，他"周游印度、尼泊尔、康、藏、甘、青、蒙古等处，弘法利生，事业无边"。

根据《密传》，仓央嘉措在青海湖畔被流放后，遇到从西宁返乡的阿柔部落的藏族商队，便随其至阿柔部落。之后，仓央嘉措至康区并打算去云南，因此路不通而转向嘉摩绒（今四川大小金川），最后抵达叫达则多的一个地方。仓央嘉措在此地遇到诸多藏族商人，很想随他们返藏，但他在与自称是一位旅行者的攀谈中得知有关峨眉山的情况，这位旅行者名叫华贝，精通汉语，又愿意和他同行到峨眉山，便改变返藏的念头，决定先去峨眉山。他俩经过一条大河、无数石桥和汉族村庄，十天之后至临近峨眉山的一个大镇，当晚就住在镇中的一座小庙内。华贝做翻译，守庙的和尚向他俩讲述了有关峨眉山的功德和壮观，如峨眉山拥有许多寺院、佛殿和圣泉，此山顶峰插入云霄等等，同时还获悉峨眉山已经距他们很近。可就在这天夜里华贝突然失踪，致使仓央嘉措孑然一身去拜访峨眉山。据《密传》记载，仓央嘉措在山中遇见一位身着黄色袈裟的汉族和尚，并同他一起上山礼拜了所有寺院、佛殿和圣泉。他在峨眉山共待了十天，期间受到汉族和尚的热情款待。之后，又独自一人悄然地离开了峨眉山。

由此可见，仓央嘉措礼拜峨眉山的事迹在当时没有产生较大影响，可谓默默无闻。这与仓央嘉措不通汉语，不愿暴露身份，以及孑然一身等不无关系。

至于仓央嘉措参拜峨眉山的时间，笔者未能查找到具体的记载，但根据《密传》的描述，藏历第十二饶迥的土鼠年（1708 年）七月，仓央嘉措抵达察瓦绒方向的多格地方（西康地区），之后，又在途中大体经过“二十多天后病愈”[1]、“在洞里近三个月昼夜静修”[2]、“用二十天左右经许多村庄和牧场至察果村”[3]等等，最后抵达峨眉山。根据这一线索推算，仓央嘉措至峨眉山的年代约为藏历第十二饶迥的土牛年（清康熙四十八年，即1709年）初。

又据《密传》记载，仓央嘉措离开峨眉山，在返回西藏的途中经理塘、巴塘，于藏历第十二饶迥的土牛年（1709年）四月抵噶玛日（属西康地区）。以此印证，1709年初作为仓央嘉措至峨眉山的具体年代，有一定的说服力。另外，仓央嘉措至峨眉山的事迹在其他一些藏文史籍中也有记载，如仓央嘉措“经康区去拜访了四川省的象山（峨眉山）。[4] 但此段记述也是依据了仓央嘉措的《密传》。

总之，仓央嘉措至峨眉山的事迹是迄今在历世达赖喇嘛中堪称空前绝后的一件大事。它不但加强了藏、汉佛教徒之间的交往和相互了解，而且以仓央嘉措亲身的极其感人的事迹载入史册，为后人留下一份具有深远历史意义的厚礼。当然，仓央嘉措本人也为此付出了高昂的代价，因当时交通不便，他在去峨眉山的途中忍受疾病和饥饿的重重折磨，历经艰险，方圆了参拜峨眉山的心愿。这在峨眉山与藏传佛教之间立下了一个具有历史意义的里程碑，值得后人纪念。

三、《格萨尔王传》中的峨眉山

《格萨尔王传》是藏族劳动人民集体创作的一部举世无双的篇幅极其浩瀚的英雄史诗。正如已故佟锦华教授所说：“由此可见《格萨尔王传》章部众多、卷帙浩繁，不但是藏族文学发展史上绝无仅有的巨著，而且也是中国和世界文学发展史上极为罕见的硕

---

① 《密传》，34页。
② 《密传》，37页。
③ 《密传》，38页。
④ 平措次仁编著：《藏史明镜》（藏文），281页，西藏人民出版社，1987。

果。”[1]由于《格萨尔王传》是一部脍炙人口、不拘一格、生动活泼的民间文学佳作，因此，它主要流传或保存于藏族民间。

从《格萨尔王传》的内容上看，它是佛教传入藏族地区以后方逐渐形成的民间文学巨制。因为《格萨尔王传》里充满着佛教中的诸多菩萨和神灵。譬如“平静时为大悲观世音菩萨，忿怒时则成马头金刚（密教中一本尊名）”，[2]以及“是大梵天（婆罗门教和印度教的创造神，为该两教信仰的三大神之一）的心传弟子”[3]等等。

藏传佛教对《格萨尔王传》产生巨大影响的同时，藏传佛教本身也受到《格萨尔王传》的一定影响。比如，藏传佛教宁玛派将《格萨尔王传》中的主角格萨尔王认定为莲花生大师的化身，将其塑像供奉在寺院大经堂内，与诸菩萨享有同等地位。笔者在青海果洛查郎寺亲眼见过供奉于大经堂内的格萨尔王塑像。

由于《格萨尔王传》与藏传佛教的密切关系，以及《格萨尔王传》本身的包罗万象，才使作为普贤菩萨的道场峨眉山出现于《格萨尔王传》之中，在《格萨尔王传》中是这样描绘峨眉山的：

> 像鹫鸟落在平原上的山，是印度的灵鹫山；像大象卧在地上的山，是汉地的大象山；一座具有五峰的山，是汉地的五台山；像白琉璃瓶安放的山，是藏地的冈底斯。

以上四山乃南瞻部四大圣地。[4] 其中的大象山，是指峨眉山，它在四大佛山中排在第二位，占有极高地位。可以说，《格萨尔王传》在选择四大佛山时，有自己的标准，如它以跨地域、越国界来择优组合世界四大佛教名山，表现了它的远见卓识。虽然在《格萨尔王传》中没有提供其理论依据，也没有对四大佛山作更翔实的解

---

① 《格萨尔研究集刊》（第一集），41 页，中国民间文艺出版社，1985。
② 《赛马称王》（藏文），187 页，甘肃民族出版社，1981。
③ 《赛马称王》（藏文），188 页，甘肃民族出版社，1981。
④ 《赛马称王》（藏文），95 页，甘肃民族出版社，1981。

释。但另据有关资料,此四座山的自然景观非同一般,实为佛教之灵山圣地。

鉴于四大佛山中三座在我国境内的优势,我们应积极主动地去研究和宣传,将四大佛山介绍给全世界,让世界人民共同分享这融自然奇观与佛教文化为一体的人间圣境。

四、普贤菩萨在藏传佛教中的地位

峨眉山在藏族地区有一定的知名度,近现代以来去峨眉山朝拜的藏族僧俗信徒一直从未间断。就具体而言,峨眉山在藏传佛教信徒心目中成为仅次于五台山的又一佛教圣地,主要得益于普贤菩萨,因为峨眉山是普贤菩萨的道场所以在藏族民间很受尊崇。

藏传佛教对佛经中出现的众菩萨有自己的解释和评判。譬如:三怙主或三依怙、近侍八大菩萨等等。三依怙与汉地佛教中的三大士基本相同,只是其中的一尊菩萨不同而已。藏传佛教将汉地佛教三大士中的普贤菩萨由金刚手菩萨来代替。这样,藏传佛教的三大依怙由观世音、文殊、金刚手三尊菩萨组成,而普贤菩萨划入近侍八大菩萨之列。

其中三大依怙在藏传佛教中占有极其重要的地位,而且他们各自发挥着不同的巨大作用。如观世音菩萨被视作拯救藏地众生的惟一菩萨,与藏族因缘最深。比如,藏族在追溯本民族起源时,往往以观世音菩萨化身的猕猴为自己祖先,甚而将松赞干布、达赖喇嘛等有影响的藏王和活佛也视为观世音菩萨的化身,藏族僧俗信教群众整天默默念诵的六字真言,即唵嘛呢叭咪吽,也是观世音菩萨之神圣咒语。

其次,藏传佛教特别尊崇文殊菩萨,认为文殊菩萨代表着一切智慧。藏族僧侣对知识有着执著的追求,对于知识的摄取看得非常重要,他们向来不惜一切,广拜名师,苦求上进,甚至将自己的导师推崇到诸菩萨之前,加以顶礼膜拜。导师在藏语中称为喇嘛。故喇嘛一词也在海内外广为流行,从而使藏传佛教一度被称为“喇嘛教”。

另外，以往的藏族知识分子，在研习大五明学（即声明、工巧明、医方明、因明和内明）时还拜文殊菩萨为学习文化的本尊神，加以特别的敬仰和膜拜，认为这样会得到文殊菩萨的智慧开启，不仅产生灵感，而且能掌握更多知识。因此，学富藏族五明学的萨迦·班智达和复原正统佛教的宗喀巴大师等佛学知识渊博的高僧大德被后人认定为文殊菩萨的化身。藏传佛教学僧在修行或讲解六度（六波罗蜜多，即布施、持戒、忍辱、精进、禅定、智慧）时，也表现出对智慧度的高度重视，将六度中的智慧度放在首位，认为智慧度是其他五度之本母，实现六度首先要依靠智慧度，除此别无捷径。这样，代表一切智慧的文殊菩萨就自然会被推崇到显要位置。

至于金刚手成为藏传佛教三依怙之一，这与藏传佛教尊崇大乘密宗有很大关系。如藏传佛教寺院里设立的金刚手菩萨的塑像一般以忿怒相自居，他不仅是三大依怙之一，而且是藏传佛教寺院诸多护法神中具有威力的一位护法神，同时，也是八大菩萨之一。因此，金刚手菩萨在藏传佛教中也是一尊有着崇高威望的大菩萨。

关于近侍八大菩萨，他们作为一组菩萨，在藏传佛教中也有一定的崇高地位，特别是八大菩萨中包括了三大依怙，即观世音、文殊和金刚手。八大菩萨作为一群菩萨，他们的宗教名位没有任何高低之分，只是分工或功德之性质不同而已。比如，大经堂，是藏传佛教寺院中一切宗教活动的中心，故在寺院中占有无可比拟的重要地位，因而最为金碧辉煌。藏族地区的许多寺院将八大菩萨并列供奉在大经堂的显要位置，这样，既便于寺内外信徒顶礼膜拜，又突出了八大菩萨的地位。而作为八大菩萨之一的普贤，在藏族地区则是一尊家喻户晓的菩萨，主要是他以“大行”著称。也就是说，普贤在八大菩萨中以“德行”第一而在藏族信徒中极受崇拜，并在藏传佛教界享有同“三大依怙”一样的名位。为此，吐蕃第二十七代赞普拉托托日年赞（约公元4、5世纪人）被后人视作普贤菩萨的化身，在藏族历史上与观世音化身松赞干布和文殊化身赤松德赞等法王有同等的地位。

至于峨眉山与五台山在藏传佛教中的不同影响，除了普贤名位没有文殊那样广大和我国历代（元、明、清）皇帝处于政治需要不断支持藏传佛教在五台山传教等因素之外，还有更重要的地理环境因素。如五台山位于我国北方，素以清凉山闻名遐迩，其气候与藏族人民祖祖辈辈繁衍生息的青藏高原基本相同。所以，藏族僧俗信徒喜欢到五台山朝拜，而且可以终年住在五台山修行，而峨眉山位于我国南方，气候较五台山炎热，与青藏高原的气候相差甚远，故峨眉山对习惯于青藏高原生活的人来说，不是一年四季都可前往的地方。正如："（峨眉山）庙里人说'番子（西北藏人称番）怕热，冬天来朝山；我们汉人怕冷，夏天来朝山'。"①可见，藏族信徒朝拜峨眉山的时机在全年只有冬季一次，而冬天又是人们最不宜外出旅行的季节。这样，大大阻碍了峨眉山与藏传佛教之间的频繁交往。

最后值得一提的是，在峨眉山虽然没有像五台山那样留存许多藏传佛教文物，但也有极其个别的物证，如"寺内还保留一块清乾隆四十年（1775 年）刻制的大木碑《正明司碑》，左边刻汉字，右边刻藏文，是全山惟一的一块木碑"②。此木碑立于峨眉山洪椿坪寺庙，鉴于乾隆年间正值章嘉若必多杰任国师时期，由于章嘉若必多杰才华出众、知识渊博，并精通藏、汉、蒙古、满四种语言文字，深得乾隆皇帝的器重，皇帝每次在处理宗教事务时都要向章嘉若必多杰请教。因此，峨眉山洪椿坪寺庙内之木碑上刻有的藏文，很可能出自章嘉若必多杰的亲笔或者主意，这只是一种猜测，需要进一步考证。另据传说，清代四大活佛之一的章嘉国师，曾在峨眉山造有一尊普贤像。目前，笔者尚未找到有关具体资料，故在此不敢无据空论，有待今后查考。

（原载《青海社会科学》1995 年第 1 期）

---

① 《于式玉藏区考察文集》，26 页，中国藏学出版社，1990。

② 《中国四大佛山》，82 页。

附录五　果洛石经文化

果洛石经文化，是指近来在青海省果洛藏族自治州境内发现的石刻藏文大藏经。石刻藏文大藏经，顾名思义，是用金属等工具将号称藏传佛教大百科全书的大藏经（包括《甘珠尔》和《丹珠尔》）镌刻在石头上的一种特殊的经书形式，以通俗的语言可叫做石头书。这种形式在金石学上一般都被称为"石经"。果洛石经是用大小不等、形状各异的石板两面镌刻佛经后，按一定规则或顺序重叠而成，远处望去，犹如一堵城墙。故当地藏族群众形象地称其为"多卡"（Rdo Kha）或"多让"（Rdo Ring），意为"石经墙"。本文拟就果洛石经的历史文化背景、创建过程和分布规模等作简要介绍。

一、果洛石经产生的历史文化背景

任何一种文化的出现，主要受制于两大因素，即人的因素和自然环境的因素。如果说"人，作为文化的生物，创造着物质和财富的新世界——文明的世界"①，那么，同时又不可忽视自然环境对形成任何文化所起的巨大作用。可以断言，正是世界上有了不同的自然环境，才出现了各民族的文化差异。果洛石经文化作为一种区域性人类文化现象，同样受到了自然环境和人本身的影响。

果洛地区位于青海省的东南部，总面积为 75 773.6 平方公里，平均海拔在 4 000 米以上。由于果洛地区地域辽阔，地势高峻，气候寒冷，群山耸立，在青海人们又喜欢称其为"青南高原"。这一天然的地理条件所决定，果洛地区的绝大多数藏族人今天仍以畜牧业为生，他们世世代代搭建以牦牛毛编织而成的黑色帐篷，常年逐

---

① ［罗］亚·泰纳谢著：《文化与宗教》，25 页，中国社会科学出版社，1984。

水草而迁居,从未有过固定的居住场所(房屋)。再加上果洛地区地形复杂,交通不便[①],木材短缺。1949 年前,除了班玛县、久治县等地有几座规模较小的建筑寺院外,果洛大部分地区没有形成建筑寺院群,只有为数不多的帐篷寺院。帐篷寺院的设立则是果洛藏族人在他们所处的特殊的地理环境中,经过长期的宗教实践所探索出的一条比较适合于高原牧民过宗教生活的途径。然而,帐篷寺院在藏传佛教史上虽算是一大创举,但作为宗教信徒过宗教生活和举行宗教仪式的场所,并不是一种完美无缺的形式。譬如,帐篷寺院不宜安置作为代表"佛"的各类大型神佛塑像和作为代表"法"的大量佛经(如大藏经之类的大型丛书),另外,从目前发现的果洛石经看,绝大多数集中在甘德、达日两县境内,这两县境内过去几乎没有建筑寺院。不难看出,产生石经的地理环境,不仅是在高寒牧业区,而且在牧业区中又是没有产生建筑寺院群的地区。

人的因素在形成区域性文化过程中始终起到了主导性作用。果洛地区数万名藏族居民是果洛石经这一区域性伟大文化工程的直接缔造者。如果没有果洛人坚韧不拔、勇于开拓的精神,果洛石经这一标志人类文明的文化奇观也就不会自然地诞生。众所周知,果洛藏族人自古就以强悍、喜武、善战著称。许多历史资料和现状调查都已证明,自古以来果洛藏族民众从不屈服于任何外来的强制性压迫。从明清封建王朝到民国封建军阀统治,对果洛地区进行了长达数百年无数次的镇压和掠夺,但始终没能完全制服果洛藏族人民。特别是 1949 年前果洛地区由于遭受西北马家军阀的多次血腥镇压,一直处于民不聊生的悲惨境地。因此,果洛藏族信徒虽然对藏传佛教的信仰十分虔诚,但他们无暇对藏传佛教的发展投入更多的精力。显而易见,宗教的发展需要和平的社会环境和充裕的经济基础作保障,而果洛地区则得不到这起码的条件。军阀每次袭击果洛地区时,那里的建筑寺院便成为第一个"俘

① 1949 年前没有汽车公路,甚至连条马车路也没有修通。

虏”，被焚烧毁灭。因而果洛藏族信徒放弃建造建筑寺院的传统观念，去探寻另一种更加适合当时果洛实际的弘扬佛法事业的途径。这一途径就是后来果洛藏族人创造性地筑起一座座藏传佛教石刻经书墙的壮举，另辟蹊径以满足宗教信仰需求的道路。换句话说，军阀的野蛮行径迫使果洛藏族人将佛经刻写在一块块石头之上。实际上，这是果洛藏族人对于破坏寺院、毁灭佛法的罪行所进行的有力抨击。在藏族人的传统思想观念中，石头是地球上惟一不浸湿、不生锈、不腐烂、摧不破、捣不毁，并象征永存的坚硬物质。故一旦将佛经刻写在石头之上，就意味着佛法永存，不可毁灭。诚然，果洛藏族人用血汗创建的一座座石经墙，虽然历经人世间的不测风云，但至今依旧矗立在雪域高原那博大的山野之中，可供世人亲临目睹或朝拜欣赏。

果洛石刻的产生或形成，除了上述两大重要因素之外，尚有其文化上的历史渊源，因为佛教石刻文化有着源远流长的历史。从现存的许多遗迹中得知，古印度著名的法王阿育王（公元前273——前236年在位）时期，在印度出现大量石刻文化。但值得提出的是，印度将其重点放在开凿石窟或雕刻神佛像方面，而没有出现规模较大的佛教石经。然而，佛教的第二故乡中国内地则产生了规模巨大、内容丰富、形式多样的佛教石经。诸如以“安岳卧佛院刻经”为代表的摩崖刻经，以“房山石经”为代表的碑刻佛经等等。根据藏文史籍，佛教石刻最初出现在雪域高原的时间，可以追溯到公元7世纪中叶。从公元8世纪开始，佛教石刻文化在藏族地区得以推广并逐步盛行。吐蕃时期之所以能够盛行佛教石刻文化，主要有两大因素：第一，藏族地区具有得天独厚的外部自然资源，即有丰富的不用费力加工的各种天然石料，这给创造石刻文化提供诸多方便；第二，得到中国内地和印度，以及像尼泊尔等周边国家地区佛教石刻艺术的启迪和在技术上的大力支持。这从现存各类石刻的类型或风格中可得到印证。而综观藏传佛教石刻文化，大致有两大类型，即摩崖石刻和号称“嘛呢堆”的石刻[①]，其中“嘛呢堆”石刻在藏族地区最为普及，颇有影响力。因此，摩崖石刻，特别是嘛呢石刻，对果洛石经的最初设计或创建过程都产生过直接影响，甚至可以认定嘛呢石刻是果洛石经产生的源泉。从这一角度看，果洛石经又是嘛呢石刻的最高发展形式。

二、果洛石经的创建过程

从藏传佛教的整个历史进程来看，果洛石经产生的年代不算久远。最早的石经，迄今也只有一百年左右的历史。如“1890 年，查喇嘛桑俄丹增在此开始了《甘珠尔》石刻活动”[②]。这是始建于今果洛州达日县境内的岗巴石经墙的记载，至于何时完成，则没有交待。但可以确认，岗巴石经墙是果洛地区最早产生的一座石经墙。因为果洛地区的绝大多数石经墙形成的年代都晚于岗巴石经墙，甚至不少著名石经墙诸如赛希石经墙、多勒石经墙等皆形成于 20 世纪二三十年代，而完成于 20 世纪四五十年代。这类石经墙是集中大量财力和人力在短期内完成的典型例子。就一般而言，果洛地区的大多石经墙的形成，均经历了很长的时间，即从刻写小型的短篇经文开始，逐步发展到镌刻大型的大藏经。

不难看出，创建石经墙，也像建筑一座寺院一样，首先需要筹措一大笔资金。根据有关资料和实地考察，筹措创建每一座石经墙的资金，主要有三个渠道：第一，信教群众的自愿布施或捐献；第二，由创建者（一般为大活佛）将自己多年积蓄的财产全部贡献；第三，由高僧活佛或地方官人向下属百姓摊派。因而资金的来源或种类也呈现五花八门，诸如金银财宝、各类牲畜及其畜产品等，甚至在建造石经的过程中，会呈现出有钱出钱、没钱出力的盛况。至于创建一座石经墙究竟需要多少资金，现在没有任何可依据的记

① “嘛呢”一词为汉文音译，是指六字真言咒语。在不规则的石头上镌刻以六字真言为主的短小精悍的咒语后，堆积在一起如同一小山丘，称嘛呢堆。

② 达日县志编纂委员会编写：《达日县志》油印本，39 页，1989。

载。根据实地考察和访问,可推测镌刻一卷(帙)经书,折合人民币大约三千元。如果镌刻一套大藏经(包括《甘珠尔》103卷和《丹珠尔》234卷),将须一百多万元人民币。在此值得一提的是,虽然石经墙没有将大藏经完整地镌刻(一般只镌刻《甘珠尔》部),但是因为将重要经典重复镌刻,实际上,每处石经墙的规模或容量远远超过整套大藏经。

在选择创建石经墙的位置时,也有自己的有章可循的原则,尤其要看其地形是否具有祥瑞标志,或曾预示过福兆或遗留下圣迹等等。这就意味着石料丰富的地段不一定是选址的最佳地点,所以,果洛地区的许多石经墙都建在距离石料很远的地带。这样,给采取或运送石料增加许多困难。1949年以前,果洛地区没有一条马路,几乎所有的道路都是羊肠小道,运送石板的惟一运输工具是牦牛,而每头牦牛只能驮运二至四五块石块。因此,驮运石板成为一项极其艰苦的工作程序。据推算石经墙的石板数目高达三百多万块(以多勒石经墙为例)。由此可见,果洛藏族信众仅为搬运石板就付出了巨大的劳动力。

此外,在石板上镌刻经文,更是一项含有技术性的细致工序,同时,又是保证石经墙质量的重要环节。因此,创建一座石经墙,除了以雄厚的资金作保障外,还必须组织一大批石匠,特别是在雕刻各类神佛像和主要目录时,一定要由技术娴熟、经验丰富的石匠来完成。创建每一座石经墙时,有专门设立的组织机构,由该机构具体管理镌刻石经的整个工程,其负责人即"石官",由创建石经墙的大活佛任命,每一年或两年内换届一次。而"石官"的主要任务是将各项镌刻石经的工序,有计划地承包给大小不等的各个石匠团体。每个项目的最后验收过程极为严格,由"石官"亲自把关。整个石经墙竣工后,还要举行隆重的开光安坐等宗教仪式。

三、果洛石经的分布及其规模

根据笔者1991年和1992年两次赴果洛地区实地考察,发现果洛地区共有十余座石经墙,其中规模较大的就有六座,即多勒石经墙、赛希石经墙、东吉石经墙、达多却丹塘石经墙、梅沙那石经墙、东琼石经墙。[1] 各处石经墙之间的距离,从二三十至一百多公里不等,其地理位置大多在海拔四千米左右,而且所处自然环境十分优美。比如,绝大多数石经墙的背景为崇山峻岭,前面则是奔腾不息的黄河。这六座石经墙在果洛地区的石经墙中不仅规模型制宏伟壮观,内容结构系统完整,而且具有代表性和权威性。也就是说,这六座石经墙不仅反映了果洛石经的整体面貌,而且还可代表整个藏区藏传佛教石经的型制或风格。

至于果洛石经墙的规模,这里以多勒石经墙作为典型实例作一介绍。多勒石经墙的型制大致上呈立体的长方形,全长 121 米,宽 9 米,其高度由于地面不平而略有不均。如最低处只有 2 米,而最高处可达 7 米,平均高度约为 5 米,而且石经墙的底层宽,顶层或上端相对较窄,从底层到顶端分三四层逐渐缩小。所以,从外观上多勒石经墙就显得坚固而挺拔。实际上,多勒石经墙是由无数块大小不等的石板两面镌刻以大藏经为主的各类佛经,以及众多的佛像,并按一定顺序或规则重叠而成。远处望去,酷似一段城墙,其中首先映入眼帘的便是石经墙中精心设计雕刻的众多佛经目录"窗口",以及十分醒目的五颜六色的六字真言等短小精悍的咒语;其次,各种色彩艳丽、神态特异的神佛像也是十分引人注目。值得说明的是,多勒石经墙采用的石板,都是直接从大自然中采集的天然石料,石板本身没有经过任何加工。多勒石经墙采用的石板,参差不齐其规格大致如下:

大石板:长 0.96 米、宽 0.57 米、厚 0.05 米;

中石板:长 0.60 米、宽 0.43 米、厚 0.07 米;

小石板:长 0.30 米、宽 0.24 米、厚 0.01 米。

以上测量数据只是给读者一个石板大小的概貌。据推算,多

---

① 前四座均位于甘德县境内,后两座位于达日县境内。

勒石经墙的体积为 5 445 立方米，按以上三种石板体积的平均值来推算，每立方米约容纳 600 块石板，多勒石经墙容纳石板总数则达到 3 267 000 块，可见其规模极为宏大。目前，多勒石经墙无论在果洛地区还是在整个藏区均属大型石经墙。另外，多勒石经墙由于地处僻壤、交通不便等因素，它又成为果洛地区乃至整个藏区惟一没有遭受破坏的保持原貌的一座石经墙。因此，多勒石经墙在整个藏传佛教石经中占有无可比拟的重要宗教文化价值。

综上所述，果洛石经单从它的分布地域来看，并不十分广大辽阔，受到特定区域的一定限制，但就其规模或数量而言，在整个藏族地区，乃至中国、亚洲，甚至全世界都没有产生与此相媲美的同类宗教文化工程。可以认为，果洛石经是雪域高原这方神奇的土地上一个了不起的人类文化现象，也是藏族信徒弘扬佛法的一种艰苦而又蕴含精神意义的佛教文化工程。同时，果洛石经从一个侧面反映了藏传佛教文化的丰富多彩和博大精深，它将为进一步全面、深入研究藏传佛教文化开启一个崭新的领域。

（原载《世界宗教文化》2005 年第 3 期）

参考书目

1. 第司·桑结嘉措:《金塔目录》,藏文,西藏人民出版社,1990。
2.《塔尔寺志》,藏文,青海民族出版社,1982。
3.《贤者喜宴》,藏文,民族出版社,1982。
4.《青史》,藏文,四川民族出版社,1985。
5.《土观宗派源流》,藏文,甘肃民族出版社,1984。
6. 宗喀巴:《密宗道次第广论》,藏文,青海人民出版社。
7. 克主杰:《密宗道次第论》,藏文。
8.《布顿佛教史》,藏文,中国藏学出版社,1988。
9.《藏传佛画度量经》,藏文,青海人民出版社,1992。
10.《觉囊派教法史》,藏文,中国藏学出版社,1992。
11.《道次师承传》,藏文,西藏人民出版社,1990。
12.《菩提道次第广论》,藏文,青海民族出版社,1985。
13.《法要导读——普贤上师言教》,藏文,四川民族出版社,1989。
14.《夏嘎巴传》,藏文,青海民族出版社,1986。
15.《热译师传》,藏文,青海民族出版社,1989。
16.《松巴佛教史》,藏文,甘肃民族出版社,1992。
17.《米拉日巴及其道歌》,藏文,青海民族出版社,1981。
18.《莲花生传》,藏文,四川民族出版社,1989。
19. 徐华铛:《中国古塔》,轻工业出版社,1986。
20.《乃东县文物志》,西藏自治区文物管理委员会,1986。
21. 金申:《喇嘛庙——佛的世界》,四川民族出版社,1992。
22. [日]藤田弘基:《西藏佛教密法》,(台湾)武陵出版社,1984。
23. [意]图齐:《西藏考古》,西藏人民出版社,1987。
24. 吴焯:《佛教东传与中国佛教艺术》,浙江人民出版社,1991。
25. 何周德、索朗旺堆:《桑耶寺简志》,西藏人民出版社,1987。
26. [日]池田大作、[英]B·威尔逊著,梁鸿飞等译:《社会与宗教》,四川人民出版社,1991。
27. [苏]德·莫·乌格里诺维奇著,

王先睿译:《宗教学引论》,上海人民出版社,1992。
28. 法尊法师:《西藏与西藏佛教》。
29.《藏事论文选》上、下(宗教集),西藏人民出版社,1985。
30.《李安宅藏学文论选》,中国藏学出版社,1992。
31. [美]阿吉兹著,翟胜德译:《藏边人家》,西藏人民出版社,1987。
32.《鞑靼西藏旅行记》,中国藏学出版社,1992。
33. 吕大吉主编:《宗教学通论》,中国社会科学出版社,1987。
34 [英]约翰·布洛菲尔德著,耿昇译:《西藏佛教密宗》,西藏人民出版社,1992。
35. 李冀诚:《佛教密宗仪礼窥密》,大连出版社,1991。
36. [意]图齐、[德]海西希著,耿昇译:《西藏和蒙古的宗教》,天津古籍出版社,1989。
37. [意]图齐:《西藏的宗教》。
38. 吕澄:《西藏佛学原论》。
39. [美]斯特论著,金泽等译:《人与神》,上海人民出版社,1991。
40. [美]P. K · 博克著,余兴安等译:《多元文化与社会进步》,辽宁人民出版社,1988。
41. [印度]室利·阿罗频多撰,徐梵澄译:《神圣人生论》,商务印书馆,1984。
42. 梁漱溟:《人心与人生》,学林出版社,1984。
43. 李冀诚、丁明夷:《佛教密宗百问》,中国建设出版社,1989。
44. 罗照辉、江亦丽:《东方佛教文化》,山西人民出版社,1986。
45.《西藏密教研究》,(台湾)华宇出版社。
46. [英]渥德尔著,王世安译:《印度佛教史》,商务印书馆,1987。
47. 尕藏加:《人类奥秘大开放——藏传佛教密宗》,中国社会科学出版社,1994。
48. 杨曾文:《佛教的起源》,台湾佛光出版社,1991。

后　　记

本书于1994年撰写完成,意在介绍有关藏传佛教密宗文化并涉及个别藏族信仰习俗,是一本融知识性、通俗性和学术性为一体的读本。自1996年由西藏人民出版社首次出版以来,虽然十年间国内出版界问世了不少有关藏传佛教文化的读物,其中不乏优秀作品,但是本书一直受到读者的青睐。2006年,中国藏学出版社提出再版,作者欣然应允。

由于时间关系,内容未作太多改动,大致保持了十年前的面貌,希望广大读者能够理解。此次再版,将原书名中的“西藏佛教”改为“藏传佛教”,使之更为准确。

另外,为了补偿原书中许多不足之处未能修补之缺憾,在原有的九章之后附加了一章,作为第十章,其内容选自作者在各类刊物上已发表的有关藏传佛教文化特色的五篇文章:一、藏传佛教宗派、僧职及活佛之称谓;二、藏传佛教寺院教育的发展历史及其特质;三、藏传佛教密宗与北京雍和宫;四、峨眉山与藏传佛教;五、果洛石经文化。这些文章与本书内容相吻合,在一定意义上将会起到补充增色作用。

借此机会,向一如既往支持藏学研究事业的中国藏学出版社以及为本书出版付出辛勤劳动的编辑,表示最诚挚的敬意和感谢!

2006年6月7日于北京太阳宫自宅

图书在版编目（CIP）数据

密宗—藏传佛教神秘文化/尕藏加著．—2 版．北京：中国藏学出版社，2012. 2（2025.10 重印）ISBN 978－7－80253－448－3

Ⅰ.①密…　Ⅱ.①尕…　Ⅲ.①喇嘛宗－研究－西藏　Ⅳ.①B946. 6

中国版本图书馆 CIP 数据核字（2012）第 020982 号

密宗—藏传佛教神秘文化

作　　者　尕藏加
出版发行　中国藏学出版社
（北京北四环东路 131 号）
经　　销　新华书店
印　　刷　北京隆昌伟业印刷有限公司
版　　次　2012 年第 2 版　2025 年 10 月第 4 次印刷
开　　本　640×965 毫米　1/16
印　　张　22. 75
字　　数　320 千字
彩色插图　22 幅
书　　号　ISBN 978－7－80253－448－3/B · 132
定　　价　68. 00 元

图书若有质量问题，请与本社联系
E-mail：dfhw64892902@126. com　电话：010－64892902